AtV DOKUMENT UND ESSAY

Seit dem Ende des Kalten Krieges wird lauthals verkündet, die alten Feindbilder seien ausgemustert zugunsten einer freien Wahrnehmung der Welt. Lothar Baier vergegenwärtigt, wie viele Meinungen zu aktuellen Ereignissen und Konflikten im Bann unetikettierter neuer Klischees oder Phrasen stehen und, mit der Gewalt des Konformismus in die Köpfe gepreßt, das Nachdenken blockieren. Genau und radikal argumentierend, entlarvt Baier dogmatische Verkrustungen wie nationale Verengungen ritueller Feuilletondebatten und konfrontiert mit differenzierten Urteilen über die Herausforderungen des jüngsten Epochenumbruchs samt dessen unabsehbaren Folgen in Ost und West.

Sein unbestechlicher Sinn für Alltagsdetails und sein scharfer Blick auf ihren historischen und politischen Kontext stärken Geist, Gefühl und Phantasie des Lesers.

LOTHAR BAIER, 1942 in Karlsruhe geboren, lebt als freier Autor in Frankfurt am Main. Aufenthalte in Frankreich, Großbritannien, den USA und Kanada. Herausgeber der Essayreihe »Positions« im Verlag Actes-Sud in Arles. Veröffentlichte neben der Erzählung »Jahresfrist« (1985) unter anderem den in französischer Sprache geschriebene Essay »Un allemand né de la dernière guerre« (1986), »Firma Frankreich – eine Betriebsbesichtigung« (1988) und »Volk ohne Zeit. Essay über das eilige Vaterland« (1990). 1993 erscheint in Wien »Was wird Literatur? Ein Essay in drei Kapiteln«. Ausgezeichnet mit dem Jean-Améry-Preis für Essayistik (1982), dem Förderpreis der Akademie der Künste Berlin (1985) und dem Johann-Heinrich-Merck-Preis für literarische Kritik der Deutschen Akademie für Sprache und Dichtung (1989).

Lothar Baier

Die verleugnete Utopie

Zeitkritische Texte

Aufbau Taschenbuch Verlag

ISBN 3-7466-0206-8

1. Auflage 1993

Reihengrundlayout Sabine Müller, FAB Verlag, Berlin
Einbandgestaltung Torsten Lemme unter Verwendung der Radierung
»Zur Bücherverbrennung« von Dieter Tucholke
Satz LVD GmbH, Berlin
Druck Elsnerdruck, Berlin
Printed in Germany

Inhalt

Zur Einführung

Die in diesem Buch zusammengefaßten, größtenteils für diese Publikation geschriebenen Aufsätze verstehen sich als Versuche, zu öffentlich verhandelten Themen kritisch zu intervenieren: zu den Themen Fremdenhaß, Multikulturalismus, Antirassismus, zum Begriff Kollaboration im Zusammenhang mit der Aufarbeitung der DDR-Geschichte, zum Problem des Regionalismus, zur Renaissance des Antiintellektualismus in Deutschland, zu Themen also, die in einem weiten Sinn mit den Nachwirkungen des Umbruchs von 1989 zu tun haben. Immer noch wacker an die Aufklärung glaubend!, schrieb mir vor kurzem ein Freund aus Frankreich, nachdem er einen meiner Artikel gelesen hatte: vielleicht muß man tatsächlich eine romantische Ader haben, um sich mit Kritik zu befassen, allerdings hat der Freund in einem Punkt unrecht, ich glaube selbstverständlich nicht an die Aufklärung, schon weil ich Aufklärung nicht als Religion ansehe, obgleich manche sie so behandeln. Auch ist Aufklärung ein viel zu großes Wort, ich betrachte diese Texte vielmehr als kleine Beiträge zu einer Art Ökologie des zeitgenössischen Bewußtseins, entstanden aus dem Staunen darüber, daß zwar sehr viele Zeitgenossen alles über Herkunft und Zusammensetzung der Nahrung wissen wollen, die sie essend zu sich nehmen, daß sie aber meist unbesehen Wörter und Ideen schlucken, die ihnen durch die Medienzirkulation zugetragen werden.

Wenn die Dinge aus dem Namen fallen hat der rumäniendeutsche Schriftsteller Dieter Schlesak sein 1991 erschienenes Buch überschrieben, damit auf eine beunruhigende zeitgenössische Erfahrung hinweisend. Der Autor begreift die Umstände, unter denen in Rumänien der Regimewechsel vonstatten ging, als emblematisch für die zeitgenössische Bewußtseinslage. Bekanntlich hatten dort im Dezember 1989 Falschmeldungen und per Fernsehen verbreitete zusammenmontierte Bilder die Nachricht eines fiktiven Genozids in die Welt gesetzt, die im Land selbst dazu führte, daß die Bewegung gegen das Ceauşescu-Regime eine aus Entsetzen geborene breite Unterstützung fand; die Medienfiktion hatte in Rumänien begrüßenswerte reale Auswirkungen, aber, so fragt Schlesak in seinem Buch, was geschieht danach, jenseits der rumänischen Ereignisse, wenn solche Verfahren Schule machen? Kann man sich in der Welt überhaupt noch verantwortlich verhalten, wenn die fundamentale Übereinkunft darüber, daß übermittelte Bilder und anerkannte Namen einer vorhandenen Realität entsprechen, heimlich gekündigt worden ist? Wie reagieren, wenn alles schon heillos veraltet ist, was über die Wahrnehmung erkannt werden kann? Schreiben als, vielleicht vergebliche, Anstrengung, die Dinge und die Namen, die immer wieder auseinanderdriften, am endgültigen Auseinanderfallen zu hindern.

Dieses »heillose Veralten« war eine in der Zeit der Regimezusammenbrüche und Grenzöffnungen weit verbreitete Empfindung. Rasender Wechsel zwischen Fernsehschirm, Zeitungslektüre, Anschauung vor Ort, wie um das Veralten der Nachrichten aufzuhalten: und immer wieder war es ganz anders. In den Jahren seit der Maueröffnung bin ich viel auf Reisen gewesen: zunächst nach Ostdeutschland, dann in die Länder Osteuropas, eine Fahrt führte kurz nach dem gescheiterten Putsch nach Rußland, nach Armenien, in die Ukraine; dazwischen konnte ich einige Monate in Nordamerika verbringen, dankbar, zu den europäischen Aufregungen ein wenig Distanz zu gewinnen, ein Autorenaustausch ließ mich Israel entdecken, und dazwischen immer wieder die Abstecher nach Frankreich, das westliche Nachbarland, das mir am meisten vertraut ist und in dem ich inzwischen auch literarisch, als Herausgeber einer Buchreihe, etwas zu Hause bin. Wie all das verarbeiten, was in den paar Jahren seit den Erschütterungen von 1989 zu beobachten und neu zu erfahren war?

In diesem Buch spiegelt sich ein wenig von dem wider, was

sich für mich als Sinn literarischer Arbeit unter den gegenwärtigen Umständen ergeben hat: für Leser, die nicht die Möglichkeit haben, ganz verschiedenartige Quellen zu lesen und Situationen aus der Nähe zu erfahren, ganz verschiedenartige Erfahrungen und Leseerfahrungen zusammentragen und übermitteln. Kann eine Debatte über Immigration und Multikulturalismus in Deutschland sinnvoll geführt werden, wenn nicht dazugesagt wird, wie sich die Probleme in anderen westlichen Ländern darstellen? Mir fällt immer stärker und auch unangenehmer auf, daß sich die öffentlichen Diskussionen national verengen. Die naturwüchsige Neigung zur Nabelschau wird durch die durchschlagende Marktförmigkeit der intellektuellen Auseinandersetzungen erheblich verstärkt; der intellektuell-literarische Markt ist ein strikt national begrenzter Markt, der sich in dem Maß, in dem er sich selbst überlassen bleibt, aller europäischen Rhetorik zum Trotz, sich immer stärker nach außen abschottet. Was im einen Land heiß diskutiert wird, läßt die Nachbarn daneben völlig kalt, weil sich die Diskussion auf dem eigenen Markt nicht verkaufen läßt. Während sich die schwere Ökonomie globalisiert, verprovinzialisiert sich auf der anderen Seite das intellektuelle Leben. Wer heute eine Korrespondenz wie die zwischen Turgenjew und Flaubert liest, kann nur vor Neid erblassen im Angesicht solcher Weltläufigkeit.

In Deutschland kommt die seit der Vereinigung unvermeidlich angewachsene Tendenz zur Selbstbeschäftigung hinzu; als ein Teilnehmer an einem ost-westdeutschen Schriftstellertreffen in Berlin im Februar 1990 allen Ernstes meinte, jetzt kämen erst einmal zehn Jahre Aufräumen deutscher Angelegenheiten auf uns zu, fuhr mir der Schreck in die Knochen: was für ein germanozentrischer Alptraum! Ganz so schlimm wird es wohl nicht kommen, aber die Gefahr besteht, daß gerade die wichtige Auseinandersetzung mit der Stasiverwicklung unter national-deutscher Blickverengung leidet. Aus diesem Grund habe ich den kleinen Text »Kein Gauck für Hellas« in das Buch aufgenommen, wohl ahnend, daß manche darin einen relativierenden Ablenkungsversuch wittern werden. Das Besondere einer

Geschichte wie der des zweiten deutschen Staates tritt jedoch erst dann hervor, denke ich, wenn es auch einen Begriff vom Allgemeinen gibt.

Als einen Versuch »rettender Kritik« (Walter Benjamin) verstehe ich die Texte über literarische Themen. Im Angesicht des galoppierenden Gedächtnisverlusts, der sich inmitten einer von musealen Veranstaltungen überschwemmten Gesellschaft breitmacht, erscheint es mir angebracht, an einige Autoren zu erinnern, die mir viel bedeuten, an Jean Améry, an Kurt Tucholsky als Frankreich-Berichterstatter, an den kritisch-melancholischen Kopf Johann Heinrich Merck. Gleichzeitig vermag ich nicht zu verhehlen, daß das Thema Literatur in Deutschland heute mir mehr Kopfzerbrechen als Vergnügen bereitet; diese Literatur, oder genauer gesagt, die um sie herum entbrannte Debatte hat im Vorgriff auf das geglückte Mißlingen der deutschen Vereinigung als gesellschaftliches Experiment all jene Ressentiments mit mobilisiert, die seit 1990 nicht mehr zur Ruhe gekommen sind. Der kleine Artikel *Scheidung auf literarisch*, veröffentlicht in der Woche der staatlichen Vereinigung, mag an den Augenblick erinnern, als kulturell schon alles zu spät und verdorben war.

Es lag mir daran, die 1993 verfaßte Rezension von Christoph Heins neuem Roman *Das Napoleon-Spiel* in dieses Buch aufzunehmen, und zwar aus einem mehrfachen Grund. Einmal finde ich den Roman hervorragend gelungen und möchte mein Leseurteil auf diesem Wege noch einmal gedruckt sehen. Zum zweiten gehört die Besprechung in die Reihe langjähriger Beschäftigungen mit diesem Schriftsteller, zu denen unter anderem eine Laudatio auf den 1986 für *Horns Ende* mit dem Preis der Neuen Literarischen Gesellschaft Hamburg ausgezeichneten Autor gehört. Zum dritten möchte ich darauf hinweisen, daß ein literaturfernes und letzten Endes für sich allein nicht weltbewegendes Ereignis wie die Vereinigung zweier Staaten nicht jedermann dazu veranlassen muß, seine früheren literarischen Vorlieben mit einem Schlag zu verleugnen oder umzudrehen. Und viertens verstehe ich den Abdruck der Rezension auch als

Geste des Dankes an Christoph Hein, der einen gewissen Anteil daran hat, daß die Verbindung mit dem Aufbau-Verlag zustande kam: noch zu DDR-Zeiten hatte er sich bemüht, diesen Verlag zur Übernahme eines meiner in der Bundesrepublik erschienenen Bücher zu überreden; das hat dann aus verschiedenen Gründen nicht geklappt, aber mit einiger Verzögerung und nach dem kleinen Zwischenspiel des Mauerabbaus ist das Projekt nun auf eine andere Weise doch noch realisiert worden.

Frankfurt am Main, im Juni 1993 *Lothar Baier*

I

Antiutopie, Skepsis, Toleranz

> Die intellektuelle Atmosphäre ist von vagen Gemeinplätzen durchdrungen, von Anschauungen, die sich lange vor den Ereignissen, zu denen sie nun passen sollen, herausgebildet hatten; man fühlt sich erdrückt von einer um sich greifenden öffentlichen Dummheit, der man kein korrektes Urteil in den elementarsten Dingen zutrauen kann.
>
> *Eine amerikanische Besucherin über Deutschland*

Das Kind mit dem Bade ausschütten

Die Spaltung der Welt, die mit dem Fall der Berliner Mauer und der Auflösung des sowjetischen Imperiums zu Ende ging, ist dem ersten Anschein zum Trotz nicht so schnell aufgehoben. Sie lebt nicht nur in der extremen Ungleichheit der Lasten fort, die beim Abbau der binären Ost-West-Konstruktion anfallen, sondern auch in der Aufteilung der Menschheit in distanzierte Zuschauer und in unmittelbar Getroffene. Die Menschen im Osten wurden zwar von einer bedrückenden bürokratischen Herrschaft befreit, aber sie erleben die Befreiung gleichzeitig als Kollaps sämtlicher Gewohnheiten, die ihr Leben strukturierten. Sie müssen sich nun in einer doppelt umgewälzten Welt zurechtfinden, wobei die Neuorientierung an der jenseits des Alltagslebens umgebauten politischen Ordnung zweifellos die geringeren Anstrengungen kostet. Ganz anders verhält es sich mit den Umbrüchen im Nahbereich. »Keine Revolution kann so radikal sein wie die, in der die Routine des Alltags sich auflöst und sich eine neue erst noch bilden muß«, bemerkt Karl Schlögel, ein bemerkenswert unterrichteter und anteilnehmender westlicher Beobachter der osteuropäischen Entwicklungen.

Von denen, die in den Strudel einer solchen Revolution geraten sind und dabei den Kopf oben halten müssen, ist schlecht zu erwarten, daß sie sich gleichzeitig den Kopf über die geistige Dimension der Umwälzung zerbrechen, die sie zuallererst sehr konkret am eigenen Leib erfahren. Diese Herausforderung richtet sich an die Menschen im vergleichsweise windstill gebliebenen Westen. Nachdem sich der erste Stupor gelöst hat, den die unerwartete Aufkündigung des status quo hervorrief und der, weil das Denken leerlief, allerlei Affekte und Ressentiments hervorbrechen ließ, haben sie in ihrer kaum erschütterten Umgebung Ruhe und Zeit gehabt, ihre Gedanken neu zu ordnen. Das Ende der in Jalta abgesegneten Aufteilung der Welt wurde ja nicht nur als konkrete Befreiung der osteuropäischen Völker begrüßt, sondern auch als eigene intellektuelle Befreiung von den Denkhemmungen, die sich mit der Aufteilung in zwei Großlager eingestellt hatten. Keine taktischen Rücksichten waren mehr zu nehmen, endlich konnte das Bild, das als Ersatz für die Anschauung der verschlossenen Welt im Osten angefertigt worden war, seinerseits wieder durch unüberwachte Anschauung ersetzt werden. Und es waren dabei so viele unbekannte Geschichten zu erfahren, die eingefahrene westliche Vorstellungen vom Leben hinter den Kulissen des »real existierenden Sozialismus« über den Haufen warfen.

»So paradox es klingt, wir wissen eher, was kommt, als was war«, sagte Sebastian Kleinschmidt, der Chefredakteur von *Sinn und Form*, im Frühjahr 1990 auf einem Treffen in Budapest: der Satz ist mir als Emblem dieses seinerzeit paradoxen, irritierend-glücklichen Augenblicks in Erinnerung geblieben. Auf der einen Seite die unbändige Freude über die geöffneten Grenzen, die eine noch nicht eingegrenzte Zukunft versprachen, auf der anderen Seite die in Bewegung geratenen Symbole der Vergangenheit. Das Treffen fand in der ehemaligen, rasch in »Europazentrum« umgetauften Parteihochschule der ungarischen KP statt, man konnte sich nun in dem Hallenbad vergnügen, das früher der innersten Nomenklatura vorbehalten war, der Marxstatue im Garten rückten Arbeiter zuleibe, die

Gräben für neue Versorgungsleitungen zogen, an der Gebäudefassade hing noch ungefährdet die Büste des nachdenklich blickenden György Lukács, »marxista filozofus muve odespolitikus«. Wissen wollen, was war: auf dem Graben in Prag, wohin ich anschließend fuhr, besichtigten die Passanten die auf Plakatsäulen dokumentierte Geschichte der Tschechoslowakei seit 1918 und wurden durch die hoch über einer weißen Wand befestigten Porträts von Stalin, Breschnew, Gottwald, Ceausescu und vielen anderen an die Gesichter der ehemals Herrschenden erinnert, die unumschränkt herrschen konnten, weil sie sowohl gefürchtet als auch verehrt worden waren. Was ist aus diesem Wunsch nach Wissen über das Gewesene geworden, der sich damals, im Frühjahr 1990, in Prag und anderswo so eindrucksvoll zu Wort meldete? Wie wurde im Westen die Chance genutzt, aus sicherer Entfernung zu den viele Menschen im Osten in Atem haltenden Revolutionierungen des Alltags das, was war, neu und ohne Hast zu durchdenken?

Die Bilanz sieht für mich enttäuschend dürftig aus. Dieser Aufsatz erhebt in keiner Weise den Anspruch, eine reichere Bilanz anzubieten; er antwortet vielmehr auf die Enttäuschung über den jämmerlichen Anblick der Quintessenz, die aus dem Epocheneinschnitt von 1989 gezogen wurde. Ein gewaltiger Berg, geschmückt mit den Banderolen »Revision«, »Selbstkritik«, »Arbeit am Irrtum« und so weiter hat gekreist und ein blechernes Mäuslein geboren, von dem sich keine ordentliche Katze täuschen ließe: *Mit der Utopie ist's vorbei*, piepst diese Frucht kollektiver Erkenntnis. Landauf, landab hallt nun das Echo zurück, jedermann kann sich mit dem Satz aus der Affäre ziehen, daß die Utopie an allem schuld und deshalb endgültig aus dem Verkehr zu ziehen sei: sowohl der westdeutsche ehemalige Linksradikale, der zeigen will, daß er nun auf der richtigen Seite steht, als auch der gewendete ostdeutsche SED-Funktionär, der damit versichert, daß er es nie wieder tut; in der Verurteilung des utopischen Denkens ist er sich dann mit dem ehemaligen Dissidenten einig, den er einst hat bespitzeln lassen, ernüchterte Christen schieben die Utopie wieder ganz ins

Jenseits ab, die Konservativen haben es sowieso schon immer gewußt, die Liberalen sehen ihren alten Verdacht bestätigt, und Deutschland, einig Vaterland hat endlich eine Losung gefunden, unter der alle antreten können, ohne jemandem dabei auf die Füße zu treten.

»Man kann mit der Utopie abrechnen oder auch nicht – je nachdem: wer im Zusammenbruch der Lebensverhältnisse steht, der hat andere Sorgen«, schreibt Karl Schlögel in Hinsicht auf die Bewohner der östlichen Länder.[1] Mit dem Privileg ausgestattet, nicht von zusammenbrechenden Lebensverhältnissen gebeutelt zu sein, hätten die Westmenschen Zeit und Muße gehabt, beim Blick auf das im Osten Zusammengebrochene sich etwas Klügeres einfallen zu lassen als den wahrlich abgedroschenen Gemeinplatz vom Ende des Utopischen; Musterbeispiel für jene Anschauungen, »die sich lange vor den Ereignissen, zu denen sie nun passen sollen, herausgebildet hatten,« wie die eingangs zitierte amerikanische Besucherin bemerkte: die realsozialistische Welt hätte gar nicht erst untergehen müssen, um diese Parole in Zirkulation zu bringen, denn sie ging schon lange vor 1989 um. Schon die geringste Empfindung von Solidarität mit den nach neuen Orientierungen suchenden Ostmenschen hätte dazu veranlassen können, zur Abwechslung auf einen neuen Gedanken zu kommen, der ihnen vielleicht sogar weiterhilft, weil er dem Spezifischen der unerhört neuen Situation Rechnung trägt; doch nicht einmal von intellektueller Solidarität eine Spur. Die Gedankenlosigkeit, mit der alle Welt ein Bekenntnis zum Antiutopischen ablegt, so als handle es sich dabei um das gesinnungsmäßige Entrébillet zur Welt der Freiheit, läßt darüber hinaus befürchten, daß gegenüber den realen Herausforderungen, die in Gestalt der in Deutschland anwachsenden Xenophobie auf die einheimische Gesellschaft zukommen, auch nur wieder ausgebrannte Begriffshülsen von anno dazumal aufgeboten werden, mit dann allerdings fataleren Konsequenzen.

Warum das Verdikt über die Utopie in meinen Augen ein Ausdruck eben der geistigen Barbarisierung ist, deren Epoche es ein Ende zu setzen behauptet, möchte ich an einem beliebig herausgegriffenen Beispiel vorführen. »Es galt in unseren Kreisen lange Zeit als ausgemacht«, heißt es in einem Vorspruch zur Literaturbeilage der Westberliner *Tageszeitung* im Frühjahr 1993, »daß das Zeitalter der Ideologien und Utopien vorbei ist. Nun wird durch die überall entflammenden neuen Fundamentalismen und Nationalismen sichtbar, daß diese zerfallende Gewißheit selber ideologisch und utopisch ist. Nach dem Kollaps der bipolaren Nachkriegswelt ist es jetzt an der Zeit, die Protagonisten der großen Lager neu in den Zeugenstand zu rufen.«[2]

Ich weiß nicht, wer diese Prosa verfaßt hat, denn sie ist nicht mit einem Namen gezeichnet; ein solcher Text bedarf aber auch keines individuellen Autors, denn er liest sich so, als hätte ihn ein zuvor mit den Sprechblasen des Tages gefütterter, jedoch mit lückenhaften grammatikalischen Parametern programmierter Computer ausgespuckt: eben deshalb ist er wunderbar symptomatisch als Indikator für die Zirkulation der durchschnittlichen Gemeinplätze und Gedankenlosigkeiten in dem neuen Deutschland nach dem Ende der Teilung.

Die Redewendung, deren sich der letzte Satz bedient, »in den Zeugenstand rufen«, spricht gleich unverhüllt die megalomanen Phantasien aus, die mit dem Entlarven der Ideologien und Utopien einhergehen. Es genügt nicht, zu sagen: hören wir uns diese Leute noch einmal an. Sie müssen »in den Zeugenstand«, also ist Gerichtstag; und im Gericht kann allein der Richter in den Zeugenstand rufen, nicht der Zuschauerraum. Es geht nicht ums Hinschauen und ums Nachdenken, es geht ums Aburteilen: der Verfasser dieser Prosa imaginiert sich und seinesgleichen, an die er sich wendet, als Richter, nach Art jener »schlechten Historiker«, von denen der kluge Historiker Lucien Febvre einmal sagte, daß die Geschichte für sie etwas sei, was sich vor ihnen auf der Anklagebank zu krümmen und sich das Urteil anzuhören hat.

»Es galt in unseren Kreisen lange als ausgemacht, daß das Zeitalter der Ideologien und Utopien vorbei ist.« Was für Kreise können das sein, in denen dies ausgemacht war? Im

Hinblick auf die kleine *Tageszeitung*, die sich einmal als Forum der alternativen Gegeninformation verstand, und ihre begrenzte Leserzahl wäre an eine kleine Minderheit von kritisch reflektierenden Leuten zu denken; die Kreise jedoch, von denen der Satz spricht, müssen einer seltsamen Minderheit entstammen, einer Minderheit nämlich, die nicht gemerkt hat, daß sie mit der großen Mehrheit identisch oder zumindest in deren Schoß zurückgekehrt ist. Die Rede vom Ende der Ideologien und der Utopien zählt zu den Standardlosungen der gesamten in den Westen integrierten Bundesrepublik; auch die Schriftsteller der Gruppe 47 sprachen sie seinerzeit von der literarischen Oppositionsbank aus nach. Mit seinem 1960 erschienenen und bald in viele Sprachen übersetzten Buch *The End of Ideology* hatte der amerikanische Sozialwissenschaftler Daniel Bell der westlichen Allianz die intellektuelle Magna Charta und den Leitartikelschreibern das langlebige Thema geliefert. Daniel Bell war jedoch viel zu klug und auch zu belesen, um am Ende der fünfziger Jahre, von deren »politischer Ideenerschöpfung« seine Untersuchung laut Untertitel handelt, die Utopien gleich mit zu verabschieden; er hatte noch Karl Mannheims Buch *Ideologie und Utopie* im Kopf, das die Ideologien und die Utopien zwei völlig konträr zueinander stehenden geschichtlichen Tendenzen zuordnet. Und der Daniel Bell von heute denkt längst jenseits des westlichen juste milieu, das jahrzehntelang sein Stichwort von 1960 nachplapperte. Für »unsere Kreise« jedoch, offensichtlich die verspätete Geistererscheinung des juste milieu von ehedem, ist das alles eins, Ideologie und Utopie, Haus und Hof, Heim und Herd. Kritik, etymologisch aufs Unterscheiden zurückgehend, ist für sie wieder zum Fremdwort geworden.

Doch ganz geheuer ist es »unseren Kreisen« auch wieder nicht in ihrer erhabenen historischen Richterpose. Da gibt es die »neuen Fundamentalismen und Nationalismen«, die »entflammen«: von was diese entflammt sind, von Liebe oder Leidenschaft, erfahren wir leider nicht, es wird aber deutlich, daß man auch nach dem Ende der Ideologien und Utopien noch

Probleme hat, und zwar mit der deutschen Sprache. Gemeint waren wohl »aufflammende Fundamentalismen«, aber auf Vorsilben kommt es so wenig an wie auf begriffliche Unterscheidungen. Denn wenn auch die Fundamentalismen und Nationalismen zu denken geben, ja sogar »Gewißheiten zerfallen« lassen, so bleibt es doch beim alten mit der trostlosen Gedankenlosigkeit, die »ideologisch« und »utopisch« wie Synonyme behandelt, obwohl damit zwei vollkommen verschiedene Qualitäten bezeichnet werden.

Je weiter der Horizont geworden ist, der sich nach dem Abbau der beiden die Sicht versperrenden Großlager darbietet, desto enger wird es in den Köpfen. Die Rede vom Ende der Utopien scheint mir deshalb außerordentlich beliebt zu sein, weil sie nach außen hin einen ungeheuren Reichtum an realistischen Einsichten vorgaukelt und nach innen über die Abwesenheit jeglichen Gedankens hinwegtröstet. Wer nicht weiß, was er sagen will, braucht nur darauf zurückzugreifen, um etwas zu sagen, auch wenn er immer noch nichts weiß. Ein so prekäres literarisches Genre wie der Nachruf zieht die in der Luft liegenden Fertigformeln natürlich besonders heftig an, weil dem Verstorbenen nichts kritisch Gedachtes nachgesagt werden darf, so heißt es also in einem Nachruf auf den im Frühjahr 1993 verstorbenen Exilschriftsteller Hans Sahl: »In die Auskunftsbereitschaft des sehr spät aus dem amerikanischen Exil zurückgekehrten Moralisten Hans Sahl, der seinen Vorbehalt gegen den Zustand der Welt nie mit der Prothese utopischer Gewißheiten stützte, mischten sich allemal Skepsis und Resignation...« Ein Vorbehalt, gestützt mit der »Prothese utopischer Gewißheiten«, wie mag der wohl aussehen? Etwas krumm wird er schon daherkommen, der doppelt gestützte Vorbehalt, denn »utopisch«, also geträumt, erdacht, in eine ungewisse Zukunft und an einen ungewissen Ort verlegt, und »Gewißheiten«, das verträgt sich nicht: was beides heute zusammenbringt, ist der zeitbedingte Umstand, daß sowohl die Utopien als auch die Gewißheiten eine schlechte Presse haben, also spannt man sie der Einfachheit halber und des Effekts wegen zusammen. »Trauer um den

Verlust eines Menschenbildes und Sorge wegen der Regression des Menschlichen überhaupt«, fährt der Nachruf fort, »verbanden sich in Sahls Gedanken mit der unverzichtbaren Forderung, daß es an der Zeit sei, den Menschen jenseits der Utopien neu zu definieren.«[3] Was hat der arme Hans Sahl nur verschuldet, daß zum Leichenschmaus als Strafe ein solcher Phrasensalat angerichtet wird? »Regression des Menschlichen«, »den Menschen« neu definieren ... »jenseits der Utopien« – was soll das alles nur heißen? Sich vorzustellen, Tucholsky hätte diese neue deutsche Standardprosa unter die Augen bekommen oder Karl Kraus oder Adorno, ein ebenfalls aus dem amerikanischen Exil Zurückgekehrter – das hätte ein böses Schlachtfest gegeben.

Das Ende der Utopien, so bekomme ich seit dem Fall der Berliner Mauer auf sämtlichen Kanälen zu hören, sei gewissermaßen die Minimallektion, die uns durch den Untergang des Realsozialismus und die Diskreditierung des Marxismus erteilt worden ist. Unterhalb dieser Schwelle gehe jetzt gar nichts mehr. Die Logik dieser Belehrung habe ich nie begriffen. Soweit ich etwas vom Marxismus verstehe – und das ist zugegebenermaßen nicht allzuviel –, habe ich immer zu verstehen geglaubt, daß sich die Theorien von Marx und Engels seit dem Kommunistischen Manifest ausdrücklich in der Abwehr gegen die eigenen und fremden utopischen Jugendträume herausbildeten. Die »Kommunisten«, schrieb Engels im Vorwort zur vierten deutschen Ausgabe des Kommunistischen Manifests im Jahr 1890, unterschieden sich gerade dadurch von den »Sozialisten«, daß sie in ihren Reihen keinerlei Anhänger utopischer Systeme duldeten wie die Owenisten und Fourieristen, deren Herunterkommen zu aussterbenden Sekten er dann befriedigt konstatierte. Wenn die Lehre von Marx und Engels Fundamentalkritik verdient, dann doch gerade ihrer Ambition wegen, eine »Wissenschaft« darzustellen, die die Bewegungsgesetze der gesellschaftlichen Wirklichkeit erkannt hat, und nicht wegen irgendeines utopischen Gehalts. Die Träume des jungen Marx von einem humanen Arkadien jenseits der arbeitsteiligen

Aufspaltung, mit denen sich, wenn ich mich recht erinnere, die christlich-marxistischen Dialoge der sechziger Jahre gern befaßten, waren im Sinn der späteren marxistischen Theoretiker, ganz zu schweigen von den Architekten des Lehrgebäudes mit Namen Marxismus-Leninismus, überhaupt nicht marxistisch. Zwingt der Niedergang der marxistischen Lehre nicht viel eher dazu, auf die von ihr verworfenen Utopien des frühen 19. Jahrhunderts zurückzukommen und sie als Bestandteil der Geistesgeschichte des utopischen Denkens überhaupt zu begreifen?

Der Zusammenhang zwischen dem Untergang der DDR und dem Ausverkauf der Utopie erscheint mir erst recht an den Haaren herbeigezogen. Was um Himmels willen war an der DDR denn utopisch, worin war die Politik ihrer Führer durch Utopien motiviert? »Viele Intellektuelle der DDR haben den Staat ertragen, weil sie eine Utopie hatten, die sich verbal mit der Utopie, die die Diktatur vorgegeben hatte, deckte. Die hatten sozusagen dieselbe Utopie«, schreibt ein Intellektueller, der die DDR in den siebziger Jahren verlassen hat.[4] Es mag schon sein, daß manche Intellektuelle die Zumutungen des Staats DDR neben Gründen wie Heimatliebe auch deshalb ertragen haben, weil sie, wie andere nichtostdeutsche Zeitgenossen auch, dazu neigten, Zumutungen des realen Lebens im Blick auf erhoffte und erträumte Zukunftsaussichten zu entwirklichen: wo aber ist die »von der Diktatur vorgegebene« Utopie aufzufinden, mit der sich eine Utopie von Intellektuellen decken konnte? Ist die Utopie das Geheimnis, das etwa hinter Hermann Kants erstaunlicher, manchem Realpolitiker zur Ehre gereichender Skrupellosigkeit beim Umgang mit der Macht steckt? Ich habe nie in der DDR gelebt, ich kann mir aber nach allen mir bekannten literarischen und dokumentarischen Zeugnissen nur schwer vorstellen, daß der Zauberduft der Utopie das erste war, was den Bewohnern von Berlin-Marzahn oder von Leipzig-Connewitz seinerzeit in die Nase stieg.

Was mit der DDR als Utopie gemeint sein könnte, das verstehe ich erst recht nicht, seit die abgeschlossene Geschichte dieses Staates, erhellt durch zahlreiche bis dahin nicht zugängliche Dokumente, ausgebreitet vor uns liegt. Entstanden aus dem von den westlichen Alliierten akzeptierten Wunsch der Sowjetunion heraus, im Westen ihres Imperiums ein militärisch abgesichertes und im Innern ruhiggestelltes Glacis zu besitzen, wobei zunächst die Mittel einer bürgerlichen Militärdiktatur und viel Antifaschismus, aber noch kein Sozialismus für die Ruhigstellung sorgen sollten, dann nach der eigenmächtigen Entscheidung der Ulbricht-Führung zum Aufbau des Sozialismus mit wechselndem Kurs per trial and error durch verschiedene Phasen von doktrinärer Verhärtung und von Anpassung an äußere Gegebenheiten gesteuert, bis am Ende nicht viel mehr zu tun blieb, als die gröbsten, bei dieser Crashfahrt angerichteten Schäden zu reparieren, so erscheint mir, schematisch zusammengefaßt, die Geschichte dieses glanzlosen zweiten deutschen Staates: wo verbirgt sich in ihr der gewaltige utopische Antrieb? Es stimmt, daß Walter Ulbricht einmal davon sprach, in der DDR werde jener Faust III realiter geschrieben, den Goethe nicht mehr hatte verfassen können, nachdem er am Ende von Faust II über das Papier nicht hinausgekommen war, auf dem die Verse stehen: »Solch ein Gewimmel möcht ich sehn / Auf freiem Grund mit freiem Volke stehn!«; Wolf Biermann übersetzte das seinerzeit in das Idiom des Liedverses »Zu uns komm' dann die Massen«, den sich westdeutsche Liederfreunde mit einer Mischung aus Entsetzen und wohligem Schauder anhörten: seit wann allerdings hält man sich auch post festum an die verbale Propaganda einer Staatsmacht, wenn es darum geht, die reale Geschichte dieses Staates und seiner Bewohner zu erforschen? In der inflationären Verbreitung der These, daß die DDR es mit der Utopie gehabt habe und daß deshalb mit dem Verschwinden der DDR auch die Utopie untergegangen sei, könnte genaugenommen die verblichene SED-Agitation ihren letzten großen »operativen« Erfolg erkennen.

Was über die DDR hinsichtlich des utopischen Antriebs zu sagen ist, gilt meiner Ansicht nach auch für die Sowjetunion, wobei ich allerdings vorsichtig sein möchte, was die während der Oktoberrevolution selbst entfesselten und dann noch eine

Zeitlang virulent gebliebenen gesellschaftlichen Energien angeht. Mir leuchtet jedenfalls die Analyse Detlev Claussens ein, die zu der Schlußfolgerung gelangt, daß die Sowjetunion bereits in den zwanziger Jahren vom revolutionären Experiment zu einer Politik defensiver Einzäunung überging, die nach dem Zweiten Weltkrieg schließlich auf den gesamten erweiterten Herrschaftsbereich übertragen wurde; innerhalb der Einzäunung, die ihn von äußeren Einflüssen abschirmen sollte, züchtete der Realsozialismus nach Claussens Analyse aber die Kräfte heran, die das ganze System platzen ließen und irgendwann platzen lassen mußten: »Der Zaun schafft die Bedingungen eines gesellschaftlichen Laboratoriums, das auf einer bestimmten gesellschaftlichen Stufe in die Luft zu fliegen droht. Die vorkapitalistischen Hemmnisse lassen sich in einem solchen Laboratorium gut beseitigen; allerdings lassen sich in ihm nicht die kulturellen Bedingungen der bürgerlichen Gesellschaft erzeugen, die Marx zur unabdingbaren Voraussetzung einer sozialistischen Gesellschaft zählte und die Lenin am Ende seines Lebens so dringend herbeisehnte.«[5]

Die in Frankfurt am Main und New York gezeigte große Ausstellung »Die russische Avantgarde«, die einen faszinierenden Überblick über die ungeheure Vielfalt der vorrevolutionären und nachrevolutionären künstlerischen Projekte und Artefakte ermöglicht, wurde im Mai 1993 auch in Moskau den Besuchern zugänglich gemacht. Sie hat auf dem Weg von der Frankfurter Schirn über das New Yorker Guggenheim-Museum in die Tretjakow-Galerie interessanterweise den Namen gewechselt, in Moskau heißt sie »Die große Utopie«. Daraus möchte ich fast den Schluß ziehen, daß die von der Sowjetherrschaft wahrlich bis aufs Blut gepeinigten Russen sich einen viel klareren Kopf bewahrt haben als die Deutschen, die, auch was deren sowjetisierten Teil angeht, im Vergleich zu den Sowjetmenschen allemal mit einem blauen Auge davongekommen sind. Während die Deutschen auf das Desaster des Realsozialismus mit der neurotischen Abwehr eines utopischen Denkens antworten, das bei der ganzen Geschichte überhaupt nicht zur Debatte steht, scheinen die Russen aus der Geschichte der Sowjetherrschaft tatsächlich etwas gelernt zu haben. In seinem nach der Reise in die Sowjetunion im Jahr 1936 veröffentlichten Buch *Retour de l'URSS* warf der protestantische Freidenker André Gide, bei allem Verständnis für die Bekämpfung des von der orthodoxen Kirche mit unterhaltenen Aberglaubens, den sowjetischen Machthabern vor, mit ihrer antireligiösen Kampagne das »Kind mit dem Bade auszuschütten«, wobei er darauf verwies, daß es sich dabei um eine deutsche, im Französischen nicht gebräuchliche Redensart handelt.[6] Anscheinend haben sich die Russen den Vorwurf, wenn auch mit großer Verspätung, zu Herzen genommen und werfen jetzt nicht auch gleich das Wort Utopie mit auf den Kehrichthaufen. Die Deutschen jedoch geben sich bei ihrer Razzia gegen alles von weitem nach Utopie Riechende jede erdenkliche Mühe, ihresgleichen und ihren Nachbarn vorzuführen, daß »das Kind mit dem Bade Auschütten« nicht nur im sprachlichen, sondern auch im mentalen Sinn eine zutiefst *deutsche* Redensart ist.

Wunschtraum und Experiment

Es geht mir nicht darum, jetzt unter allen Umständen die Utopie hochzuhalten und dabei jedermann als Bundesgenossen zu begrüßen, der ein gutes Wort für die Utopie einlegt, mit dem Argument, daß man sonst den Menschen die lebenswichtige Hoffnung raubt. Denn es gibt eine schlechte Verteidigung der Utopie, die geradewegs auf ihren Ruin hinausläuft. Mit ihr möchte ich mich jedoch nicht weiter beschäftigen, weil sie mir das geringere Problem darzustellen scheint im Gegensatz zu der überwältigenden Zirkulation antiutopischer Gemeinplätze, die auf eine ernste Störung bei der Übermittlung geistiger Traditionen hindeutet. Bei ihrem Anblick kommt mir manchmal der Verdacht, daß die schlimmsten Verheerungen in den Köpfen nicht diejenigen sind, die der Kalte Krieg unmittelbar angerichtet hat, sondern diejenigen, die erst im Prozeß seiner Liquidierung auftreten. Man glaubt sich nun von allen Scheuklappen befreit und merkt nicht, daß man in Wirklichkeit nur noch sieht, was sich drei Meter vor den kurzsichtig gewordenen Augen abspielt. Je lauter verkündet wird, daß nun die »alten Feindbilder überwunden« und die »alten Gewißheiten« ausrangiert sind zugunsten der freien Wahrnehmung der Welt, desto sicherer kann man sein, daß danach mit einem Denken zu rechnen ist, das restlos im Bann unetikettierter neuer Feindbilder und Gewißheiten steht, die, von der Gewalt des Konformismus in die Köpfe gepreßt, freies Nachdenken blockieren.

Vor einiger Zeit fiel mir ein längst vom Markt verschwundenes Buch aus den sechziger Jahren in die Hände, bei dessen Lektüre sich fast perverse Sehnsucht nach der Epoche regen konnte, in der ein solches Buch hat entstehen können. Es ist im Original unter dem Titel *Utopias and Utopian Thought* 1966 in den USA erschienen,[7] zu einem Zeitpunkt also, zehn Jahre nach der Niederschlagung des ungarischen Aufstands und fünf Jahre nach dem Bau der Berliner Mauer, an dem sich außer den Anhängern kommunistischer Parteien kaum jemand im Westen Illusionen über den Charakter des sowjetischen Systems hingab, und in einem Land, in dem es mangels kommunistisch geprägter Arbeiterbewegung keinerlei Versuchung geben konnte, Tatsachen zu verschweigen, damit den Arbeitern, wie in Sartres Frankreich gesagt werden konnte, »nicht die Hoffnung geraubt wird«. Auf der anderen Seite hat der Herausgeber des Bandes, der Historiker Frank A. Manuel, als Amerikaner nicht vergessen können, daß es nicht nur ein Europa gibt, dessen Zivilisationskatastrophen zu einer Überprüfung der Traditionsbestände zwingen, sondern auch ein Amerika, dessen Geschichte ohne das spannungsvolle Verhältnis zu utopischen Traditionen nicht gedacht werden kann. Abschließende Liquidierung der Utopien verbot sich schon deshalb, weil sie gleichbedeutend gewesen wäre mit einer geistigen Liquidierung Amerikas: ein Gesichtspunkt, den sich alle die neugewonnenen Freunde des Westens einmal überlegen sollten, die zum Beweis gelungener westlicher Assimilation »Prothesen utopischer Gewißheiten«

glauben über Bord werfen zu sollen, während sie doch nur zu erkennen geben, daß ihnen die Vielgestaltigkeit dieses Westens nach wie vor fremd und unheimlich ist.

»In jüngster Zeit sind die Utopien mancherorts in Verruf geraten«, schreibt Frank A. Manuel, »weil sie angeblich einen schlechten politischen Einfluß ausüben, wenn sich große Menschenmassen extravaganten Visionen hingeben. Utopien anzugreifen ist aber ebenso sinnlos wie das Träumen abzulehnen. Keine große Kultur kam ohne sie aus, und es ging eigentlich immer nur um die Frage, ob sie einem künftigen Leben nach dem Tode vorbehalten blieben oder auf die Erde gebracht wurden. Ich selbst bin nicht davon überzeugt, daß sie jemals die ihnen zugeschriebenen katastrophalen Wirkungen haben. Die von ihnen bewirkte Entfesselung von Kräften der Phantasie ist unschuldig, ihre Widerspiegelung der emotionalen Realität ihrer Zeit authentisch.«[8]

Ob man nun Manuels Auffassung zustimmen mag oder nicht, lehrreich ist allemal die Auskunft, daß der Antiutopismus alles andere als eine Kreation der Gegenwart ist, die Antwort einer realistischen Intelligenz auf den Zusammenbruch des Realsozialismus im Jahr 1989. Er ist ein seit vielen Jahrzehnten jederzeit mobilisierbares, zu allen nur denkbaren Zwecken verwendbares und verwendetes ideologisches Klischee. Die antiutopischen Reden der jüngsten Zeit, gehalten, von Enzensberger und »unseren« linksalternativen »Kreisen« auf der einen Seite bis zu Joachim C. Fest und den Neuen Rechten auf der anderen, plappern nur einen sehr viel älteren Text nach, an dessen unreine Quellen der Historiker Manuel in der Einleitung erinnert:

»Die Marxisten auf der einen Seite und die faschistischen Theoretiker auf der anderen Seite bereiteten der toten Utopie ein pietätloses Leichenbegängnis. Die letzteren beriefen sich in dieser Hinsicht auf Georges Sorel und betonten lautstark den Gegensatz zwischen ihren eigenen schöpferischen Mythen, die angeblich ›dynamische Realitäten‹ und Ausdruck authentischer Wünsche waren, und den Utopien, die sie als hohle rationalistische Konstruktionen abtaten. In der Mitte des 20. Jahrhunderts war das Wort ›Utopie‹ für viele Denker immer noch ein Schimpfwort. Ortega y Gasset bezeichnete sie ohne Umschweife als Trugschluß. Karl R. Popper äußerte sich dazu wortreicher, aber nicht weniger verächtlich.«[9]

Die Utopie *immer noch* ein Schimpfwort in der Mitte des 20. Jahrhunderts – das ist, am beginnenden Ende dieses Jahrhunderts gelesen, eine in der Tat von Wunschdenken gelenkte Formulierung. Der Autor Manuel hat sich nicht vorstellen können, daß die Antiutopie, die er in den sechziger Jahren für eine mit dem Kalten Krieg zum Absterben verurteilte Geistesverirrung halten mochte, ihre ganz große Zeit erst noch vor sich hatte, und zwar *nach dem Ende des Kalten Kriegs*. Die Diskussion um »Nutzen und Nachteil des utopischen Denkens«, die damals zwischen amerikanischen und europäischen Denkern hat geführt werden können, ist durch das klotzige konformistische Verdikt ersetzt worden, das sich selbst jedoch für das gelungene Produkt demokratischer »Streitkultur« hält. Seine Anhänger werden sich durch diese Erinnerung an eine Diskussion nicht von ihm abbringen lassen, dazu ist die Gewalt, die die Kohäsionskraft des geistigen Konformismus stiftet, viel zu groß; vielleicht aber ist es nicht unnütz, Zögernde daran zu erinnern, daß sich die, sich als anti-totalitär begreifenden, Antiutopisten von heute in seltsamer Übereinstimmung sowohl mit faschistischen Denkern als auch stalinistischen Realpolitikern von gestern befinden, was dazu anregen könnte, sich über die Bedingung der Möglichkeit einer Art lockeren intellektuellen Hitler-Stalin-Pakts in der postsowjetischen Gegenwart ein paar Gedanken zu machen. Vielleicht liefert die Erwähnung Karl R. Poppers in diesem Zusammenhang Anlaß, diesen zum neuen post-totalitären Säulenheiligen erhobenen Autor auch einmal kritisch zu lesen: das heißt zu erkennen, daß die große Bedeutung, die Poppers Denken für die politische Stabilisierung der westlichen Demokratien unter den Bedingungen des Kalten Krieges besaß, in der Zwischenzeit dahingeschmolzen ist, daß dieses Denken selbst aber überdeutlich vom Kalten Krieg gezeichnet ist und selbst Spuren der totalitären Züge aufweist, gegen die es sich verbaliter wandte. Mag das Plädoyer für die »offene Gesellschaft« auch einmal seinen politischen Zweck erfüllt haben, so läßt sich meiner Ansicht nach nur schwer übersehen, daß seine Instrumente ungeeignet sind, die neue Art von Krise zu erfassen, in der sich die Demokratien heute befinden – mögen auch ehemalige arbeiterkultische Linksradikale, die Popper mit zwanzig Jahren Verspätung lesen, weil sie sich solche Lektüre früher verboten haben, lautstark des Gegenteil behaupten: das späte Datum, an dem manche schon lange am Stock hängende Lesefrucht geerntet wird, ist noch lange keine Garantie dafür, daß das verspätet Gelesene auch das der späteren Zeit Angemessene ist.

Die Lektüre des Bandes *Wunschtraum und Experiment* erscheint mir dagegen außerordentlich zeitgemäß, weil sie einen Eindruck von dem vergessenen Reichtum utopischen Denkens vermittelt, den die neuen Antiutopiker mit einem armseligen Federstrich vernichten wollen. Lewis Mumford, der Autor des Klassikers *Mythos der Maschine*, weist nach, in welchem spannungsreichen Wechselverhältnis die Herausbildung der antiken Stadtstaaten (und damit die historische Grundlage unseres Demokratieverständnisses) und die Entstehung des utopischen Denkens in Griechenland stehen; es wird deutlich gemacht, wieviel Aristoteles' politisches Denken der Einsicht in die Aporien verdankt, bei denen Platon mit dem Entwurf seiner utopischen Polis hängengeblieben war; es wird argumentiert, daß Rousseaus *Emile* nicht einfach als schaurige utopische Verirrung eines Denkers angesehen werden kann, der in der Lage war, als politischer Realist den *contrat social* auszudenken, sondern daß die utopischen und die realistischen Elemente in Rousseaus Denken zusammengehören und sich wechselseitig bedingen; es wird in diesem Buch vor allem hervorgehoben, daß es eine lebendige *Geschichte* des utopischen Denkens gibt, das nicht nur durch tausend Fäden mit den anderen Bereichen der Geistesgeschichte verbunden ist, sondern auch für die Aufbruchsbewegungen der europäischen Menschen von großer Bedeutung war; und es wird der Sinn für Unterscheidungen geschärft, indem das Bündel mit der Aufschrift »Utopie« aufgeschnürt und gezeigt wird, daß dort nicht alles ein und dasselbe ist, sondern daß die literarischen Utopien zwei grundverschiedenen Modellen zuzuordnen sind: dem Stadtstaat und dem Mythos von Arkadien.

Gerade Amerikaner können die arkadischen Utopien nicht so leicht vergessen, weil ohne Beachtung ihrer realen Hinterlassenschaften das eigene Land überhaupt nicht beschrieben werden kann. Selbst eine so peripher erscheinende amerikanische Hervorbringung wie die Cajun-Folklore aus Louisiana, die allmählich auch hier in Mode kommt, erzählt davon. Was bedeutet zum Beispiel der klassische Cajun-Titel »Acadien Two Step«? Dahinter steckt eine ebenso glückliche wie leidvolle Einwanderergeschichte. Südfranzösische Bauern, die im 17. Jahrhundert vor Hungersnot und Teuerung nach Nordamerika auswanderten, fühlten sich bei ihrer Ankunft so erleichtert, daß sie das Land an der Atlantikküste in der heutigen kanadischen Provinz New Brunswick, das sie besiedelten, trotz seines für sie ungewohnt rauhen Klimas, »Arkadien« tauften, *Acadie*. Ihren Nachkommen blieb nur nicht mehr viel Zeit, dieses Arkadien zum erträumten irdischen Paradies auszubauen, weil das Britische Königreich nach seinem militärischen Sieg über die Truppen Neu-Frankreichs 1759 daranging, die Bevölkerung der französisch besiedelten Gebiete zu massakrieren, zu vertreiben, im besten Fall zwangsumzusiedeln (*ethnic cleansing*, »Horrorwort des Jahres« 1992, ist seinem Konzept nach altehrwürdige westeuropäische Erobererpraxis und keine rein serbo-balkanische teuflische Kreation). Die Überlebenden der Vertreibung fanden an der Küste Französisch-Louisianas Zuflucht, wurden nach dem Verkauf des Landes durch Napoleon an die USA Amerikaner und lassen ihre Nachkommen noch immer von jenem verlorenen Küstenstrich singen, den ihre Vorfahren nicht wie üblich nach Königen oder Heiligen benannt hatten, sondern nach ihrem Traum von Arkadien.

»Wenn in den Gesellschaften des Westens kein Platz mehr

für Bildermacher ist«, schreibt der niederländische Futurologe Frederik L. Polak in Manuels Band, »für Philosophen und Träumer, für Propheten und Dichter, für utopische Idealisten und visionäre Humanisten – und zwar kein hervorragender Platz! –, so geraten wir in Gefahr, von einem Wirbelsturm neuer, stärkerer Zukunftsbilder aus anderen Teilen der Welt hinweggefegt zu werden, und wir verdienen dieses Schicksal dann auch.«[10] Der dem utopischen Denken freundlich gesonnene Autor hat im Jahr 1966 trotz Kaltem Krieg und Lagerdenken einen viel klareren Blick für die Möglichkeiten der Wirklichkeit besessen als ihn nach dem Ende der Blockkonfrontation alle Antiutopiker zusammengenommen besitzen, die kurzatmig hinter den Schlagworten des Tages herhecheln, sich dabei furchtbar realistisch vorkommen und aus allen Wolken fallen, wenn zwischen den Sprechblasen ein Stück unbegriffene Wirklichkeit zum Vorschein kommt. »Unsere Kreise« in Westberlin sind dann sehr bestürzt, verabschieden das Utopische gleich noch ein weiteres Mal und sind nach wie vor außerstande, zwischen der sich durch Konformismus rasch ausdehnenden Gedankenleere im Westen, aus der sie ihren Vorrat an Weisheiten beziehen, und dem Vormarsch des Fundamentalismus in allen seinen religiösen und nationalistischen Ausprägungen einen Zusammenhang zu erkennen. Frederik L. Polak, der Fürsprecher der Träumer und utopischen Idealisten, hat ausgesprochen realistisch gedacht, als er einen »Wirbelsturm neuer, stärkerer Zukunftsbilder aus anderen Teilen der Welt« kommen sah, als Folge zunehmender westlicher Tiefdruckatmosphäre. In seinem in den sechziger Jahren entworfenen Zukunftsbild war ein Platz freigelassen für das, was in den achtziger Jahren in Gestalt des militanten Islamismus die Welt in Atem zu halten begann.

Der Antiutopismus ist, mit einem Wort, in meinen Augen eine schrecklich anachronistische, von älteren, zuweilen dubiosen Vorgängern mechanisch abgekupferte, intellektuell völlig unbrauchbare Antwort auf die Herausforderungen, mit denen der Epochenumbruch vom Ende der achtziger Jahre mitsamt seinen unabsehbaren Folgewirkungen die Welt konfrontiert. Seine Spitzenleistung an logischer Finesse besteht darin, aus dem Untergang der realsozialistischen Antiutopie den Schluß zu ziehen, daß diese zum Zweck ihrer Wiederholungsverhinderung in Zukunft geistig noch zu übertrumpfen sei. Er fügt der seither anwachsenden Verrohung der Umgangsformen die banausische Liquidierung einer kulturellen Tradition hinzu, von deren Reichtum er offensichtlich niemals Kenntnis genommen hat. Er präsentiert sich als Vorbild an Illusionslosigkeit und fällt als erstes selbst einer vollkommen illusionären Idee von der bestehenden modernen Welt zum Opfer. »Was mit dem Kommunismus hätte sterben müssen«, sagt der kanadische Philosoph Charles Taylor in einem Radiovortrag über Größe und Elend der Moderne, »ist der Glaube, daß die modernen Gesellschaften nach einem einzigen Prinzip regiert werden können, sei es dem der kollektiven Planung oder dem des freien Spiels der Marktkräfte.«[11]

Dieser Glaube hat den Tod des Kommunismus aber munter überlebt. Der entwickelte Kapitalismus hat die Utopie keineswegs aus der Welt geschafft, sondern folgt mit der Verwandlung der Welt in einen einzigen Markt einem durch und durch totalitären, Francis Bacons technische Visionen in den Schatten stellenden Zukunftsbild, das die gesamte Menschheit mit der Einsperrung in einen Garten Eden totaler aufgezwungener Gleichzeitigkeit bedroht. Der kanadische Literaturhistoriker Northrop Frye hat in seinem Beitrag zu *Wunschtraum und Experiment* bemerkt, daß der Antiutopismus gegenüber seinen eigenen Prämissen ins Stolpern kommt, wenn er sich der modernen Welt gegenübersieht: »Diese Verbindung zwischen einer antiutopischen Einstellung gegenüber zentraler Planung und einer utopischen Einstellung gegenüber dem Wirtschaftsprozeß führt zwangsläufig zu Inkonsequenzen.«[12] Der Antiutopismus arbeitet dieser Realutopie nach Kräften zu, indem er die ihrer Durchsetzung förderliche geistige Disposition zur Verfügung stellt: mit der höhnischen Verabschiedung von Hoffnung und Veränderungswillen will er auch das abschaffen, was Hegel

Aufschub der Begierden und Freud Triebaufschub genannt hat; denn dieser Aufschub lebt stets von der Hoffnung, daß danach etwas anders und besser wird; wird diese Aussicht aber abgeschafft, bleibt nur noch die reine Begierde mit dem blinden Drang nach sofortiger Befriedigung übrig, aufgefangen vom totalen Konsum, dem der Antiutopismus nun auch noch die pseudoaufgeklärte Ideologie nachliefert.

Es gibt viel mehr als bloß gesinnungsmäßige Gründe, den Antiutopismus als lästiges Denkklischee zu verwerfen. Er demontiert sich als Welterklärung außerdem ganz von allein, denn er erlebt gegenüber der zeitgenössischen Wirklichkeit jeden Tag von neuem seinen Bankrott, weigert sich allerdings, den Konkurs auch ordentlich anzumelden. Nachdem er dem herrschenden Konformismus das *sacrificium intellectus* gebracht hat, sieht er sich außerstande, mit den wenigen verbliebenen geistigen Werkzeugen etwas von dem zu erfassen, was im posttotalitären Europa statt Energien des Aufbaus ungeahnte Kräfte der Zerstörung freisetzt. Gegenüber dem Krieg auf dem Balkan greift er auf die Kategorien einfacher Comic Strips zurück, imaginiert den Kampf um Territorien als mythische Schlacht zwischen den Mächten der Finsternis und den Kräften des Lichts, damit man gleich weiß, auf welche Seite man sich zu schlagen hat. Oder der Krieg wird einfach zur Katastrophenfilm-Fassung des Kalten Krieges erklärt, noch einmal befindet sich die freiheitliche Demokratie in der finalen Abwehrschlacht gegen den aggressiven kommunistischen Totalitarismus, das erspart neues Hinsehen und Nachdenken, die alten Fronten sind dann klar, und in den antiutopischen, früher vielfach marxistisch-leninistischen, Köpfen nimmt der Irrsinn seinen Lauf. Weil die Antiutopisten sich freiwillig in die Gefangenschaft der Ideologie des letztlich unaufhaltsamen Fortschritts begeben haben, die sie zum Schein bei anderen bekämpfen, sind sie außerstande, über deren Umzäunung hinauszusehen und dabei auf den Gedanken zu kommen, daß zwischen der Epidemie nationalistischen Stupors, die den Balkan und andere Gegenden heimsucht, und pervertierten, da anderweitig frustrierten Sehnsüchten nach einer Welt der Gerechtigkeit ein Zusammenhang bestehen könnte. Sie lassen dann lieber die Waffen klirren, die andere tragen sollen, das täuscht dann bei gleichbleibender geistiger Trägheit wenigstens irgendeine Aktivität vor.

Es ist Krieg und wir gehen hin heißt das lange vor Ausbruch des Kriegs auf dem Balkan geschriebene und 1991 veröffentlichte Buch, in dem der Psychoanalytiker und Schriftsteller Paul Parin von seinen Erfahrungen als freiwilliger Militärarzt unter General Titos Partisanen berichtet. Parin hat den bevorstehenden Ausbruch der Kämpfe im nach-titoistischen Jugoslawien darin nicht prophezeit, aber er hat zahlreiche Beobachtungen am konkreten regionalen Beispiel aufgezeichnet, die es dem heutigen fernen Zuschauer des Kriegs erleichtern, die geschichtliche Herkunft zahlreicher Konfliktquellen auf dem Balkan zu verstehen. Es findet sich in diesem Buch vor allem eine Überlegung, die mir außerordentlich hilfreich erscheint, wenn man sich nicht mit der dämonologischen Auskunft zufriedengeben will, daß in manchen Völkern des Balkan nichts als diabolischer Wahnsinn tobt: »Diese Basis, das Volk, will wieder beides: Ein besseres und freieres Leben und das, was einmal war. Die unstillbare Sehnsucht, die Unruhe, die wir in ihrer gereinigten Form Utopie nennen, greift auf die Überlieferung, auf die Tradition von Heimat, Glaube, Familie zurück, die doch nie wirklich Zufriedenheit und Glück gebracht haben, unterliegt dem Wiederholungszwang der Geschichte.«[13]

Bei der Betrachtung vieler europäischer Bauernrevolten fällt eine solche progressiv-regressive Bewegung auf. Ist die Bedrückung in der Gegenwart unerträglich geworden, tauchen Bilder von einem Zustand ohne Zehnten, Frondienst und Hunger auf, in denen sich Zukunftsträume und Mythen der Vergangenheit überlagern. »Als Adam grub und Eva spann / wo war denn da der reiche Mann?«, dieser Spruch eines englischen Mönchs, der zahlreichen Erhebungen gegen den Feudaladel als Schlachtruf diente, appelliert an die volkstümliche Vorstellung von einer ursprünglich gerecht geordneten Welt, in die sich dann fremde, die Bauern aussaugende Herren einschlichen, die wieder verjagt werden müssen, damit die künftige Welt zum Zustand der Urgerechtigkeit zurückkehren kann. Seit die moderne Säkularisierung die von der Religion gestifteten Bilder verblassen läßt, sucht sich die Sehnsucht nach der erlösenden Gerechtigkeit ihr Paradies in anderen, jedoch nicht weniger mythologischen Sphären. An die Stelle der Geschichte des biblischen Garten Eden setzt sich dann die Legende von dem einst glücklich geregelten Leben des unter sich bleibenden Stammes oder Volkes, in das die Unordnung erst einbrach, als fremde Stämme und fremde Herren sich auf dem Territorium dieses Volkes niederließen. Ich bin überzeugt, daß viel von der Destruktionskraft des gewalttätigen modernen Nationalismus auf der Pervertierung von Antrieben beeruht, die unter anderen Umständen zum utopiegeladenen Motor gesellschaftlicher Transformationen hätten werden können.

In seinem unter deutscher Besatzungsherrschaft geschriebenen, 1945 in Belgrad veröffentlichten und 1961 mit dem Nobelpreis ausgezeichneten Roman *Die Brücke über die Drina* hält der in Bosnien aufgewachsene Ivo Andrić in eindringlichen Szenen den vielleicht entscheidenden geschichtlichen Augenblick fest, in dem unter dem äußeren Anschein der Modernisierung in seiner Herkunftsregion die schleichende Vergiftung des Zusammenlebens durch den Import nationaler Mythen beginnt, und zwar lange vor Ausbruch des Ersten Weltkriegs. Nach der Ablösung der osmanischen durch die österreichisch-ungarische Herrschaft kehrten die Studenten, die von nun an in Prag oder Wien studierten, mit bisher unbekannten Ideen im Kopf nach Sarajevo und Visegrad an der Drina zurück, sprachen von der unerhörten sozialen Forderung nach dem Achtstundentag und von einer Aktion namens Streik, sprachen aber auch von etwas Neuem namens Nation. »Es gab noch genug Städter, die auch weiterhin vorsichtig schwiegen oder solche Neuerungen und eine solche Kühnheit des Gedankens und der Sprache von sich wiesen. Es gab aber noch mehr unter ihnen, besonders unter den jüngeren, ärmeren und müßigen, die all dies als ›frohe Botschaft‹ aufnahmen, die ihren bisher verschwiegenen und unterdrückten inneren Bedürfnisse entsprach und jenes Große und Erregende in ihr Leben hineintrug, das ihnen bisher gefehlt hatte. Beim Lesen der Reden und Artikel, der Proteste und Memoranden der Religions- und Parteiorganisationen hatte jeder von ihnen das Gefühl, daß sich in ihm etwas löse, daß sich sein Horizont weite, die Gedanken befreiten und seine Kräfte mit anderen, fernen Menschen und Kräften verbänden, an die er bisher nicht gedacht.«[14]

Ivo Andrić zeigt nun auf erzählerisch großartige Weise, wie diese freudig begrüßte europäische Moderne ihr Janusgesicht zu enthüllen beginnt. Mit der Erweiterung des Horizonts geht eine neuartige Verengung des Blicks einher, und die Kräfte, die sich unter dem Einfluß der modernen Ideen zu lösen beginnen, stellen sich zugleich in den Dienst einer noch unbemerkt hereinbrechenden Verdüsterung. Die Menschen unterschiedlichster Herkunft und Überzeugung, die bisher nach dem beurteilt wurden, was sie taten, werden auf einmal nach ihren Überzeugungen und ihrer Herkunft befragt. Ein italienischer Steinmetz, bis dato ein geachteter Visegrader Bürger unter den anderen Bürgern serbischer, bosnisch-muslimischer, türkischer, ostjüdischer, sephardischer oder anderer Herkunft, wird auf einmal für das verantwortlich gemacht, was die italienische Armee im fernen Nordafrika gegen die Streitkräfte der Türkei unternimmt. »Wie auch bei Lucchenis Attentat auf die Kaiserin, war er nach einer ihm unverständlichen Logik wiederum schuld an etwas, das seine Landsleute, die Italiener, mit denen er schon lange nichts mehr gemein hatte, irgendwo in der Welt getan hatten.«[15] Diese dem Italiener unverständliche nationale Logik dringt im Lauf der Jahre so tief in die Köpfe ein, daß es fast selbstverständlich erscheint, wenn gleich nach dem Attentat auf den österreichischen Thronfolger im Juli 1914 in Visegrad weit weg von Sarajevo wahllos Landsleute des serbischen Attentäters Princip herausgegriffen und umgebracht werden. Und der junge Serbe, der eben noch davon träumte, zusammen mit seiner Geliebten das Glück im für ein modernes Arkadien gehaltenen Amerika zu suchen, folgt auf einmal dem Drang, sich jenseits des Grenzflusses Drina seinen bewaffneten Landsleuten anzuschließen, von wo aus er vielleicht mithelfen wird, seine Heimatstadt mit Artilleriefeuer zu beschießen.

Es erscheint mir nach der Lektüre dieser vor 1945 entstandenen romanhaften Chronik Ivo Andrićs vollkommen abwegig, gut antiutopistisch einen einzigen Faktor, und zwar den jugoslawischen Kommunismus samt dessen Nachleben im serbisch beherrschten Restjugoslawien, für die Explosion von Mord und Totschlag in der zerfallenen Balkanföderation verantwortlich zu machen. Dem Titoismus läßt sich post festum neben vielen anderen der Vorwurf machen, daß es ihm nicht gelungen ist, ältere Dispositionen zur inter-ethnischen Gewaltanwendung zu entkräften. Uralten Datums sind diese Vorbedingungen jedoch nicht, ihre Entstehung hängt mit der Janusköpfigkeit der europäischen Moderne zusammen, die am Beginn dieses Jahrhunderts wie ein Wirbelsturm über dieses gerade aus der jahrhundertelangen Osmanenherrschaft entlassene Land hinwegfegte, die »süße Stille« der Türkenzeit, wie es in der *Brücke über die Drina* heißt, unwiderruflich beendend. Wenn von den Ideen, die damals ins Land gebracht worden, heute allein der Nationalismus als wirkungsmächtige Kraft übriggeblieben ist, liegt das nicht nur am realen Scheitern der mit ihm einmal rivalisierenden sozialistischen Idee, sondern auch daran, daß auch die übrigen von der Moderne in Aussicht gestellten Ideen ihren Kredit verloren haben. Wenn so viele Gesellschaften im Osten und Südosten Europas ihr Heil in der Zwangsvorstellung suchen, daß gerechtere Verhältnisse nur unter der Bedingung nationaler Homogenität und territorialer Abschließung herzustellen seien, dann wird damit auch ein vernichtendes Urteil über die Attraktivität der westlichen Gesellschaftsordnung gesprochen. In einer Gesellschaft, die sich im wesentlichen den Marktkräften überläßt, herrscht zwangsläufig Ungerechtigkeit, denn kein Markt behandelt seine Teilnehmer gerecht; es mag sogar stimmen, daß es diese systemeigene Ungerechtigkeit ist, was die Marktkräfte entscheidend belebt; solange eine solche

Gesellschaft reich genug ist, um die sozialen Folgewirkungen dieser Ungerechtigkeit abzufedern, kann sie es sich sogar leisten, die Tugenden der marktgebundenen Ungerechtigkeit antiutopistisch zu preisen. Von außen und von ärmeren Regionen her betrachtet, mag der in die kapitalistische Weltmarktutopie blind vernarrte Antiutopismus als zynische Begleitmusik zu dem schwer erträglichen Leiden unter der posttotalitären Ungerechtigkeit erscheinen, das dann mangels realer Besserungsaussichten bei der Behandlung durch nationalistischen und ethnischen Utopieersatz Linderung sucht.

Zu den wenigen nachdenkenden Zeitgenossen, die angesichts der Entlassung der ostmitteleuropäischen Länder aus dem sowjetischen Lager den Kopf weder nach der einen noch nach der anderen Seite verloren, gehörte der aus Ungarn stammende, als Geschäftsmann in Kalifornien lebende ehemalige Kommunist Georg Hermann Hodos. Nach einigen Jahren Überblick über die Entwicklung der posttotalitären Welt stellt sich heraus, daß Hodos, ein wahrhaft gebranntes Kind, denn er hat als Opfer der Schauprozesse in Ungarn die stalinistische Willkürherrschaft am eigenen Leib erfahren,[16] sehr klar und ohne jede Illusion in die Zukunft gesehen hat. Den Artikel, den Hodos Anfang 1990 unter der Überschrift »Aber Liebe dennoch« geschrieben hat, habe ich sorgfältig aufbewahrt; ich möchte aus ihm zitieren:

»Antikommunismus, Armut und Rückständigkeit aber werden auch die nächste Zukunft prägen, und es ist kaum Pessimismus oder Schwarzmalerei, wenn es meinem Herzen wehtut, daß anscheinend alles vergebens war, daß im zugrunde gerichteten Ostmitteleuropa selbst der Weg zu einem Kapitalismus mit menschlichem Antlitz, also etwa zu einem Wohlfahrtsstaat schwedischen oder auch nur österreichischen Typs, verbaut ist ... Ich leide unter dem Zusammenbruch, weil er eine Welt zurückzubringen droht, deren Ablehnung mich damals zum Sozialisten gemacht hat, und ich muß jetzt das Auftauchen längst totgeglaubter Gespenster mitansehen. Es ist nur ein schwacher Trost, daß der Tod des Sozialismus nicht endgültig sein kann.

Reaktion, Unterdrückung, Ungerechtigkeit, Armut werden ihn irgendwann in neuer Form hervorbringen. Das Herz schlägt immer noch links; der Sozialismus wird, vielleicht unter einem anderen Namen, wieder das Gewissen der Menschheit, die Hoffnung für ihre bessere Zukunft werden. Schade, daß ich nur den Triumph und den Tod des Falschen, nicht aber die Neugeburt des Richtigen erleben kann.«[17]

Daß viele das Wort Sozialismus nicht mehr hören wollen, kann ich gut verstehen; vielleicht gibt manchen der mit gutem Grund Desillusionierten aber der Umstand zu denken, daß in der Nähe zum utopischen Bekenntnis realistischer Klarblick offenbar viel besser gedeiht als im Lager der Antiutopisten, die mit ihren merkwürdigen »Prothesen utopischer Gewißheiten« auch ihren analytischen Verstand über Bord geworfen zu haben scheinen. Heute hinausschreien, daß die Utopie gescheitert ist, ist etwa so klug, wie im Spätherbst, wenn die Blätter fallen, zu dem Schluß kommen, daß die Idee des Frühlings gescheitert ist. Nieder mit dem Frühling!

Maison de tolérance

Je tiefer die Utopie im Kurs sinkt, desto höher wird die Tugend der Skepsis gehalten und im gleichen Atemzug wird die Toleranz gepriesen, als demokratisches Heilmittel gegen den gewalttätigen Haß, der seit Jahren unübersehbar um sich greift. Ich habe ebensowenig etwas gegen Skepsis und Toleranz als Maximen des alltäglichen Lebens, wie ich etwas gegen Höflichkeit im Umgang mit anderen Menschen habe; darüber kann es gar keine Debatte geben. Eine Debatte geben sollte es aber über den inflationären öffentlichen Gebrauch der Begriffe Skepsis und Toleranz, der mir auf eine eigentümliche Trübung des Bewußtseins hinzudeuten scheint, das die Gegenwart von ihrem Platz im Prozeß fortschreitender Modernisierung besitzt. Skepsis und Toleranz bei jeder Gelegenheit beschwören, das kommt mir vor, wie wenn der praktische Erfahrungssatz, daß es sich zur Schadensvermeidung empfiehlt, bei Rot an der Kreuzung anzuhalten und auch sonst die Verkehrsregeln zu beachten, zum Kerngehalt der westlichen Zivilisation erklärt wird.

Um mit der Toleranz zu beginnen: seit der Schulzeit wissen wir irgendwie, daß Toleranz zu den großen zivilisatorischen Errungenschaften zählt, die der Aufklärung zur Ehre gereichen. Lessings gehaßter Vordenker Voltaire gilt als der Philosoph, der dem Gedanken der Toleranz, durch sein Eintreten für den verfolgten Protestanten Calas mit gutem praktischen Beispiel vorangehend, zum Durchbruch verhalf. Unter dem Stichwort »Toleranz« schrieb Voltaire in seinem *Philosophischen Wörterbuch*:

»An der Börse von Amsterdam, London, Surat oder Basra handeln der Anhänger des Zoroaster, der Anhänger der Seelenwanderung, der Jude, der Mohammedaner, der chinesische Götzenanbeter, der Brahmane, der griechische Christ, der römische Christ, der protestantische Christ und der Quäker miteinander: sie werden nicht das Messer gegeneinander zücken, um sich Seelen für ihre Religion abzujagen. Weshalb nur haben wir uns seit dem Konzil von Nicäa fast ununterbrochen gegenseitig abgemurkst?«[18]

Es ist eine richtige multikulturelle Versammlung, die Voltaire hier einberuft, um die Notwendigkeit der Toleranz vorzuführen. Sie wird recht unfeierlich aus dem Interesse an einem reibungslosen Geschäftsablauf heraus begründet. Diese Sprache, so konnte Voltaire seinerzeit annehmen, wurde nicht nur von den handelnden Bürgern, sondern auch von manchen Herrschern verstanden: eine Aufforderung, sich von den Kirchen nicht die immer wichtiger werdenden Geschäfte stören zu lassen. Mitte des 18. Jahrhunderts, zu einem Zeitpunkt, als in Europa noch das Verfahren der Inquisitionsjustiz gang und gäbe war und die Folter als normale Befragungsmethode galt, besaß das Postulat der Toleranz einen zweifellos revolutionären Charakter, um so mehr als es aus dem Gedanken des handfesten materiellen Interessen heraus entwickelt wurde. Was aber wird aus dem Voltaireschen Argument, wenn es mehr als zweihundert Jahre später, von großen Industrien und Werbeagenturen unters Volks gebracht, in einem völlig veränderten gesellschaftsgeschichtlichen Kontext als Beschwörung gegen die fremdenfeindliche Gewalt groß herausgestrichen wird?

Goethe hat seinerzeit den Toleranzgedanken der Aufklärung als provisorisches und letzten Endes unbrauchbares Instrument der gesellschaftlichen Emanzipation kritisiert. »Toleranz sollte eigentlich nur eine vorübergehende Gesinnung sein: sie muß zur Anerkennung führen. Dulden heißt beleidigen«, lautet die Nummer 875 der *Maximen und Reflexionen*. Gut hegelisch gedacht ist das Argument, daß erst die Anerkennung den anderen in Freiheit läßt; Toleranz ist nur ein Vorgeplänkel, und wenn es bei ihr bleibt, eine andauernde Beleidigung. Toleranz unterstreicht die Willkür, mit der sie geübt wird; sie ist ein Herrschaftsprivileg wie die Gnade. Der Sprachgebrauch des 18. Jahrhunderts läßt daran nicht den geringsten Zweifel: als Übersetzung für das Verb »tolérer« wird im Frisch'schen Wörterbuch von 1746 »nicht strafen« angegeben. Der andere, den die Toleranz ins Auge faßt, ist nicht nur ein bloßes Ding, ein Objekt des Blicks von oben, er ist von vorneherein als Delinquent gedacht: von Rechts wegen müßte er bestraft werden, doch diesmal läßt man Gnade vor Recht ergehen. Die Gunst der Toleranz kann jedoch jederzeit wieder entzogen werden. Der Begriff Toleranz ist ein Herrschaftsbegriff, der sich der Übertragung auf Verhältnisse demokratischer Gleichberechtigung sperrt; die großen Banken und Automobilkonzerne, die sich nach der Serie fremdenfeindlicher Gewaltverbrechen Ende 1992 um das Image des Exportlandes Bundesrepublik Sorgen machten und die Bevölkerung in Anzeigenserien im Interesse ihrer Wirtschaft zur Toleranz aufforderten, erinnerten daran, daß Toleranz nach wie vor ein Attribut der Macht ist. Machtlose reden nicht von Toleranz, weil sie keine andere Wahl haben, als zu dulden; das Verhältnis der Einseitigkeit ist in dem Begriff festgeschrieben. In der medialen und pädagogischen Inflation der Toleranzen setzt sich die bundesdeutsche »Gastarbeiter«-Perspektive fort: ein Gast ist jemand, wie jeder Gastwirt weiß, dem jederzeit der Gebrauch des Hausrechts droht. Anerkannt wären die Fremden erst dann, wenn keine Toleranzparole ihnen mehr ins Gesicht sagte, daß sie lediglich geduldet sind. Eine Gesellschaft, die wie die bundesdeutsche vor Rührung über sich selbst fast vergeht, wenn sie sich kollektiv zur Toleranz bekennt, spricht damit nur aus, daß sie die privilegierte Machtposition, die ihr Land innerhalb Europas genießt, im Toleranzbewußtsein restlos verinnerlicht hat.

Goethe wäre wahrscheinlich zu Tode erschrocken, wenn er bei einem postmortalen Besuch seiner Vaterstadt in der Weihnachtszeit des Jahres 1992 in jeder U-Bahnstation und vor jedem Bauzaun auf das Plakat »Toleranz/Main« gestoßen wäre: bald zweihundert Jahre weiter gedacht und gedichtet und nebenbei die halbe Welt angezündet und immer noch nichts begriffen, die Deutschen. Der Spötter Voltaire wiederum hätte sich wahrscheinlich zu Tode amüsiert, wenn er hätte verfolgen können, was man im Lande des vergleichsweise aufgeklärten Gönners und Herrschers Friedrich II. aus Begriffen gemacht hat, die einmal als in die Ideen- und Interessenwelt der Herrschaft einzuschmuggelnde Konterbande gedacht waren: jetzt nehmen die Nachfahren der braven Preußen die Tarnsprache von ehedem auch noch wörtlich. So bedaure ich es fast, daß der Berliner Senat seinen Plan dann doch nicht realisiert hat, die Otto-Grotewohl-Straße in »Toleranzstraße« umzubenennen: eine »Toleranzstraße«, die auf den »Pariser Platz« stößt, in Sichtweite des weltbekannten Brandenburger Tors, das Gelächter der halben gebildeten Welt wäre der neuen Hauptstadt sicher gewesen. Die »tolérance« ist nämlich nach französischem Sprachgebrauch jenes Attribut, das aus dem gewöhnlichen Haus, »maison«, einen Edelpuff macht. Auch auf dem Gebiet der Sitten überlebt der Herrschaftsstandpunkt: die »maison de tolérance« ist das Haus, das die Obrigkeit lediglich duldet – wahrscheinlich solange sie selbst darin dezent bedient wird. Welche Vorstellungen der Name »Toleranzstraße« in den Ohren sprachkundiger Ausländer erweckt hätte, braucht nicht weiter ausgemalt zu werden.

Daß im gegenwärtigen Deutschland jemand nicht nur auf derartige Ideen kommen kann, sondern mit ihnen auch noch Anklang findet, scheint mir ein bemerkenswertes Symptom der herrschenden Geistesverfassung zu sein. Sie treibt ihr Unwesen ja nicht nur in Senatskanzleien oder Werbeagenturen, sondern bricht auch bei vielen von Berufs wegen eigentlich zum Nachdenken verpflichteten Intellektuellen durch. Die Konjunktur des Begriffs Skepsis steht der des Begriffs Toleranz in nichts nach und verweist auf das gleiche Unvermögen bei den Verfassern zahlloser gutgemeinter Artikel, sich den Funktionswandel von Begriffen klarzumachen, über deren Bedeutungshof die Geschichte der Moderne mit ihrer ungeheuren Veränderungs- und Zerstörungsgewalt hinweggefegt ist. Die Aura des menschenfreundlichen Humanismus, die »Toleranz«, »Skepsis«, »Zweifel« umgibt, hat die vergangenen Unwetter keinesfalls unbeschädigt überstanden; zu glauben, daß man sie wiedererzeugen kann, indem man Reklame für Toleranz und für Skepsis macht, verrät ein beunruhigend anachronistisches Bewußtsein.

Besonders bedenklich finde ich das gehäufte Auftreten der Skepsis als eine Art nun durch Schaden kluggewordener Antwort auf die Erfahrung realsozialistischer Indoktrinierung: als ob es in den Ländern des sowjetischen Lagers ausgerechnet an Skeptikern gefehlt hätte! Der Skeptizismus ist mir immer als eine spezifische, von den realsozialistischen Verhältnissen produzierte Geistesverfassung erschienen. Ich erinnere mich noch gut an eine Szene aus dem Jahr 1981, bei dem die bewußtseinsverzerrende Auswirkung eines Zensurregimes fast mit Händen zu greifen war: kurz nach der Ausrufung des Kriegsrechts in Polen fand in einem Vorort von Frankfurt am Main eine Solidaritätsveranstaltung für die verbotene »Solidarność« statt, bei der Angehörige der gerade verbotenen Gewerkschaft von ihrem Kampf gegen das Regime berichteten; ein türkischer Gewerkschaftler meldete sich in der Diskussion und wollte von den polnischen Kollegen wissen, was sie über jene andere Militärdiktatur dächten, die ein paar Monate vorher in der Türkei ausgerufen worden war. Die anwesenden Polen verstanden die

Frage überhaupt nicht, denn eine Militärdiktatur in einem NATO-Land, das war für sie ein Ding der Unmöglichkeit, nicht zuletzt deshalb, weil *Trybuna Ludu* höchstwahrscheinlich in großer Aufmachung davon berichtet hatte; die Parteizeitung durfte einfach nicht recht gehabt haben, deshalb waren die polnischen Gewerkschaftler nach wie vor von der Existenz einer Militärdiktatur am Bosporus nicht überzeugt: Skeptiker reinsten realsozialistischen Wassers.

Solche geistigen Hinterlassenschaften des Realsozialismus mit dem Aufruf zur Skepsis bekämpfen, das ist den Teufel mit Beelzebub austreiben. In seinem 1938 im amerikanischen Exil geschriebenen Aufsatz »Montaigne und die Funktion der Skepsis« hat Max Horkheimer die Untauglichkeit des Appells an die Skepsis als Waffe schon im Kampf gegen die faschistische Propaganda hervorgehoben. Was in der Epoche Montaignes unter dem Namen »Skepsis« Zersetzungsarbeit gegen die spirituelle Seite der alten Feudalgewalten war, ist Horkheimers Analyse zufolge in der Zwischenzeit selbst von dem Zersetzungwerk der Moderne ereilt worden. Die nationalsozialistische Propaganda wandte sich nicht an gerade dem Mittelalter entkommene, vom Widerstreit zwischen Papismus und Calvinismus in Bann geschlagene Gläubige und Glaubensbereite, sondern an säkularisierte, vom Umgang mit der Technik geprägte Menschen der Moderne. Sie mußte mit den Reserven der Skepsis in den Köpfen ihrer Adressaten rechnen, wußte aber zugleich, daß diese Skepsis kein ernsthaftes Antidot gegen ihre Wirkungen war, denn die Skepsis war löchrig geworden, hatte mit dem Abtreten der Glaubensgewalten ihre einstige Widerstandskraft eingebüßt. Horkheimer konnte aufgrund seiner Analyse diese überraschende Feststellung treffen: »Da freilich heute die Individuen zu fortgeschritten sind, um solche vorschriftsmäßige Gesinnung ganz ernst zu nehmen, und andererseits zu unselbständig, um sie bewußt zu verneinen, nehmen sie den völkischen Inhalt oberflächlich an, wie der liberalistische Bürger seit je Geist annahm, und werden im Innern skeptisch und fanatisch zugleich.«[19]

Skepsis und Fanatismus können sich im modernen Individuum ausgezeichnet vertragen, das scheint mir eine außerordentlich bedeutsame Aussage zu sein. Sie bestätigt sich in beunruhigenden Erscheinungen der jüngsten Gegenwart: der neue islamische Fundamentalismus zum Beispiel wird nicht von finsteren langbärtigen Predigern getragen, sondern von westlich ausgebildeten, mit allen Wassern des technischen Denkens gewaschenen Akademikern. So wie Goethe mit den heutigen Bannerträgern der Toleranz schlittenfahren würde, käme Montaigne, schrieb Horkheimer, »mit den heutigen Skeptikern in Konflikt«, weil im modernen Skeptiker der Prototyp des Mitläufers steckt: »Aus der skeptischen Toleranz gegen die Freiheit des Gewissens wird der Konformismus mit dem Regime der Geheimpolizei.«[20]

Die Generation derjenigen, die in den fünfziger Jahren, als ich in die Schule ging, die Universitäten der Bundesrepublik bevölkerten, wurde von dem Soziologen Helmut Schelsky als »skeptische Generation« charakterisiert, worauf sie sicherlich stolz war, denn mit der Skepsis wurde ihr bescheinigt, daß sie gelernt hatte und nicht mehr auf alles hereinfiel. Sie hat damals nur nicht begriffen, so wenig wie der Urheber des Schlagworts es damals begriff, daß damit ein äußerst zweideutiges Urteil über sie ausgesprochen wurde: als Generation von Skeptikern schleppt sie die eine Hälfte der nationalsozialistischen Disposition immer noch mit sich herum, während die andere, die fanatische, abgelegt und durch nachfaschistische Sentimentalität ersetzt wurde. Niemand hat deren Stellvertreterrolle genauer durchschaut als die distanzierte Beobachterin Hannah Arendt: »Die normale Reaktion einer Jugend, der es mit der Schuld der Vergangenheit ernst ist, wäre Empörung. Und Empörung wäre zweifellos mit gewissen Risiken verbunden – nicht gerade für Leib und Leben, doch entschieden ein Handicap für die Karriere. Das ist alles sehr verständlich; aber wenn diese Jugend von Zeit zu Zeit – bei Gelegenheit des Anne-Frank-Rummels oder anläßlich des Eichmann-Prozesses – in eine Hysterie von Schuldgefühlen ausbricht, so nicht, weil sie unter der Last der

Vergangenheit, der Schuld der Väter, zusammenbricht, sondern weil sie sich unter dem Druck sehr gegenwärtiger und wirklicher Probleme durch Flucht in Gefühle, also durch Sentimentalität entzieht.«[21]

In der Revolte von 1967/68 hat die Jugend in Westdeutschland dann endlich »normal reagiert« und sich empört und zuweilen sogar die Karriere aufs Spiel gesetzt, doch im Zeichen der post-totalitären Tugenden »Antiutopismus«, »Skepsis« und »Toleranz« wird diese Empörung nachträglich in einen Ausbruch antidemokratischen Fanatismus verwandelt, und zwar teilweise von sogenannten Altachtundsechzigern selbst, denen es jetzt um die zeitweilige Verzögerung ihrer Karriere leid tut. Nun kann solche Nachrede der Revolte selbst nichts anhaben, sie hat stattgefunden und ihre Wirkungen gehabt, man kann sie nicht post festum wegen nachlassender Nachfrage vom laufenden Programm absetzen; wenn nun eine Reihe von Zeitgenossen das Bedürfnis verspüren, endlich ihren Frieden mit dem Bestehenden zu machen, wobei die Skepsis sich wunderbar zur Friedenstiftung eignet, da sie, wie Horkheimer schrieb, sich aus »einer humanistischen Geistesverfassung zum reinen Konformismus« gewandelt hat, ist das deren Sache. Wirklich fatal finde ich die Erhebung der Skepsis zum Geistesideal aus zweierlei Gründen: auf der einen Seite ist sie das denkbar unbrauchbarste Instrument, um totalitären Neigungen zu begegnen, weil sie selbst ein Element des totalitären Funktionierens unter modernen Bedingungen ist; auf der anderen Seite ist konformistische Skepsis die Disposition, derer sich der modernisierte zeitgenössische Antisemitismus bedient, um unter dem Decknamen »Revisionismus« seine paranoiden Wahnideen unter die von »Toleranz« zusätzlich anästhesierten Leute zu bringen.

Antisemitismus, das haben die intellektuellen Techniker des »Revisionismus« begriffen, ist heute nicht mehr mit Stoeckerschen Hofpredigten unters säkularisierte Volk zu bringen, er muß sich argumentativ einem skeptisch gesonnenen Publikum anpassen. Der Literaturprofessor Robert Faurisson, der Gründervater der Revisionisten-Sekte, gibt sich ganz cartesianisch:

er glaubt an gar nichts, auch nicht an etwas wie die jüdische Weltverschwörung der *Protokolle der Weisen von Zion*; er hat sich nur Descartes' methodischen Zweifel zum obersten Prinzip gemacht. Man sagt uns, lautet seine Argumentation, die Nazis hätten an die sechs Millionen Juden ermordet; ich würde es ja gerne glauben, wenn meine cartesianische Skepsis nicht Einhalt geböte. Man legt mir nun allerlei Beweise vor, aber je mehr Beweise man mir vorlegt, desto skeptischer werde ich gegenüber ihrer Echtheit. Das Tagebuch der Anne Frank – gleich in mehreren unterschiedlichen Fassungen, ist das nicht seltsam? Das Bekenntnis des SS-Offiziers Kurt Gerstein, der das Zyklon B besorgt haben soll – mehrere Versionen, voll von inneren Widersprüchen: riecht das nicht nach Schmu? Und gar die im polnisch-stalinistischen Gefängnis verfaßte Beichte des Auschwitzkommandanten Höß – weiß man nicht hinreichend, wie Stalinisten solche Geständnisse zustande bringen? Nein, mir als cartesianischem Skeptiker kann man nichts vormachen; ich predige ja nicht, die Juden seien unser Unglück, ich bin kein Nazi, ich habe mit den einen wie den anderen Ideologien überhaupt nichts zu tun, ich muß nur am Ende meiner methodischen Zweifelsprüfung die Feststellung treffen, daß die Rede von der Ermordung der europäischen Juden in Gaskammern eine von interessierten Kreisen in die Welt gesetzte Erfindung ist. Und so gipfelt die skeptische Textkritik des Literaturprofessors in dem Satz: »Die Nichtexistenz der ›Gaskammern‹ ist eine gute Nachricht für die arme Menschheit. Eine gute Nachricht, die nicht länger verheimlicht werden darf.«[23]

Diesem Wahnsinn, der seit Ende der siebziger Jahre in Form von Büchern und Broschüren im gesamten Westen zirkuliert und meines Wissens nun auch in Osteuropa gierige Abnehmer findet, mit der Empörung der guten Gesinnung begegnen zu wollen, ist absolut sinnlos. Die zeitgenössische Skepsis muß vor ihm erst recht die Waffen strecken, weil sie, »gegen Wahrheit und Unwahrheit in gleicher Weise immun«, wie Horkheimer treffend bemerkt, selbst die Prämissen des Verfahrens teilt, das den Wahnsinn entsprechend skeptischen Kriterien scheinbar ganz rational erzeugt. Nur die Anstrengung, sich unermüdlich Wissen zu verschaffen und es ständig zu erneuern, und der Schritt über bequeme konformistische Skepsis hinaus zu radikaler, informierter, klar unterscheidender Kritik könnte diesem grauenvollen »revisionistischen« Spuk intellektuell ein Ende setzen. Das Regime von Antiutopismus, Skepsis und Toleranz macht es der Anstrengung aber noch schwerer, als sie es ohnehin hätte.

»Auf allen Gebieten gibt es unter dem Vorwand, daß jeder das Recht auf eine eigene Meinung habe, eine Art Gentlemen's Agreement, dem zufolge jeder das Recht auf Unwissenheit besitzt – und dahinter verbirgt sich die stillschweigende Annahme, daß es auf Meinungen nun wirklich nicht ankommt. Dies ist in der Tat ein ernstes Problem, nicht allein, weil die Auseinandersetzungen dadurch oftmals so hoffnungslos werden (man schleppt ja normalerweise nicht immer Nachschlagewerke mit sich herum), sondern vor allem, weil der Durchschnittsdeutsche ganz ernsthaft glaubt, dieser allgemeine Wettstreit, dieser nihilistische Relativismus gegenüber Tatsachen sei das Wesen der Demokratie.«

Soweit ein Blick von außen auf die Geistesverfassung im post-totalitären Deutschland. Er könnte durchaus die deutsche Gegenwart der neunziger Jahre meinen, wurde aber von Hannah Arendt im Jahr 1950 notiert: auch das als Motto über diese Einleitung gesetzte Zitat entstammt dem Artikel, den Hannah Arendt nach ihrem Besuch im Nachkriegsdeutschland veröffentlicht hat. Ein Land, das sich in vierzig Jahren in vielerlei Hinsicht umfassend und rasend schnell verändert hat – und in seinem Innern soviel lernunwillige Trägheit. Aus einer Geisteshaltung heraus, die schon in der Auseinandersetzung mit dem Nationalsozialismus versagt hat, weil sie seine eigene Hinterlassenschaft war, nun der ganz andersgearteten realsozialistischen Vergangenheit zuleibe rücken wollen – das Desaster ist absehbar.

1 In: Der Spiegel, 7/1993.
2 In: Tageszeitung, Berlin, 8. 5. 1993.
3 Wolfgang Hegewald, Trödler des Unbegreiflichen, Bruder im Zweifel. Nachruf auf Hans Sahl. In: Freitag, Berlin, 7. 5. 1993.
4 Hans Joachim Schädlich, Über Dreck, Politik und Literatur. Literarisches Colloqium Berlin, 1992, S. 126.
5 Detlev Claussen, Rückblick auf Lenin. Frankfurt am Main 1990, S. 24.
6 André Gide, Retour de l'URSS, suivi de Retouches à mon Retour de l'URSS. Paris 1978, S. 80.
7 Boston/Cambridge, 1966. Deutsch: Wunschtraum und Experiment. Vom Nutzen und Nachteil utopischen Denkens. Hrsg. von Frank A. Manuel, Freiburg im Breisgau 1970.
8 Zur psychologischen Geschichte der Utopien. In: Wunschtraum ... S. 113 f.
9 Einführung. In: Wunschtraum ..., S. 10.
10 Frederik L. Polak, Utopie und Kulturerneuerung. In: Wunschtraum ..., S. 315.
11 Charles Taylor, Grandeur et misère de la modernité. Montréal 1992, S. 137.
12 Northrop Frye, Spielarten der utopischen Literatur. In: Wunschtraum ..., S. 57.
13 Paul Parin, Es ist Krieg und wir gehen hin. Bei den jugoslawischen Partisanen. Berlin 1991, S. 232.
14 Ivo Andrić, Die Brücke über die Drina. Eine Wischegrader Chronik. Roman. München 1987, S. 298.
15 Andrić, Die Brücke ... S. 313.
16 Cf Georg Hermann Hodos, Schauprozesse. Stalinistische Säuberungen in Osteuropa 1948–1954. Frankfurt am Main – New York 1988.
17 Georg Hermann Hodos, In Liebe dennoch. In: Die Zeit, Hamburg, 23. 2. 1990.
18 Zitiert und übersetzt nach: Voltaire, Dictionnaire philosophique, second paragraphe. Paris 1964, S. 363.
19 Max Horkheimer, Montaigne und die Funktion der Skepsis. In: Gesammelte Schriften. Band 4: Schriften 1939–1941. Frankfurt am Main 1988, S. 277.
20 Max Horkheimer, Gesammelte Schriften. Band 4, S. 270.
21 Hannah Arendt, Eichmann in Jerusalem. Ein Bericht von der Banalität des Bösen. Reinbek 1978, S. 298 f.
22 Robert Faurisson, Le problème des chambres à gaz ou la »rumeur d'Auschwitz«. In: Le Monde, 29. 12. 1978.
23 Hannah Arendt, Besuch in Deutschland (1950). In: Zur Zeit. Politische Essays. Berlin 1986, S. 47.

Xenophobie

Antirassismus in der Krise

1

Die Lichterketten, die Ende 1992 nach der Ermordung von drei Türkinnen in Mölln eine Reihe deutscher Großstädte illuminierten, wurden erst am Fernsehbildschirm wirklich, denn nur hoch über dem Straßenniveau, aus der Flughöhe des Hubschraubers, der sich mit dem TV-Team an Bord über die Menge der Kerzenhalter erhob, war eine Vorstellung von der Gestalt und dem Ausmaß der Aktionen zu gewinnen. Denn nichts anderes als die Menge der Lichtpunkte, die in der spätherbstlichen Dunkelheit zu Ketten und Netzen zusammenflossen, war die entscheidende, für jeden Fernsehzuschauer in aller Welt entzifferbare Botschaft der Aktion: auf Einzelheiten, Gesichter, Gesten, Parolen kam es nicht an, sie waren in der Dunkelheit ohnehin nicht zu erkennen. »Many, many good Germans on TV« – das konnte auch an Bill Clintons Geburtsort Hope in Arkansas verstanden werden, nachdem CNN in den Monaten davor schlechte Deutsche vorgeführt hatte, die in Rostock und Mölln und anderswo Asylbewerbern und Immigranten mit Molotowcocktails und Baseballschlägern nach dem Leben getrachtet hatten. *Much more good Germans than bad Germans*, das wurde Ende 1992 vom Sitz von CNN in Atlanta aus um die ganze Welt verbreitet. Die Namen der von Lichterketten erhellten Städte München, Köln, Berlin, Essen, Hamburg, Frankfurt am Main wurden nebenbei auch noch ein bißchen unter die Leute gebracht, was in Zeiten nachlassender ausländischer Investitionsbereitschaft dem Land gewiß nichts hat schaden können.

Was hat den Erfolg der Lichterkettenaktion ausgemacht? Auf der Erde zurückgebliebene besorgte deutsche Zeitgenossen runzelten die Stirn und gaben zu bedenken, daß es etwas verdächtig Verschwiegenes gewesen sei, was sich in Hunderttausenden beim Anblick der Kerzenflammen geregt habe, nämlich die beglückende kollektive Erinnerung an den Fackelschein und das Gemeinschaftserlebnis der Naziumzüge von 1933. Das halte ich für eine hysterische Projektion, die nicht nur, im Hinblick auf die Majorität von jungen Demonstranten, von der abwegigen, lyssenkohaften Unterstellung der biologischen Vererbung großväterlicher affektiver Erinnerungen lebt, sondern die auch den Wirkungszusammenhang dieser Aktionsform völlig verfehlt.

Mit Schweigen und Verschweigen hat sie durchaus zu tun, nur in einem ganz anderen Sinn. Es mußte geschwiegen werden, damit überhaupt so etwas wie eine Aktionsgemeinschaft zustande kommen konnte. Jede dezidierte Parole, jede politische Aussage, jede Erwähnung eines Konflikts hätte die schwache Kohäsion der kerzentragenden Mengen gefährdet. Aus den Aufrufen war jegliche Anspielung auf das innenpolitische Diskussionsthema jener Wochen herausgehalten, die Änderung des Asylrechts dank Schwenk der SPD, ja es durfte nicht einmal laut gesagt werden, daß es gegen den Rechtsextremismus geht. Das Zustandekommen der Mengen verdankte sich der Sprachlosigkeit dieser Mengen: wurden einzelne Teilnehmer vor der Kamera gefragt, wofür oder wogegen sie mit ihren Kerzen demonstrierten, waren sie nur selten in der Lage, eine artikulierte Auskunft zu geben. Nur aus der Ferne gesehen, von dort aus, wo Argumente nicht mehr zählen, weil sie ohnehin nicht zu verstehen wären, gewann das Bild eine durchschlagende Eindeutigkeit: deshalb war nichts besser geeignet als das Fernsehen, die Botschaft der Lichterketten, denen zu ebener Erde keine Botschaften zu entlocken waren, um die Welt zu tragen. Durch die ebenfalls weltweit verbreiteten Bilder von der sich in Deutschland gegen Ausländer austobenden Gewalt war eine gleichsam übercodierte Situation geschaffen worden, die dann die friedlichen Kerzentableaus von selbst mit einer Bildlegende versah: *München sagt nein*, aus 1200 Meter Höhe gesehen. Wozu sagt München nein? Das war vielleicht nur dort oben durch das Auge der Kamera auszumachen, unten auf der Straße löste sich das große Nein in eine Vielzahl von einerseits unverständlichen, andererseits miteinander unvereinbaren Stammellauten auf. Der öffentliche Erfolg der Lichterketten ergab sich aus ihrer optisch perfekten, auf Sprache verzichtenden Medienkompatibilität – und diese wiederum, bestimmt durch den von ihr geforderten absoluten Vorrang des Symbols vor Argument und Begriff, ist die freundlich wirkende Seite der Krise, in der sich die politische und intellektuelle Auseinandersetzung mit dem fremdenfeindlichen Rechtsextremismus befindet.

Daß der einmal stabil erscheinende antirassistische Konsensus, der Ende der siebziger Jahre den aus Großbritannien übernommenen, dort *Rock against racism* genannten Veranstaltungen *Rock gegen rechts* einen Massenzulauf bescherte, sich im Zustand der Auflösung befand, war für mich fast mit Händen zu greifen, als bei den Kommunalwahlen in Frankfurt am Main im März 1989, zum ersten Mal seit zwanzig Jahren, wieder Abgeordnete der rechtsextremen NPD ins Stadtparlament gewählt wurden. Das Erschrecken war groß in der Stadt, die sich als besonders liberal und Fremden gegenüber aufgeschlossen anzupreisen pflegt. Eine Demonstration zog durch die Innenstadt, wollte allgemeine Empörung zur Schau stellen, fand aber keine Parole, die auf allgemeine Zustimmung getroffen wäre. Das von Sprechchören skandierte »Nazis raus«, das war offensichtlich viel zu wuchtig im Angesicht der eher jämmerlich wirkenden Parlamentsneulinge, die da, offenbar selbst von ihrem Erfolg überrascht, für die NPD in die Stadtverordnetenversammlung einzogen. Hin und her gerissen zwischen dem Bedürfnis, das Erschrecken über die überraschende Resonanz rechtsextremer Parolen bei Frankfurter Wählern zu zeigen, und dem Widerwillen gegenüber der reflexhaft einschnappenden antinazistischen Sprache, die den Parolengebern einfiel, wußten viele der Anwesenden nicht mehr recht, ob sie sich der Demonstration gegenüber mehr als aktive Teilnehmer oder mehr als distanzierte Zuschauer verhalten sollten. Sich der sogleich lautstark vorgetragenen Forderung nach dem Verbot rechtsextremer Parteien anschließen, indem man brav mitmarschiert?

»Nazis raus« – schön und gut, aber dann wohin damit? Zwischen den gesellschaftlichen Verhältnissen, die sich, was der erneute Aufstieg rechtsextremer Tendenzen anzeigte, unübersehbar verändert hatten, und der aus der Vergangenheit übernommenen, unverändert gebliebenen agitatorischen Rhetorik war eine Diskrepanz enstanden, die an jenem Tag nach dem Frankfurter Wahlsonntag im März 1989 viele aus meiner Umgebung am eigenen Leib spürten, als Handlungshemmung und Sprechlähmung. Es war, als sei die Verbindung zwischen der Empfindung des Abscheus und den ihr adäquaten sprachlichen Ausdrucksmitteln gerissen. Die Lichterketten von 1992 haben die Kluft nicht überbrückt, sondern ihre Fortexistenz in ihrer Sprachenthaltung implizit bestätigt.

Dabei waren in der Gesellschaft der Bundesrepublik durchaus Vorkehrungen gegen die politische Formierung rechtsextremer Strömungen getroffen worden. In der zweiten Hälfte der achtziger Jahre hatte sich, angeregt von dem französischen Beispiel der gegen die rechtsextreme Partei *Front National* mobilisierenden Bewegung *SOS-Racisme*, die Initiative *SOS-Rassismus* gebildet. Daneben bestanden alle möglichen älteren Gruppen und Arbeitskreise fort, die seit den siebziger Jahren die Entwicklung der rechtsextremen Szene beobachteten. Als es dann ernst wurde mit dem befürchteten wachsenden sozialen Echo auf die Agitation vom rechten Rand, stellte sich heraus, daß der antirassistische Konsensus, auf den sich diese Initiativen verlassen hatten, der neuen Realität konzeptionell nicht gewachsen war. Womit hatte man es zu tun, wenn in der parlamentarischen Beletage »Republikaner« ihre Plätze einnahmen, und draußen zu ebener Erde Immigranten, Asylbewerber, Obdachlose hinterhältigen Mordanschlägen zum Opfer fielen? Rassismus? Paläo-Rassismus oder Neo-Rassismus? Rechtsextremismus? Ausländerfeindlichkeit? Neo-Nazismus? Waren das die Anfänge, denen der traditionellen Devise entsprechend gut antinazistisch zu wehren war? Oder handelt es sich um etwas historisch Neues, sich den hergebrachten Kategorien Entziehendes? Ohne präzise und zugleich allgemein akzeptierte

Benennung aber keine erfolgversprechendes Entgegenarbeiten. Diese, wenn ich recht sehe, fortdauernde Situation möchte ich behelfsmäßig als Krise des Antirassismus bezeichnen.

Keine Krise ohne Krisengewinnler. Sie treten gewöhnlich viel spektakulärer in Erscheinung als diejenigen, die sich anstrengen, das Kritische an der Krise erst zu begreifen, bevor sie ihre Einsichten an die große Glocke hängen. So wie *SOS-Racisme* in Frankreich den deutschen Initiativen vorausgegangen ist, haben sich dort auch Gewinnler der Krise, in die der Antirassismus geraten ist bei gleichbleibendem Anwachsen des *Front National*, früher zu Wort gemeldet und mittlerweile in Deutschland gelehrige Nachahmer gefunden. Diese gelten in der Öffentlichkeit als besonders unerschrockene und nonkonformistische Denker und werden gern zur Intervention aufgefordert und zitiert. Es sind jedoch nur ziemlich einfallslose Epigonen, deren in die Welt gesetzte Fleißarbeiten die Konfusion noch vergrößern, die sie zu bekämpfen behaupten. Da sie von nichts anderem als der Konfusion leben, haben sie auch ein Interesse daran, daß sie möglichst lange andauert. Damit das intellektuelle Verfahren der Krisenausbeutung deutlicher hervortritt, erscheint es mir zunächst angebracht, das in Deutschland wenig bekannte Originalmodell aus Frankreich kurz vorzustellen.

2

Im Februar 1981 nahm ich in Paris an einem vom französischen Schriftstellerverband *Union des Ecrivains* organisierten Kolloquium teil, das sich die Aufgabe gestellt hatte, »aktuelle Formen des Faschismus« zu diskutieren. Aktuelle Formen des Faschismus im Jahr 1981? Die Abgrenzung zwischen Gegenwart und Vergangenheit geriet auf dem Kolloquium manchmal ein wenig ins Schwimmen, ein Hauch antifaschistischer Kongreß der dreißiger Jahre zog durch den Saal. Die Veranstalter hatten eine Reihe älterer Zeitzeugen eingeladen, unter anderen den Schriftsteller Vladimir Pozner, Autor der Auschwitz-Dokumentation *Descente aux Enfers*[1], und den Philosophen Vladimir Yankélévitch, deren Anwesenheit beruhigend-aufgeregte Volksfrontstimmung verbreitete. Statt des Faschismus stand im Februar 1981 in Frankreich aber nur die wahrscheinliche, von den versammelten Intellektuellen einhellig verabscheute Wiederwahl des Staatspräsidenten Valéry Giscard d'Estaing vor der Tür (an einen Wahlsieg des Gegenkandidaten François Mitterrand wollte damals, drei Monate vor der Wahl, interessanterweise niemand glauben). Der Anlaß zur Einberufung des Kolloquiums in Paris war aber weniger der Vorwahlkampf als das massive öffentliche Auftreten zweier getrennt marschierender, aber gemeinsam beunruhigender Bewegungen von rechtsaußen: der sich »Revisionisten« nennenden Geschichtsfälscher, die behaupten, die Ermordung der europäischen Juden sei eine von den Juden selbst in Umlauf gebrachte Legende, und der *Nouvelle Droite*, der Neuen Rechten, deren Wortführer damals die Kulturredaktion der konservativen Tageszeitung *Le Figaro* zu besetzen begannen. Die rechtsextreme Partei *Front National* des ehemaligen Algerienkriegskämpfers Jean-Marie Le Pen war zu diesem Zeitpunkt eine politisch bedeutungslose Sekte.

Als Spezialist für die *Nouvelle Droite* trat auf dem Kolloquium ein junger Politologe namens Pierre-André Taguieff in Erscheinung. Der Referent beeindruckte sein Publikum durch intime Kenntnis des Innenlebens der Gruppierung Neue Rechte, die sich in den sechziger Jahren aus verbitterten Anhängern der Algérie Française und aus Nazi-Nostalgikern gebildet hatte.[2] Taguieff war mit den Organigrammen all der Gruppen und Zirkel vertraut, die unter dem Sammelnamen *Nouvelle Droite* abgehandelt wurden, kannte die Querverbindungen zwischen den neurechten Zirkeln und ihren Zeitschriften, war in der Lage, die Pseudonyme zu lüften, unter denen ihre Autoren veröffentlichten, in erster Linie das halbe Dutzend Pseudonyme des neurechten Vordenkers Alain de Benoist. Der ideologische Umbau der alten, von dem nationalsozialistischen Rassentheoretiker Hans F. K. Günther übernommenen Rassenlehre in einen zeitgemäß mit Statistiken über Intelligenzquotienten und mit soziobiologischem Vokabular vollgestopften Apparat wurde mit vielen Zitaten beschrieben. Die Zuhörer des Kolloquiums »Aktuelle Formen des Faschismus« wurden von der Existenz einer rechtsextremen »World Anticommuniste League« und einer »Northern League« und deren weltumspannenden Verzweigungen unterrichtet. Taguieff hatte sich ebenso in die Zusammenhänge eingearbeitet, aus denen die Bewegung jenes »Revisionismus« hervorgegangen, der in Deutschland schlicht »Auschwitz-Lüge« genannt wird. Am Schluß wurde den Teilnehmern eine Broschüre der *Internationalen Liga gegen den Rassismus und Antisemitismus* (L.I.C.R.A.) in die Hand gedrückt, die unter der Überschrift »Gegenwart des Nazi-Erbes: von den intellektuellen ›Neuen Rechten‹ bis zum ›Revisionismus‹« die Ergebnisse von Taguieffs Sammelarbeit zusammenfaßt. Ich habe sie bis heute aufbewahrt.

Pierre-André Taguieff hat danach eine Forschungsstelle am staatlichen C.N.R.S., einer Art Akademie der Wissenschaften, erhalten und konnte sich voll und ganz der Erforschung der Neuen Rechten widmen. Als Spezialist für die Spielarten der extremen Rechten machte er sich alsbald unentbehrlich. Überall, wo das Thema Rassismus abgehandelt wurde, auf Kongressen, Kolloquien und in Sammelbänden, tauchte sein Name auf. 1988 schließlich brachte er ein 650 Seiten starkes Werk unter dem Titel *La force du préjugé. Essai sur le racisme et ses doubles* (»Die Macht des Vorurteils. Essay über den Rassismus und seine Doppelgänger«) heraus, das in den Zeitungen lobend besprochen wurde und den Ruf seines Autors als führender Experte in Sachen Rassismus festigte. Ob die Rezensenten das dickleibige Buch von Anfang bis Ende durchgelesen haben, das möchte ich stark bezweifeln; ich selbst habe es nur mit Mühe geschafft, mich durch Taguieffs von akademischem Nominalstil bleischwer gewordene Prosa bis ans Ende des 150 Seiten starken Anmerkungs- und Zitatenfriedhofs vorzuarbeiten. Eines hatte ich beim Lesen nur ziemlich rasch begriffen: der Verfasser dieses Buchs von 1988 hatte sich von dem engagierten Redner auf dem Kolloquium »Aktuelle Formen des Faschismus« von 1981 ziemlich weit entfernt. Er mußte in der Zwischenzeit sich selbst gewissermaßen zum Gegner geworden sein, denn wenn als Gegenstand seiner Arbeit auch der Rassismus genannt wird, so wird schnell deutlich, daß er nicht im Rassismus, sondern im Antirassismus das gegenwärtige Hauptproblem sieht, das es politisch zu bekämpfen gilt. »Der Antirassismus zielt darauf ab, in dem Maß als *Mittel der Diversion* zu dienen, in dem die Bekämpfung des Rassismus verspricht, die öffentliche Aufmerksamkeit von den wahren sozialen, ökonomischen und militärischen Problem abzulenken«, schreibt der Autor und fügt zur Illustration seiner These eine Tabelle hinzu, die zeigen soll, daß die Struktur antirassistischer Agitation genau der Struktur antisemitischer Ressentiments entspricht.[3]

Wenn der Antirassismus als der Hauptgegner ausgemacht ist, wieso dann noch Zeit mit der Kritik der *Nouvelle Droite* vertun? Die harschen Worte gegen das Überleben des Nazi-Erbes in der Neuen Rechten sind bei Taguieff verklungen. Und es ist wahr, in den Publikationen der Neuen Rechten sind die Töne ebenfalls moderater geworden: die von Alain de Benoists Leitartikeln geschmückte Zeitschrift *éléments* verbreitete keine platte Nazipropaganda mehr, wie sie es noch in den siebziger Jahren getan hatte[4]. Aber es muß auch in der Person des C.N.R.S.-Forschers Pierre-André Taguieff etwas Entscheidendes vor sich gegangen sein. Jahr um Jahr im stillen seine Zettelkästen ordnen, seine Organigramme auf den neuesten Stand bringen und immer nur mit Papier zu tun haben, das kann auch den härtesten Wissenschaftler mürbe machen. Irgendwann verspürt der Ethnologe, der an seinem Institut jahrzehntelang den Dialekt eines zentralafrikanischen Stammes erforscht hat, auch das Bedürfnis, nach Afrika aufzubrechen, seine Studienobjekte in natura zu erleben und nachzuprüfen, ob sie ihre Sprache denn auch korrekt aussprechen. Eines Tages also erlebte Taguieff seine individuelle Maueröffnung, überschritt die alte Grenze und stellte fest, daß die Leute von der *Nouvelle Droite*, die er immer nur aus der Ferne studiert hatte, aus der Nähe gesehen eigentlich ganz nette und gescheite Leute sind. Netter und gescheiter jedenfalls als die verbiesterten Antirassisten.

Alain de Benoist entbot seinem früheren Gegner Taguieff einen entsprechend höflichen Willkommensgruß. Er widmete *La force du préjugé* eine ausführliche, durchaus einige theoretische Einwände erhebende, insgesamt aber sehr freundliche Kritik. Zustimmend zitiert de Benoist, der den von ihm verabscheuten »Egalitarismus« in seinen Artikeln als Quelle allen Totalitarismus zu entlarven pflegt, Taguieffs bemerkenswerten Satz: »Im antirassistischen Lager wimmelt es von Individuen mit schlaffem Verstand und hartem Herzen, die ihren angemaßten Ruf darauf gründen, ein reines Herz zu haben.«[5] So etwas lesen Leute natürlich gern, denen mehr als einmal Rassismus vorgeworfen wurde. Die Rezension erschien nicht in einer der traditionellen Zeitschriften der Neuen Rechten, sondern in Alain de Benoists, sich im Editorial der Nummer 1 von 1988 expressis verbis auf Edmund Husserls berühmte Prager Rede berufender, Neugründung *Krisis*. Der am Ende des Artikels ausgesprochenen Einladung, sich zu den Fragen zu äußern, die de Benoist ihm gestellt hatte, kam Taguieff wenig später nach. Der Nummer 5 der Zeitschrift des früher bekämpften Widersachers gab er einen langen, mit vielen Fußnoten versehenen Aufsatz über »Die nationalistischen Leidenschaften« zum Abdruck.

Mit *Krisis* hat der Vordenker der Neuen Rechten Alain de Benoist einen ausgesprochen geschickten Coup gelandet. Er präsentierte sich dort wie ein gewandelter, nun ganz und gar frequentabler Intellektueller, ohne über die Art dieser Wandlung irgendeine genau Auskunft zu geben. Jedenfalls sahen außer Taguieff verschiedene andere, mit der Neuen Rechten eher auf Kriegsfuß stehende Intellektuelle keinerlei Hinderungsgrund, in der neuen Zeitschrift zu veröffentlichen: Jean Baudrillard, Régis Debray, der frühere Berater Mitterrands, Max Gallo, der frühere sozialistische Regierungssprecher, Olivier Mongin, der Chefredakteur der traditionsreichen linkskatholischen Zeitschrift *Esprit*, und so weiter tauchten als Autoren von *Krisis* auf. Daß sie in der Zeitschrift nicht unter sich waren, sondern in manch merkwürdige Nachbarschaft gerieten, zum Beispiel die des Chefideologen des Front National Jean-Yves le Gallou, der gleich im Anschluß an Taguieffs Aufsatz über Fragen der Immigration nachdenken durfte, das alles störte sie nicht. Es war ja schließlich das Zeitalter der Toleranz und des Pluralismus angebrochen. Daß sie sich im Zeichen der Freiheit selbst die Hände fesselten, nachdem sie Alain de Benoist die Hand hingestreckt hatten, merkten sie offenbar nicht. Als Autoren von *Krisis* entwaffnen sich diese in Frankreich prominenten Linksintellektuellen selbst, weil sie die Distanz zum Gegenstand der Kritik aufgeben, während die Zeitschrift, die nun ganz unverdächtige Namen vorzeigen kann, den ganzen politischen Profit einstreicht. Dabei hatte Alain de Benoist niemanden hinters Licht geführt, der nicht hinters Licht geführt werden wollte: er versteckt weder seine Leute noch seine Ideen, er legt nur einen Weichzeichnereffekt über die Komposition seiner neuen Zeitschrift. Der Unterschied zwischen *Krisis* und *éléments*, dem Traditionsorgan der Neuen Rechten, ist der Unterschied zwischen soft-core-Version und hard-core-Version eines einzigen Drehbuchs. Dessen Titel könnte heißen: ›Die große Konfusion‹.

Pierre-André Taguieff, der überall respektvoll zitierte Experte für Rassismus und Antirassismus, ist im Jahr 1992 für geeignet befunden worden, nun auch in der hard-core-Fassung des neurechten Szenarios aufzutreten. *éléments* Nr. 75 vom September 1992 stellt den Autor mit Foto den Lesern vor: im Hintergrund sind Unmengen von Büchern und Mappen zu sehen, signalisierend, daß der Forscher durch enormen Lesefleiß zum Bescheidwissen gelangt ist. Die Nouvelle Droite hat sehr viel übrig für Belesenheit, Alain de Benoist brüstete sich schon als Fünfunddreißigjähriger Ende der siebziger Jahre damit, etwa dreißigtausend Bände zu besitzen. Bücherfreunde bekriegen sich nicht, vor allem nicht in Zeiten multimedialer Invasion.

»Mit dem Namen Pierre-André Taguieff verbinden sich für

uns gewöhnlich Bücher von hoher Qualität«, ist unter dem Foto des Autors zu lesen. »Seine jüngste Studie über die *Protokolle der Weisen von Zion* macht keine Ausnahme von der Regel.« Der nachfolgende Artikel besteht zur ersten Hälfte aus der lobenden Besprechung von Taguieffs jüngstem Werk, *Faux et usages d'un faux*, einer umfangreichen, zweibändigen Darstellung der Herstellungs- und Wirkungsgeschichte der von der Ochrana fabrizierten und danach mit dem Geld Henry Fords I in Umlauf gebrachten antisemitischen Fälschung *Die Protokolle der Weisen von Zion*.[6] Stößt man Freunde der Neuen Rechten nicht vor den Kopf, wenn man ihnen die Kritik an einem antisemitischen Klassiker zur Lektüre empfiehlt? Überhaupt nicht, denn Anhänger der Neuen Rechten sind ja nicht *dumm*: der Antisemitismus beschäftigt sie nicht und betrifft sie nicht, er zählt für sie zu den als Thema uninteressanten niederen Leidenschaften des Volkes, denen gegenüber sie als Leser qualitativ hochrangiger Bücher immun sind, ebenso wie gegenüber den rohen Trieben, die sich im Erschlagen von Nordafrikanern in irgendeinem vulgären Vorort entladen. Dieser Teil gesellschaftlicher Realität bleibt außer Betracht. Sie sind aber durchaus fähig, zu begreifen, daß sich die Instrumente, die der C.N.R.S.-Forscher Taguieff bei seiner Untersuchung der *Protokolle der Weisen von Zion* anwendet, hervorragend dazu eignen, die kritische Ausleuchtung ihrer eigenen Boutique als Phantasterei von Individuen abzuwehren, die selbst vom Komplottgedanken besessen sind.

Das wird ihnen im zweiten Teil des mit dem Foto Taguieffs geschmückten Artikels beigebracht. Dort geht es um ein Buch, das sich mit der extremen Rechten und auch mit *Krisis* und *éléments* beschäftigt, *Enquête sur la droite extrême* von René Monzat[7]. Der Untertitel des Artikels hat den Lesern schon klargemacht, was von diesem Buch zu halten ist: »Von den *Protokollen der Weisen von Zion* bis zu *Enquête sur la droite extrême*, die Obsession des Komplotts grassiert nach wie vor«. Das heißt, waren die Juden seinerzeit die Opfer des Verschwörungsfurors von Ochrana, Henry Ford und ihrer zahlreichen Zuhörerschaft, so heißen die Opfer des Verschwörungsfurors von heute Alain de Benoist und Compagnie. Die Freunde der Neuen Rechten sind demnach so etwas wie die Juden von heute, was Taguieff mit seinem Diagramm aus *La force du préjugé* schon angedeutet hat, das in der antirassistischen Argumentation das Strukturmodell des Antisemitismus erkennt. Taguieff hat es deshalb verdient, mit einem Satz aus seinem jüngsten Buch zitiert zu werden, der nun als Waffe gegen René Monzats »Untersuchung der extremen Rechten« dient: »Die manichäische Vereinfachung ist es, was, als Kernstück der konspirationistischen Theorie, das politische Feld mit einer trügerischen Eindeutigkeit versieht. Jegliche Erklärung mit Hilfe eines einzigen und simplen Faktors ist eine Mythologisierung.«[8] Eine reichlich banale Einsicht, die jedoch im Zusammenhang mit der Reputation des Autors Taguieff eine veränderte Bedeutung annimmt: wer sich an uns, der Neuen Rechten, vergreift, indem er hinter unseren vielgestaltigen Auftritten einen einzigen Faktor am Werk sieht, der bekommt eins auf die Finger und wird mit Hilfe der Erkenntnisse eines unverdächtigen Wissenschaftlers als Mythologisierer an den Pranger gestellt. Der Forscher Taguieff dagegen, der die lästige Angewohnheit aufgegeben hat, die Neue Rechte kritisch zu untersuchen, der statt dessen auf den Antirassisten herumprügelt, vernünftigerweise selbst in den Zeitschriften der Neuen Rechten veröffentlicht und sich daneben mit so unverfänglichen Gegenständen wie den Fälschungen der zaristischen Geheimpolizei von anno dazumal befaßt, der wird nicht nur in Ruhe gelassen, sondern sogar mit Elogen plus Porträtaufnahme inmitten seiner Bücher überhäuft.

Ob das Buch von René Monzat über die gegenwärtige Neue Rechte in Frankreich und ihre Querverbindungen mit der rechtsextremen politischen Szene in allen Einzelheiten stichhaltig ist, vermag ich nicht zu beurteilen; darauf kommt es aber auch gar nicht an. Der neurechte Haupteinwand gegen das Buch über die extreme Rechte gilt nicht der Sache, sondern der Person des Autors. »Ein Buch, veröffentlicht im Verlag von *Le Monde*, von einem gewissen René Monzat, Scherer mit richtigem Namen, alias Gordon, Sohn des berühmten Regisseurs Eric Rohmer ...«, so beginnt der Rezensent von *éléments* seinen Verriß. Ist einem Mann auch nur ein Wort zu glauben, der einmal Monzat, dann wieder Scherer, einmal Gordon, dann wieder Rohmer junior heißt? Wo bleibt da die allen ordentlichen Zeitgenossen so teure »Identität«? Wer schon mit seinem Namen Unklarheiten schafft, zu welchen Verwirrungen ist der dann erst in seinem Denken fähig? Die Leser, an deren Empfindlichkeit der Rezensent mit seinem ad-hominem-Argument appelliert, müssen von dem Schrot und Korn des Helden von Sartres früher Erzählung *Kindheit eines Chefs*, Lucien Fleurier, sein, der nach vielen Irrungen und Wirrungen eines Tages seine Aversion gegen Juden mit ihren merkwürdigen Namen entdeckt und dann Stolz empfindet auf seinen kurzen, klaren Namen, der »ein Bauernname, ein gut französischer Name« ist. Zwar legt sich auch Alain de Benoist gern Pseudonyme zu, dann aber ausdrucksstarke, kräftige, zum Beispiel »Robert de Herte«, auf deutsch »Robert der Harte«, eine Art Hommage an die von de Benoist hervorgehobenen flämischen Vorfahren. Kein vaterlandsloses Gewusel à la Scherer und Gordon ... 1992 kündigte der »revisionistische« Tübinger Grabert Verlag das Erscheinen eines Werks von Alain de Benoist in Klarnamen an, und zwar den Titel *Wilhelm Petersen – der Maler des Nordens*; in einer späteren Ausgabe des Verlagsprospekts hat sich der Autor des Titels *Wilhelm Petersen – der Maler des Nordens* wundersamerweise in einen Uwe Christiansen verwandelt, und de Benoist erscheint nur noch als der Herausgeber jenes Werks. Wer gibt hier wen heraus? Gab es dann wenigstens diesen Maler des Nordens wirklich? In Joseph Wulffs Dokumentation *Die bildenden Künste im Dritten Reich* erscheint Professor Wilhelm Petersen als einer der Adressaten, an die Heinrich Himmler sich wandte, als er nach einem Künstler für die würdige Gestaltung des Grabmals für den vom tschechischen Widerstand getöteten Reinhard Heydrich suchte. Die Neue Rechte oder Alte Liebe rostet nicht.

Soviel zum Geist des Unternehmens *Nouvelle Droite*. Es ist

entweder bodenlos naiv oder gezielt verharmlosend, der Neuen Rechten zu unterstellen, sie besäße eine bestimmte Theorie, die sie in zwanzig Jahren geduldiger Arbeit von ihren ursprünglichen nazi-nostalgischen Grobheiten befreit, verfeinert, modernisiert und schließlich in einen diskussionswürdigen Beitrag zur Gegenwartsanalyse verwandelt hätte. Sie verkörpert nicht eine Idee oder eine politische Richtung, sondern bezeichnet ein ausgeklügeltes Verfahren, in dem gegebenen intellektuellen Feld alle sich anbietenden Deckungen zu benutzen und aus dem Hinterhalt heraus Verwirrung zu stiften. Da sich das Verfahren unablässig den veränderten Gegebenheiten anpaßt, neigen arglose Geister dazu, darin ein Zeichen für einen echten Wandel im neurechten Denken zu begrüßen. Nun ist es mir persönlich vollkommen gleichgültig, was ein Alain de Benoist »wirklich« denkt, ich muß nur anerkennen, daß er sein Geschäft des Verwirrungstiftens meisterhaft beherrscht. Wer sonst brächte etwa die Chuzpe auf, seinen Leitartikel zum Thema Moral ungerührt »Minima Moralia« zu überschreiben, so als sei Theodor W. Adorno im Geiste dabei, und anschließend ebenso ungerührt einen Text des 1988 verstorbenen, schon vor der Besetzung Frankreichs nazifreundlichen Schriftstellers Thierry Maulnier abzudrucken, und zwar einen Text aus dem Jahr 1937, der Zeit von Maulniers Elogen auf Nazideutschland? Seinem Verlag den Namen »Pardès«[9] geben, den in Frankreich ausgerechnet eine Zeitschrift für die Kultur des Judentums trägt, nach dem »Obstgarten« der Kabbala, und dort unter anderem in der von de Benoist herausgegebenen Reihe »konservative Revolution« zwei Bücher des in Deutschland als »Rassen-Günther« bekannten früheren Freiburger Nazi-Rassenkundlers Hans F. K. Günther anbieten – auf eine solche Idee muß einer erst einmal kommen.[10] Damit hat es sich aber auch schon, was die Ideen der *Nouvelle Droite* angeht. Kann man Alain de Benoist und seine Freunde dafür tadeln, daß sie im Sinn ihres Interesses am Verwirrungstiften nichts unversucht lassen, um die geistige Konfusion, von der sie leben, noch weiter zu vergrößern? Neben dem publizistisch ebenso intelligenten wie skrupellosen Alain de Benoist wirkt der Rassismus-Forscher Taguieff wie ein harmloser Trottel, der sich ungeheuer kritisch vorkommt, wenn er auf die ohnehin immer rarer werdenden Angehörigen antirassistischer Initiativen einprügelt, und selbst nicht begreift, für welche Art von Geschäft er sich hat einspannen lassen.

3

Warum sich bei solchen Geschichten aus Frankreich aufhalten, die allenfalls ein paar Frankophile interessieren? Weil es Geschichten sind, die sich nicht auf Frankreich beschränken, sondern längst auch in Deutschland mit deutschen Untertiteln in Umlauf sind. Die deutsche Fassung ist jedoch besser zu verstehen, wenn wenigstens ausschnittsweise die Originalversion ins Bewußtsein kommt.

Es wimmelt auf den Seiten deutscher Zeitungen neuerdings von rhetorischen Figuren, die eigentlich, wie eingepackter französischer Käse, den Vermerk *Produce of France, producteur P. A. Taguieff* tragen müßten. In ihrer für den intellektuellen Billigmarkt bestimmten Ausgabe liest sich das dann als »Gemeinsamkeit zwischen dem, der ohne Ausländer auskommen will, und dem, der ›Nazis raus‹ ruft. In beiden Fällen scheint es um Vertreibung und räumliche Distanz zu gehen ...«[11] Unübersehbar scheint der Taguieffsche Einfall durch, daß es sich beim Rassismus und beim Antirassismus um zwei Seiten ein und derselben verdächtigen Medaille handelt; beides gleich schlecht, da der Wunsch nach »Vertreibung« dahintersteckt (*ethnic cleansing* in Ex-Jugoslawien klingt mit), wobei die Rassisten wenigstens keinen Hehl aus ihren Absichten machen, während die Antirassisten sich feige hinter vagen humanistisch-universalistischen Ideen verstecken. Die Antirassisten werden in dieser Optik nicht nur durch ihre Unaufrichtigkeit moralisch fragwürdig, sondern genügen auch den Ansprüchen der Logik nicht, da sie bei der Begründung ihres Vorgehens gegen die

Rassisten zwischen der Berufung auf den Universalismus der Menschenrechtserklärung und dem neueren »Recht auf die Differenz« schwanken. Ist es da nicht eine moralische und intellektuelle Wohltat, der ehrlichen Widerspruchsfreiheit des rassistischen Arguments zu lauschen?

Die elaborierte eingedeutschte Version der Taguieffschen Philippika wider den Antirassismus hat der Autor Wolfgang Kowalsky in seinem Buch *Rechtsaußen ... und die verfehlten Strategien der deutschen Linken* vorgelegt und ist dafür in den Blättern, hinter denen die klugen Köpfe stecken, sehr gelobt worden.[12] »Es mag ketzerisch klingen«, schreibt der Autor, »aber es sollte darüber nachgedacht werden, ob der Rassegedanke heutzutage nicht von den Verfechtern des Antirassismus mit am Leben gehalten wird, ob diese nicht zum Weiterbestehen des Rassegedankens beitragen.«[13] Dieser einsame ketzerische Einfall stammt in Wirklichkeit von Taguieff, der ihn entgegen seinen sonstigen Neigungen zum ausschweifenden Seminarstil in wünschenswerter Kürze so zusammenfaßte: »Der Rassismus ist eine Erfindung der Antirassisten.«[14] Folglich verlangt die Bekämpfung des Rassismus – wobei es unklar bleibt, weshalb er unter diesen Voraussetzungen überhaupt bekämpft werden soll – in erster Linie die Bekämpfung der Antirassisten. Getreu seinem Meister Taguieff, den er allerdings wenig zitiert, damit die Herkunft seiner Gedanken im unklaren bleibt, gibt sich Kowalsky diesem Titanenwerk mit Hilfe eines reich mit Zitaten ausgestatteten Zettelkastens hin, wobei wie bei Taguieff das Handwerk des Bücherschreibens mit dem Aneinanderkleben von Material und dem Herumfuhrwerken mit einschüchternden Terminologien verwechselt wird.

»Die deutsche Linke« ist eigentlich an allem schuld, wie der Titel Kowalskys schon andeutet. Wer ist »die deutsche Linke«? Je unklarer das ist, desto besser für den Autor, der dieser heute unauffindbaren Linken dann ungestraft alle Vergehen anhängen kann, die sich in dieser Welt nur zusammenkratzen lassen. Kowalsky streicht auf diese Weise denselben Konformitätsgewinn ein, den er zehn Jahre früher durch mutige Attacken auf

»die Rechte« und Bekenntnisse zur »Linken« eingestrichen hätte: alles nur eine Frage des Zeitpunkts. Als es im Westen Deutschlands als schick und karrierefördernd galt, links zu sein, hat diese durch Konformismus gewaltig aufgeblähte Linke unvermeidlich neben Widerspruchsgeist und Intelligenz auch jenen Anteil an Stupidität angezogen, der sich in jeder fortgeschrittenen Bevölkerung findet. Jetzt, da es nach dem Kollaps des Realsozialismus nicht mehr schick ist, als links zu gelten, genügt es, auf die aus dem großen, doch schlaffgewordenen Sack mit der Aufschrift »deutsche Linke« herausgezogenen Stupiditäten einzudreschen, um sich von neuem in Übereinstimmung mit dem herrschenden Geist zu befinden. Am besten ist es, sich als Ketzer jener »Linken« zu präsentieren, die sich nicht mehr auffinden läßt, das garantiert den offenen Szenenapplaus des gewendeten Konformismus. Dieses Erfolgsrezept hat Kowalsky durchaus begriffen, doch die Antwort auf die sich aufdrängende Frage, wie man ohne mächtige Orthodoxie zum Ketzer werden kann, die ist er schuldig geblieben.

Der Sammlung unbezweifelbarer Dummheiten, die der Autor aus allen möglichen Quellen zum Thema Rassismus zusammengetragen hat, fügt er jedoch ein solches Quantum neuer Stupiditäten eigener und Taguieffscher Bauart hinzu, daß sich vor allem anderen deren Kritik aufdrängt. Auf der Suche nach der Verantwortung für die unbestreitbar fehlgeschlagene politische Auseinandersetzung mit dem Rechtsextremismus glaubt der Autor den Schlüssel gefunden zu haben: diejenigen, die »seit den fünfziger Jahren immer wieder behaupten, die NS-Vergangenheit werde verleugnet und verdrängt«, die sind schuld![15] Ganz nebenbei baut Wolfgang Kowalsky die Nachkriegsgeschichte der Bundesrepublik um, bis sie einer Heiligenlegende gleicht: wenn nur diese »deutsche Linke« nicht gewesen wäre! Sie hat die Rechtsextremisten nicht nur gezeugt, sondern sie dann auch noch in die Ecke getrieben, in der die Rechtsextremisten niemals haben stecken wollen. Verbohrte Linke haben ihnen brutal das Gespräch verweigert, deshalb haben diese an sich freundlichen Menschen keine andere Wahl gehabt, als ein bißchen gesprächsunwillig zu werden und sich mit Baseballschlägern auszustatten. Dabei wollen sie doch gar nichts Verwerfliches, wie der Rechtsaußen-Forscher Kowalsky herausbekommen hat: »Die Rechtsextremisten plädieren für eine wirklichkeits- und bürgernahe Politik und sind bei Bedarf antieuropäisch oder antiwestlich, kämpfen gegen den US-Kulturimperialismus. Dabei tritt ein moderner Rechtsextremismus nicht mehr gegen Demokratie auf, sondern fordert mehr Demokratie, mehr plebiszitäre Elemente und mehr Bürgernähe, aber zugleich mehr Dezision, also klare Entscheidungen.«[16] Ja wenn es sich so verhält – warum diese guten Leute überhaupt Rechtsextremisten nennen, sie gar bekämpfen wollen? Antiamerikanische und antieuropäische Ressentiments gehören weithin zum guten Ton in Deutschland, außerdem kann der kräftige demokratische Magen in diesem Land sehr viel verdauen. Ist denn etwa das Verlangen nach mehr Demokratie und Bürgernähe verwerflich, gar »extremistisch«? Ja wenn es sich mit diesem »modernen Rechtsextremismus« so verhält, wie der Forscher Kowalsky schreibt, warum ihn denn dann um Himmelswillen weghaben wollen? Das liefe geradewegs auf die Abschaffung der Demokratie selbst hinaus. Man sollte hingegen von solchen »Rechtsextremisten« geradewegs Demokratie lernen können. Allerdings ist dann auch nicht mehr recht einzusehen, warum der Autor seiner »deutschen Linken« einen Strick daraus drehen will, daß sie bei diesem Kampf versagt. Denn wenn dieser Kampf selbst überflüssig ist, müßte es doch eher ein Zeichen höherer Einsicht sein, sich ihm nicht zu stellen. Der Autor hat offenbar nicht bemerkt, daß er selbst die Grundargumentation seines Buchs ad absurdum führt.

Zum »modernen Rechtsextremismus«, wo auch immer er zu suchen sei in den verkohlten Einrichtungen angezündeter Asylunterkünfte und KZ-Baracken, gesellt sich die »Neue Rechte«. Eigentlich auch ganz prima Leute, muß man als Kowalsky-Leser annehmen, »denn die Neue Rechte liegt mit ihren Themen und Strategien nahe bei denen der Neuen Linken«. Sie reden recht gescheit daher, überschreiben die Auslandsseite in ihrer Wochenzeitung *Junge Freiheit* mit dem schwierigen Wort »Ethnopluralismus« und beleben überhaupt den Geist: »Die Neue Rechte zwingt dazu, viele Themen neu zu durchdenken«, heißt es weiter[17]. Ein solcher Satz macht mich vollends sprachlos: wer nach den Um- und Aufbrüchen seit 1989 eine »Neue Rechte« braucht, um sich zum neuen Durchdenken vieler Themen zwingen zu lassen, dem ist wohl auch mit Doping nicht mehr auf die Beine zu helfen. Aber es soll ja auch Leute geben, die sich von dem Broschüren der Auschwitzleugner dazu anregen lassen, das Thema Vernichtung der europäischen Juden »neu zu durchdenken«.

Alain de Benoist und seine Freunde in Paris können seit dem Erscheinen von Kowalskys *Rechtsaußen* aufatmen: den Aufwand, den sie seit Ende der siebziger Jahre trieben, um durch die Einrichtung von »Thule-Seminaren« und ähnlicher Arierzirkel ihre Geschäfte in die Bundesrepublik auszudehnen, können sie nun erheblich reduzieren. In der Person des Taguieff-Epigonen Wolfang Kowalsky haben sie einen nützlichen Idioten gefunden, der gratis für ihr Unternehmen gut Wetter macht, und das auch noch von dem günstig gelegenen Standort des Vorstands der IG-Metall aus, in deren Grundsatzkommission der Autor Kowalsky laut Verlagsangabe angestellt ist. Die unterdessen an die Öffentlichkeit gelangten Spekulationsgeschäfte des Ex-IG-Metall-Chefs Franz Steinkühler wiederum sind bestens dazu angetan, den Rechtsextremisten, deren Propaganda vom verbreiteten Mißtrauen in die Integrität etablierter Partei- und Gewerkschaftsführer lebt, weitere Anhänger zuzutreiben.

Kowalskys Vorbild Pierre-André Taguieff prescht bei seiner Offensive gegen alle diese scheußlichen Antirassisten (in denen er in Frankreich, nebenbei bemerkt, anders als in Deutschland, viele in solchen Intiativen mitarbeitende Immigranten der zweiten und dritten Generation trifft) unterdessen munter voran. Unter dem Titel »Wie kann man nur Antirassist sein?« hat er jüngst einen Vortrag gehalten, in dem es heißt: »Man erkennt das Paradoxe eines solche universalistischen, anti-kommunitaristischen und zutiefst heterophoben Antirassismus: indem er im Namen eines supra-kommunitären, den Preis der Kommunikation, des Zirkulierens, des Austauschs, der Kreuzungen und Vermischungen und die Maximierung der Ähnlichkeit (entsprechend dem Gemeinplatz, daß die Unterschiede trennen, die Ähnlichkeiten annähern) einschließenden Ziels den Bruch mit der Tradition und die Aufkündigung der Herkunft aufwertet, betreibt der universalistische Antirassismus nichts anderes als die Privilegierung des Typus entwurzeltes Individuum (alle Entwurzelten ähneln sich in der Tat in ihren schmerzlichen Entbehrungen, ihrem Elend und ihrem Heimweh), des kulturell neutralen Typus, und gleichzeitig strebt er danach, den nicht konformen Typus als solchen, das absolut einzigartige Individuum, das keinem anderen gleicht, das jeden Erbes entkleidet ist und mit niemandem etwas gemeinsam hat, zu idealisieren – ein gewiß fiktives Wesen.«[18]

Ich kenne keinen Text von Taguieff, in dem er den Obsessionen der Neuen Rechten so nah gekommen ist: der Phobie gegenüber der Entwurzelung, dem Nomadentum, der Vermischung. Ich weiß zwar nicht, wo in der sozialen Wirklichkeit man diesen »universalistischen Antirassismus« finden kann, der alle die genannten Untaten anrichtet, ich begreife nur, daß er in Taguieffs Szenario etwa die Stelle besetzt, die das im antisemitischen Weltbild durch die Juden verkörperte Geld einnimmt. Es entreißt die Menschen ihrer Herkunft, zerstört Traditionen, heizt die Zirkulation an und befördert Vermischungen. Der Experte der Theorie des Komplotts macht Anstalten, selbst zu ihrem Adepten zu werden. Es wird von Ethnologen berichtet, die die Methode des *going native*, die sie ursprünglich aus Forschungsgründen benutzten, am Ende so gründlich praktizierten, daß sie den Rückweg in ihre Herkunftszivilisation nicht mehr fanden. Subjekt und Objekt der Forschung vertauschen dann die Plätze. Pierre-André Taguieffs *going native* bei der Neuen Rechten scheint sich allmählich dem *point of no return* zu nähern – allerdings nur auf dem Papier, obwohl man auch in Papier steckenbleiben kann.

Es gibt Länder, in denen der Ausdruck »Rassismus« kein vager ideologischer Vorwurf ist, sondern eine exakt umschriebene Bedeutung besitzt, und zwar deshalb, weil »Rasse« etwas ganz Bestimmtes bezeichnet. In den USA zum Beispiel ist »Rasse« eine administrative Kategorie wie die Religionszugehörigkeit. Unter diesem Stichwort gibt der einzelne an, daß er etwa schwarz ist oder von den indianischen Ureinwohnern abstammt, was ihn unter Umständen dazu berechtigt, an den für diese »Rassen« vorgesehenen Quotenregelungen und Fördermaßnahmen teilzunehmen. Als »Rassismus« gilt ein Verhalten, das jemandem einen Strick aus der Zugehörigkeit zu einer dieser »Rassen« dreht, beispielsweise seinen Anspruch auf Förderung verneint oder ihn auf eine andere Weise sozial benachteiligt. »Rassismus« wird als etwas Praktisches verstanden, nach der Gesinnung wird nicht gefragt und noch viel weniger nach den biologistischen Implikationen, die ein als Ableitung von früheren Rassentheorien begriffener Rassismus enthalten mag.

Dieser Begriff von Rassismus läßt sich nicht auf deutsche Verhältnisse übertragen, weil die sozialen Voraussetzungen seines in den USA üblichen Gebrauchs hier nicht gegeben sind. Aber es sind auch Zweifel erlaubt, ob es in Deutschland etwa unter Berufung auf die Verbrechen des Nationalsozialismus viel Sinn macht, die Verbrechen von Rostock, Hünxe, Mölln oder Solingen unter der Kategorie »Rassismus« abzuhandeln. Die monströsen nationalsozialistischen Verbrechen selbst mit »Rassismus« in Zusammenhang zu bringen ist mir immer fragwürdiger erschienen, je mehr ich mich mit dem Nationalsozialismus beschäftigt habe. Hitler sprach zwar in seiner Reichtstagsrede von 1939 von der »polnischen Rasse«, die zu vernichten sei, aber ich glaube nicht, daß Hitlers Ankündigung des Genozids irgend etwas mit rassenbiologischen Erwägungen zu tun hatte: die Polen besiedelten ganz einfach den geographischen Raum, den Hitlers geopolitischer Alptraum den Deutschen reserviert hatte, und mußten deshalb, ob nun »Rasse«

oder nur einfache »Bevölkerung«, verschwinden. Die Massenmörder, die in Auschwitz im Arztkittel Dienst taten, waren offenbar keine strikten Anhänger der von ihren Kollegen an den Universitäten gelehrten Rassenbiologie, denn wenn es darauf ankam, zapften sie auch Juden zur Gewinnung von Serum für die reindeutsche Wehrmacht das angeblich verderbliche Blut ab, bevor sie die Juden zu Tode brachten.[19] Die Lehren, die aus der von Nazideutschland angerichteten Zivilisationskatastrophe zu ziehen sind, sind so komplex wie der Zusammenhang der Faktoren, aus denen der Vernichtungsprozeß hervorgegangen ist. Der Begriff Rassismus trägt dieser Komplexität nur ungenügend Rechnung.

Es gibt meiner Ansicht nach viele gute Gründe, hinter eine zeitgenössische Agitation gegen »den Rassismus« ein Fragezeichen zu setzen. Darin hätten die erwähnten Kritiker des Antirassismus durchaus recht, wenn sie sich nicht selbst gleich wieder ins Unrecht setzten, indem sie die notwendige Diskussion unter abstrusen, völlig inhaltsleeren Begriffsungetümen ersticken: bei Taguieff bekriegen sich »essentialistisch-differentielle« und »universalistisch-substantialistische« Antirassismen, während die »differentiellen« und »universalistischen« Rassismen feixend zuschauen – und ähnlicher höherer akademischer Quatsch. Hat in Mölln etwa der »universalistisch-differentialistische Rassismus« zugeschlagen, dessen »identitätsverneinde« Konzeption sich im Verbrennen türkischer Frauen äußert? Vielleicht weiß Taguieffs Vulgarisierer Kowalsky in seinem nächsten Buch darauf eine Antwort.

»Antirassismus« ist gewiß eine gutgemeinte, von unmittelbarer humaner Empörung über abscheuliche Gewalttaten motivierte, aber intellektuell unbefriedigende und auch politisch auf die Dauer wirkungslose Antwort auf die sich in Deutschland faktisch und agitatorisch austobende Gewalt. Was für ein Rassismus ist es, der da die Opfer bezeichnet? Läßt sich das, was sich austobt, mit Appellen an die Toleranz besänftigen? Theodor W. Adorno hatte in seinen 1944/45 im amerikanischen Exil geschriebenen *Minima Moralia* Einwände gegen das im Toleranzappell enthaltene Gleichheitspostulat erhoben, die mir mit der Zeit immer plausibler erscheinen: »*Mélange.* – Das geläufige Argument der Toleranz, alle Menschen, alle Rassen seien gleich, ist ein Bumerang. Es setzt sich der bequemen Widerlegung durch die Sinne aus, und noch die zwingendsten anthropologischen Beweise dafür, daß die Juden keine Rasse sind, werden im Falle des Pogroms kaum etwas daran ändern, daß die Totalitären ganz gut wissen, wen sie umbringen wollen und wen nicht.«[20] Darin scheint mir ein für die gegenwärtige Fragestellung überaus wichtiger Hinweis zu stecken: denn auch die Totalitären von heute wissen ganz genau, wen sie umbringen wollen und wen nicht (nur ein Kowalsky kann auf die Idee kommen, es gäbe so etwas wie eine Symmetrie dieser Gewalt, deren Opfer mitunter auch Deutsche werden – hat man jemals Asylbewerber erlebt, die sich in der Absicht zusammenrotten, einen zufällig daherkommenden Deutschen zu erschlagen, nur weil er Deutscher ist? Das Umgekehrte ist die Regel). Woher aber wissen sie es, was bezeichnet ihnen die Opfer? Das Handbuch für Rassenkunde? Das Telefonverzeichnis ausländischer Namen, denn wir lesen ja ständig in der Zeitung, daß es sich bei den Tätern um »Ausländerfeinde« handelt?

»Nein, wir sind nicht ausländerfeindlich. Wir haben keine Angst vor eurer Hautfarbe oder Religion, und eure uns fremde Kultur achten wir und interessieren uns sehr für sie. Aber wir hassen die Armut.« Christoph Hein hat für diese These[21] viel Prügel bezogen, unter anderem den Tadel seines Westberliner Kollegen Hans-Christoph Buch, der ausgerechnet Hein unterstellte, unter SED-Einfluß zu denken und mit der Erwähnung von Reichtum und Armut in der Welt den Bankrott des Realsozialismus verschleiern zu wollen.[22] Hein hat meiner Ansicht nach vollkommen recht, »Ausländerfeindlichkeit« ist ein idiotisches Wort, eine Kreation flachdenkender Bürokraten und Journalisten, es bezeichnet nichts sozial Konkretes und erklärt noch viel weniger. Horror vor der Verarmung ist als Motiv sowohl für die bürokratische Abwehr von Flüchtlingen als auch für die Gewalt gegen Asylbewerber, die in den Medien lange genug als geldgierige mittellose Betrüger vorgeführt wurden, viel überzeugender: man versteht dann auch besser, warum im Umkreis der Lichterketten vom Dezember 1992 zwar viel von einer »Toleranz« geredet wurde, die nichts kostet, aber die der Abwehr von Flüchtlingen dienende Verschärfung der Asylgesetzgebung unerwähnt blieb. Toleranz ja, aber bitte laßt die Armen draußen.

Dennoch geht die Erklärung mit dem Haß auf die Armut meiner Ansicht nach nicht weit genug; gewiß fürchten alle, die etwas zu verlieren haben, die Verarmung, aber in der Armut hassen sie noch etwas anderes. Haß auf die Armut scheint mir wiederum nur eine Chiffre zu sein, die zusätzlicher Entzifferung bedarf.

In Hannah Arendts vielzitiertem, zu ideologischen Zwecken gern ausgeschlachtetem, aber offenbar sehr schlecht gelesenem Buch *Elemente und Ursprünge totaler Herrschaft* aus dem Jahr 1951 stieß ich vor längerer Zeit auf einen Gedankengang, dessen außerordentliche Erklärungskraft gegenüber dem Phänomen zivilisierter Aggression mir erst allmählich aufgegangen ist. Gegen Ende des Abschnitts »Die Aporien der Menschenrechte« aus dem Schlußteil des Kapitels über den Imperialismus widerspricht Hannah Arendt der nach dem Ende des Zweiten Weltkriegs verbreiteten optimistischen Erwartung, daß die künftigen Fortschritte der Zivilisation Atavismen wie den Haß auf Fremde von allein zum Verschwinden brächten. Sie erkennt vielmehr einen Zusammenhang zwischen zivilisatorischer Entwicklung und Zunahme von Aggression. »Je höher entwickelt eine Zivilisation ist, je vollständiger die von ihr geschaffene Welt zur menschlichen Heimat geworden ist, je mehr Menschen sich in diesem ›künstlichen‹, von menschlichen Künsten entworfenen Gebilde zuhause fühlen, desto empfindlicher werden sie gegenüber allem, was sie nicht produziert und nicht verändert haben, desto geneigter, alles als barbarisch zu betrachten, was, wie die Erde und das Leben selbst, auf geheimnisvolle, nie zu enträtselnde Weise einfach gegeben ist.« Deshalb bringt die hochtechnisierte, durchorganisierte Zivilisation »eine Art Groll gegen das« hervor, »was Menschen nicht gemacht haben und nicht machen können und von dem sie doch immer abhängig bleiben«.[23]

Wogegen kann sich dieser Groll in unserer Zivilisation richten? Gegen die »Natur«, die uns mit Gebrechen und Tod verstört? Nein, der Groll hat laut Hannah Arendt einen Repräsentanten all dessen ausgemacht, was den Stolz auf unsere zivilisatorische Allmacht kränkt, und das ist der Fremde. Er hat deshalb den Fremden ausgewählt, »weil sich in dem Fremden die von Natur gegebene Unterscheidung und das natürlich Unabänderliche viel deutlicher offenbaren als in dem Einheimischen«. Der Fremde, heißt es weiter, läßt in seinem Fremdsein die Grenze erkennen, die »eine dauernde Mahnung an die Begrenztheit der Macht des Menschen ist.«.[24] Und das ertragen wir schlecht und immer schlechter, deshalb halten wir uns an den Mahnern schadlos.

Der Fremde im Sinn von Hannah Arendts Analyse ist nicht einfach der Ausländer, der eine andere Sprache spricht und einen anderen Paß besitzt, der Mensch anderer Hautfarbe, dessen Anwesenheit unter lauter Weißen irritiert. Fremd für die Selbstwahrnehmung unserer entwickelten Zivilisation ist jeder, der auf die eine oder andere Weise wider ihre totale Verfügungsgewalt zeugt. Der sich im Deutschland der Gegenwart manifestierende Groll hat das genau erkannt und nicht nur Schwarzafrikaner oder Vietnamesen, sondern auch einheimische Behinderte als Objekte ausgesucht: denn auch sie lassen Grenzen erkennen, die der Allmacht der menschlichen Naturbeherrschung gesetzt sind. Vor ein paar Jahren sind ein paar hundert Meter von meiner Frankfurter Wohnung entfernt vier Obdachlose, die im sommerlichen Park übernachtet hatten, im Schlaf mit der Eisenstange erschlagen worden. War der bald darauf gefaßte Mörder ein »Rassist«? Wahrscheinlich war er das auch, gehandelt jedenfalls hatte dieser schwäbische Elektriker wie ein Fundamentalist unserer Zivilisation, der es nicht erträgt, wenn überhaupt irgendwelche Menschen in seinem Gesichtsfeld ihren Normen den Rücken kehren.

Indem die hochentwickelte westliche Zivilisation den Bereich dessen, was die Menschen hervorbringen, verändern und beeinflussen können, immer weiter ausdehnt mit ihrer Genchirurgie und den in-vitro-Zeugungen, drängt sie das, was »auf geheimnisvolle, nie zu enträtselnde Weise einfach gegeben ist«, wie Hannah Arendt sagt, ständig weiter in den Hintergrund, ohne es jedoch entmachten zu können. Man kann zwar die statistische Lebenserwartung verlängern, nicht aber die Sterblichkeit abschaffen. Der Fremde, ob nun Behinderter, Clochard oder Flüchtling aus Afghanistan, stößt auf Abwehr, nicht in erster Linie, weil er Geld kostet, sondern weil er an die verborgene Nähe und Wirksamkeit des Nicht-Beherrschten, Nicht-Domestizierten inmitten unserer Artefakte erinnert. Warum ist ein armes Land wie Pakistan in der Lage, zwanzigmal soviel Flüchtlinge aufzunehmen wie die reiche Bundesrepublik, ohne daß vom berühmten »Überschreiten der Toleranzschwelle« zu hören ist? Ich glaube deshalb, weil seine Zivilisation viel weniger empfindlich ist gegenüber der Präsenz des in den Flüchtlingen sichtbaren, auf geheimnisvolle Weise einfach »Gegebenen«, dessen Anblick schon in kleinen Dosen unsere Zivilisation aus dem Gleichgewicht zu bringen droht. Wenn Hannah Arendts Gedanke zutrifft, und ich sehe bisher kein triftiges Gegenargument, dann ist es die innere Dynamik unserer hochentwickelten Zivilisation selbst, die den Groll gegen alles Fremde ständig von neuem erzeugt und unterhält. Nicht die Mißerfolge der Modernisierung mit Zunahme von Arbeitslosigkeit und »neuer Armut« sind dann allein für das Ansteigen der xenophoben Gewalt verantwortlich zu machen, sondern auch und vielleicht noch mehr die zivilisatorischen Fortschritte und Erfolge.

Seit dem Fall der Berliner Mauer befindet sich das entwickelte und reiche Westeuropa zudem in einer prekären Situation, die an die Lage der aufgeklärten Aristokratie unmittelbar vor der Französischen Revolution erinnert. Diese Aristokratie hatte durchaus eingesehen, daß die edle Abstammung das Ausmaß der Privilegien, die sie genoß, nicht begründen konnte. Prinzipiell stimmte sie der naturrechtlichen Gleichheitsidee zu und machte rein äußerliche Hindernisse dafür verantwortlich, Standesschranken und Gewaltverhältnisse, daß nicht jeder Mensch so leben konnte, wie sie selbst lebte. »Die Berliner Mauer war eine wirkungsvolle Barriere gegen die Ausbreitung des ›Europa‹ genannten Privilegs und versprach, daß man niemals Farbe bekennen müsse«, schreibt Zygmunt Bauman[25]. Nun ist diese Bastille gestürmt, in den Vorstädten sammeln sich die Unzufriedenen und machen sich auf den Weg ins Zentrum, auf dessen Privilegien und Lebensweise sie doch den früheren Reden des Zentrums zufolge ein Anrecht haben. Die Marschkolonnen, die sich in Bewegung setzen, anders gesagt, die Migrationsströme der Gegenwart jagen dem Zentrum zunehmend Angst ein: Der Weg zurück zum Geburtsadel, der die Exklusivität des Wohllebens legitimiert, ist inzwischen versperrt, an seine Stelle tritt die Meritokratie: »Franzose sein, das muß man sich verdienen«, lautet ein gegen die Immigration gerichteter Standardspruch des *Front-National*-Chefs Le Pen. Europäersein, das muß man sich verdienen, schallt es nun denen entgegen, die sich aus den Vorstädten Europas auf den Weg machen und an den alten Grenzen in neuer Aufmachung aufgehalten werden. Es mag nun sein, daß sich aus den Invasionsphantasien, die in den Zitadellen der Reichen umgehen, so etwas wie ein Rassismus zweiten Grades bildet, Form der Rationalisierung der Angst der wohlhabenden Minorität vor der armen Majorität, die sich mit dem falschen Bewußtsein natürlicher Überlegenheit beruhigt; ein solcher sekundärer Rassismus läßt sich jedoch schlecht mit Methoden begreifen und bekämpfen, die auf den primären, biologisch begründeten Rassismus der Vergangenheit zugeschnitten sind.

Das griechische Wort »xénos« bezeichnet nicht nur den Ausländer, sondern auch den schlechthin unbekannten und aus der Reihe fallenden Menschen. Das Wort »Xenophobie« scheint mir deshalb am ehesten dazu geeignet, das zu bezeichnen, was die Gewalttaten gegen Asylbewerber, Immigranten, Krüppel und Randständige miteinander verbindet. Eine Gesellschaft, in der »man ohne Angst verschieden sein kann«, wie Adorno in den *Minima Moralia* sagt, und zwar auf ganz verschiedene, nicht nur multikulturell verschiedene Weise verschieden sein kann, wäre eine nicht xenophobe Gesellschaft. Vielleicht ist es müßige Schwärmerei, sich eine solche Gesellschaft vorzustellen. Einstweilen, scheint mir, kommt man nicht darum herum, von der bloßen moralischen Verurteilung der in Deutschland grassierenden Xenophobie zur Kritik der zivilisatorischen Verhältnisse überzugehen, aus denen die xenophobe Gewalt hervorgeht. Der rasende Anti-Antirassismus mit seinen papierenen Begriffshubereien kann dabei nicht helfen, und die Neue Rechte mit ihren falschen »Minima Moralia« ist die ihr gewidmete Aufmerksamkeit ohnehin nicht wert.

1 Deutsch: Abstieg in die Hölle. Zeugnisse über Auschwitz. Berlin 1982.

2 Die Redaktion der militant rechtsextremen Zeitschrift *Europe-Action*, die Ende der sechziger Jahre zugunsten seriöser erscheinender Publikationen eingestellt wurde und zu deren Mitarbeitern der spätere Chefdenker der Nouvelle Droite, Alain de Benoist, gehörte, definierte beispielsweise den Nationalsozialismus als »deutsche Volksbewegung«, die »in fünf Friedensjahren eine sagenhafte Energie entfaltete und Deutschland durch Neuerungen auf sozialem, rechtlichem und ökonomischem Gebiet derart umgestaltete, daß seine Gegner ihn kopierten«. Zugrunde gegangen sei er unter anderem an dem »romantischen«, »nicht wissenschaftlichen« Charakter seines Rassismus. Zitiert nach: Jean Paul Fargier, Les Bons à rien. Paris 1979, S. 209.

3 Zitiert und übersetzt nach: La force du préjugé. Paris 1988, S. 370 f.

4 In ihrem Kalenderblatt erinnert *éléments* Nr. 31 vom August 1979 an das vierzig Jahre zurückliegende Ereignis »Bromberger Blutsonntag« und reproduziert dabei Wort für Wort die von der Nazipropaganda in Umlauf gebrachte Version, wonach am 3. September 1939 »auf Befehl aus Warschau« etwa 58 000 in Bromberg lebende Deutsche von Polen abgeschlachtet worden seien. In Bromberg lebten damals nicht einmal zehntausend Deutsche, und die Zahl der bei den Unruhen in Bromberg zwei Tage nach Kriegsausbruch ums Leben gekommenen Deutschen *und* Polen dürfte laut späteren, von deutscher und polnischer Seite unternommenen Nachforschungen einige Hundert betragen haben. Siehe

Peter Aurich, Der deutsch-polnische September 1939. Eine Volksgruppe zwischen den Fronten. München – Wien 1969.

5 Alain de Benoist, Racisme et différences. In: Krisis Nr. 2, April 1989, S. 109 f.

6 Pierre-André Tagiueff, Faux et usages d'un faux. 2. Bände, Paris/London 1992.

7 Paris 1992.

8 Zitiert nach: éléments 75, S. 25.

9 Pardès, Anthropologie – Histoire – Philosophie – Littérature, erscheint im Verlag Editions du Cerf, Paris.

10 Cf. Jean-François Sirinelli (Hrsg), Histoire des droites en France. Band 2, Cultures. Paris 1992, S. 205.

11 Thomas Schmid, Einheit und Trennung. In: Süddeutsche Zeitung, 3. 2. 1993.

12 Wolfgang Kowalksy, Rechtsaußen ... und die verfehlten Strategien der deutschen Linken. Frankfurt am Main – Berlin 1992. Der Rezensent der *Frankfurter Rundschau*, Detlev Claussen, hat als einer der wenigen unter den zahlreichen Kritikern dieses Buch in seinem Artikel »If you can't beat them, join them« vom 19. 9. 1992 zutreffend als »Beitrag zur Verrohung der intellektuellen Sitten« gekennzeichnet.

13 Ebenda, S. 154.

14 Le Monde, 10. 4. 1991.

15 Wolfgang Kowalsky, Rechtsaußen ... a. a. O., S. 42. Der 1983 aus der DDR in die Bundesrepublik übergesiedelte Schriftsteller Wolfgang Hegewald sagte mir Mitte der achtziger Jahre, nachdem er verschiedene Dokumentationen über die Praxis der juristischen Vergangenheitsbehandlung in der Bundesrepublik gelesen hatte, er habe nie geahnt, daß die SED-Propaganda mit ihrer Behauptung, in Westdeutschland wimmle es von nichtbestraften Naziverbrechern, sogar ein Stück weit die Wahrheit sagte. Eine im Zusammenhang mit der Debatte um die Stasi-Aufarbeitung entstandene neue Legende erklärt die westdeutsche Aufarbeitung der Nazivergangenheit, im Kontrast zum ostdeutschen Begraben des Unangenehmen unter einer dicken Schicht Staatsantifaschismus, zu einem von Anfang an tatkräftig betriebenen und insgesamt gelungenen demokratischen Werk. Als Antidot gegen solche nachträglichen Geschichtsverschönerungen sei die Lektüre des Zeugnisses der Mannheimer Staatsanwältin Barbara Just-Dahlmann empfohlen. Im Jahr 1961 hatte die Juristin in Loccum einen Vortrag über Merkwürdigkeiten bei der Strafverfolgung von Nazitätern gehalten, hatte einzelne Fälle erwähnt: so hatte bis 1960 der Mann als Abteilungsleiter der Polizei in einem Regierungsprä-

sidium amtieren dürfen, der laut den Unterlagen des Nürnberger Kriegsverbrecherprozesses den technischen Einsatz der Vergasungs-LKWs in Polen geleitet hatte; ein anderer Täter, ein Kinderarzt und Gutsbesitzer, der auf eigene Faust, ohne jeden Befehl, mit seinen SS-Reiterkameraden zweihundert Juden ermordet hatte, war mit sechs Jahren Haft davongekommen. 1961, im zwölften Jahr westdeutscher Demokratie, kostete dieser veröffentlichte Bericht über den Stand strafrechtlicher Vergangenheitsaufarbeitung eine Androhung mit Disziplinarmaßnahmen von seiten des Landesjustizministeriums, drei Landtagsdebatten und die abschließende Ermahnung durch die Herren des Stuttgarter Ministeriums: die Staatsanwältin möge sich lieber Haushaltsarbeiten widmen als der Nazivergangenheit. (Barbara Just-Dahlmann/Helmut Just, Die Gehilfen. NS-Verbrechen und die Justiz nach 1945. Frankfurt am Main, Athenäum, 1988.)

16 Wolfgang Kowalsky, Rechtsaußen … a. a. O., S. 17 f.

17 Ebenda, S. 32 f.

18 Zitiert nach: Esprit, Nr. 190, März–April 1993, S. 43.

19 Robert Jay Lifton, Ärzte im Dritten Reich. Stuttgart, Klett-Cotta, 1988.

20 Zitiert nach: Theodor W. Adorno, Minima Moralia. Reflexionen aus dem beschädigten Leben. Frankfurt am Main 1972, S. 130. »Politik, der es darum im Ernst noch ginge«, fährt Adorno fort, »sollte deswegen die abstrakte Gleichheit der Menschen nicht einmal als Idee propagieren. Sie sollte statt dessen auf die schlechte Gleichheit heute, die Identität der Film- mit den Waffeninteressen deuten, den besseren Zustand aber denken als den, in dem man ohne Angst verschieden sein kann.« Von solchem gedachten »besseren Zustand« scheint die Welt heute faktisch noch weiter entfernt als im Jahr 1945.

21 Wir haben Angst zu verarmen. In: Spiegel, H 50/1991.

22 Hans Christoph Buch, Freiheit *und* Brot. Ein offener Brief an Christoph Hein. In: tageszeitung, 8. 1. 1991.

23 Zitiert nach: Hannah Arendt, Elemente und Ursprünge totaler Herrschaft. Ungekürzte Ausgabe. München 1986, S. 486.

24 Ebenda, S. 469.

25 In: Perspektiven, Internationale StudentInnenzeitung, Frankfurt am Main, Nr. 15, Februar 1993.

Muslimische Schwimmstunden

Multikulturalismus in Deutschland, aus Frankfurter Blickwinkel

»Frankfurt bleibt das Nest. *Nidus*, wenn Sie wollen. Wohl um Vögel auszubrüteln, sonst auch figürlich *spelunca*, ein leidig Loch. Gott helf aus diesem Elend. Amen.« Vom Studium in Straßburg zurückgekehrt, hatte Goethe seine Geburtsstadt Frankfurt offenbar als unerträglich eng empfunden und seinen Gefühlen in einem Brief an den Straßburger Freund Johann Daniel Salzmann Luft gemacht. Inzwischen haben sich die Zeiten geändert, es ist die Stadt Straßburg, die trotz ihrer europäischen Ambitionen den Eindruck einer liebenswürdigen, aber etwas verschlafenen Provinzstadt macht, während aus Frankfurt am Main ein europäischer Verkehrsknotenpunkt und ein Geldhandelsplatz von internationaler Bedeutung geworden ist.

Trotzdem ist etwas von dem Nestgeruch, der dem jungen Goethe in die Nase stieg, an Frankfurt hängengeblieben und färbt dort die Wahrnehmung sozialer Realitäten ein, zum Beispiel die Wahrnehmung des Faktums Immigration, mit dessen öffentlicher Verarbeitung ich mich in diesem Kapitel beschäftigen will. Frankfurt habe ich nicht nur deshalb als Ausgangspunkt gewählt, weil ich unter den Städten in Deutschland diese Stadt und ihre Gesellschaft am besten kenne, sondern auch deshalb, weil sich das Faktum Immigration nirgendwo sonst mit einer derart wuchernden und entsprechend aufschlußreichen Phantasmenbildung umgeben hat.

Mitte der sechziger Jahre, als ich nach Frankfurt zog, wo ich, mit ein paar Unterbrechungen, seither lebe, glich die Stadt einer einzigen lärmenden und dreckschleudernden Baustelle. Wie kann man es in dieser Häßlichkeit nur aushalten? fragten entsetzt durchreisende Besucher. Ich rechtfertigte mich damals gern mit dem Argument, das der nach Frankfurt gezogene und seinerzeit neben einem Innenstadtbordell wohnende gebürtige Berliner Horst Krüger in einem *Merian*-Heft formuliert hatte: wer der Realität der Bundesrepublik ins noch nicht von Make-up verschönerte Gesicht sehen will, der muß Frankfurt am Main aufsuchen. Bundesrepublik nackt, wie kurz nach dem Aufwachen, noch nicht für die Erscheinung in den Blauen Büchern hergerichtet. Alles liegt hier offen zutage, das Geld, das Geschäft, das Verbrechen, die amerikanische Präsenz mit zahllosen Bars für GIs und dem in der wuchtigen ehemaligen IG-Farben-Zentrale residierenden Armeehauptquartier. Frankfurt ist eine ehrliche Stadt, schrieb Horst Krüger, sie macht sich nichts vor, unterzieht die Narben ihrer Kriegswunden nicht städtebaulichen Schönheitsoperationen, und mit der Kultur hat sie gerade so viel am Hut, wie es der Minimalnachfrage ihrer vom Geschäft in Anspruch genommenen Bürger entspricht. Das alles leuchtete mir sehr ein und lieferte mir eine Erklärung für das leichte Unwohlsein, das mich bei Aufenthalten etwa in München befiel: zuviel Kulturbarock dort, zuviel architektonisches Zuckerbackwerk, zuwenig bundesdeutsche Banalität.

Frankfurt hat sich seither radikal verändert, obgleich die Zahlen der Einwohnerstatistik auf eine bemerkenswerte Stabilität schließen lassen: 1993 leben ebenso viele Menschen in Frankfurt wie im Jahr 1965, knapp 700 000. Die soziale Zusammensetzung der Stadtbevölkerung hat sich jedoch erheblich gewandelt, entsprechend der Transformation der Stadt vom Industrie- und Handelsstandort zum internationalen Finanzzentrum. Sie hat sich internationalisiert und nach oben veredelt: Fachleute nennen das »Gentrifizierung«. In dem Innenstadtviertel, in dem ich seit Anfang der achtziger Jahre wohne, läßt sich dieser soziale Umschichtungsprozeß an vielen Detailveränderungen ablesen: der Gemüsestand an der Ecke mit seinen Kisten unterm Sonnenschirm genügte eines Tages den Ansprüchen der besserverdienenden Kundschaft nicht mehr, er siedelte in ein Ladenlokal um, legte sich einen exotischen Namen zu und verdoppelte die Preise, die offenbar ohne Murren gezahlt werden. Einer in Geldfragen nicht kleinlichen, aber ästhetisch empfindlich gewordenen Bevölkerung war offenbar auch der Anblick mancher der noch sichtbaren Kriegsnarben nicht mehr zuzumuten: Der seit der Bombardierung der Innenstadt leergebliebene Raum zwischen Römer und Dom, einer der wenigen öffentlichen Räume der Stadt, Sammelplatz so vieler Demonstrationen gegen Notstandsgesetze und Vietnamkrieg, wurde mit einer schlampig aufgestellten Hollywoodkulisse der Marke »Medieval Francfort« und einem in postmodern-neofaschistischem Stil errichteten Ausstellungsgebäude namens »Schirn« vollgestellt. »Gentrifiziert« wurde in dieser Zeit aber nicht nur das Stadtbild selbst, sondern auch die öffentliche Sprache, in der in Frankfurt über Frankfurt geredet wird. Des Preußen Horst Krüger »ehrliches Frankfurt« ist dabei als erstes auf der Strecke geblieben.

In den siebziger Jahren, als in der Innenstadt die Gebäude der bundesdeutschen Großbanken in die Höhe schossen, die Unterschiede im Umsatzvolumen in der unterschiedlichen Zahl der Stockwerke symbolisierend, kam die Rede von »Bankfurt« und »Krankfurt« auf: die »Unwirtlichkeit unserer Städte«, von der Alexander Mitscherlich, Gründer des Sigmund-Freud-Instituts, im Titel eines seiner Bücher gesprochen hatte, schien für viele Frankfurter in der die verbliebene Wohnbevölkerung unwiderruflich vertreibenden City mit Händen zu greifen. Die von beträchtlichen Spekulationsgeschäften begleitete Umwandlung des Wohnviertels Westend in eine Domäne von Werbeagenturen und Firmensitzen schürte antikapitalistische Stimmungen: »Proletarier aller Länder, vereinigt euch«, verkündete in Bahnhofsnähe die Aufschrift auf einem Gebäude, das der Kommunistische Bund Westdeutschlands (KBW), eines der Zerfallsprodukte der Revolte von 1967/68, dank gnadenloser finanzieller Schröpfung seiner Mitglieder als Parteisitz hatte erwerben können. Doch Stimmungen ändern sich und mit ihnen auch Besitzverhältnisse: Die KBW-Immobilie ist inzwischen in den Besitz der Commerzbank übergegangen, dafür hat sich die Nachfolgegesellschaft der in den achtziger Jahren sich selbst abwickelnden Kaderpartei im Tauschgeschäft auf Kosten der Bank im Westen der Stadt ein supermodernes, mit

Öko-Technologien aller Art ausgestattetes Ersatzgebäude errichten lassen. Eine Stadt, die ihre ehemaligen Mao-Kommunisten nicht verstößt, sondern es ihnen sogar erlaubt, sich wirtschaftlich gesundzustoßen, konnte freilich nicht länger als »Krankfurt« verteufelt werden.

Aus den Kreisen von Ex-Maoisten, Ex-Trotzkisten und anderen ehemals linksradikaler Gesellschaftskritikern kamen in dieser Zeit die wirkungsvollsten Vorschläge zur sprachlichen Stadtverschönerung. Mit dem schlichten Slogan »Frankfurt. Die Stadt« hatte die damals christdemokratisch regierte Stadt Frankfurt auf ihren Anzeigen in den späten siebziger Jahren um Investoren geworben: viel zu schwach und bescheiden, wurde dort befunden. »Metropole« sei das für Frankfurt gerade angemessene Wort: das von Daniel Cohn-Bendit herausgegebene Mitteilungsblatt der »Szene« namens *Pflasterstrand* wurde als erstes in »Metropolenmagazin« umgetauft, anzusiedeln offenbar gleich neben dem *New Yorker* oder dem Londoner Magazin *Time Out*. Zur Metropole mußte dann das entsprechende Zubehör beigeschafft werden, so wurde der »Metropolenintellektuelle« erfunden. Wo ist der in Frankfurt anzutreffen? Zu einer Zeit, als noch niemand vom »Metropolenintellektuellen« sprach, dafür eine kontroverse, von der in Frankfurt damals noch lebendigen Kritischen Theorie Adornos und Horkheimers in Schwung gehaltene intellektuelle Debatte die Geister am Einschlafen hinderte, standen die damals arbeiterkultisch beseelten studentischen Kader mit den Intellektuellen auf Kriegsfuß; entdeckt wurden die Intellektuellen in Frankfurt erst dann, als sie sich nicht mehr bemerkbar machten, was den gewendeten ehemaligen Arbeiterkultlern die Chance eröffnete, sich selbst konkurrenzlos als gelungene Exemplare der Spezies »Metropolenintellektuelle« vorzuführen. Was zeichnet den Frankfurter Metropolenintellektuellen im Unterschied zum gewöhnlichen Intellektuellen aus? Er pflegt den »Diskurs«, das heißt das Gerede, wie das französische Wort *discours* auch zu übersetzen ist; und er hat, vollauf beschäftigt mit dem aufreibenden Job der sprachlichen Metropolenverschönerung, die

Aufgabe der Kritik an andere Instanzen abgetreten. Der nicht ausgesprochen kritisch gemeinte, die Frankfurter Verhältnisse nur realistisch beschreibende Satz »Frankfurt ist immer noch eine kleine Stadt und keine Metropole« stammt nicht aus der Feder eines intellektuellen Kritikers, sondern hat den in Frankfurter Angelegenheiten sachverständigen Stadtplaner Albert Speer zum Verfasser.[1]

In Frankfurt am Main sind die Verhältnisse inzwischen derart auf den Kopf gestellt, daß nicht nur technische Fachleute, sondern auch Professionelle der ortsansässigen Werbeindustrie neben den »Metropolenintellektuellen« wie unbeugsame Veteranen kritischer Gesellschaftheorie wirken: »Die Welt ist nicht so schön, wie wir sie darstellen«, stand auf einem Transparent zu lesen, das bei einer Demonstration von Werbeleuten gegen die ausländerfeindliche Gewalt Ende 1992 durch die Frankfurter Innenstadt getragen wurde. Für den seit den achtziger Jahren inflationär produzierten Frankfurter »Diskurs« kann die Welt gar nicht häßlich genug sein, um nicht sogleich zur Produktion bunter Sprechblasen anzuregen, die dann die zutage getretenen Schönheitsfehler nachsichtig zudecken. Daniel Cohn-Bendit, inzwischen als Stadtverordneter der Grünen ins Stadtparlament eingezogen, formulierte seine Frankfurter Visionen im Jahr 1986 mit diesen Worten: »Mit den von mir angedeuteten Perspektiven – einer postnationalen Metropole – wird sich keine Zuckerbäckeridylle mit direktem Apfelweinanschluß finden lassen, vielleicht aber etwas von einer geistigen Utopie, die wir dringend benötigen: der kosmopolitische Liberalismus als städtische Identität.«[2] »Postnationale Metropole« ... »kosmopolitischer Liberalismus als städtische Identität« – zu verstehen suchen, was mit all den hübschen Worten denn gemeint sein könnte, wo denn gar die dahinter versteckte »geistige Utopie« zu suchen wäre, heißt schon hinter das vom Frankfurter Diskurs erreichte Niveau zurückfallen. Der Metropolenintellektuelle läßt sich solche Wortpralinen einfach genießerisch auf der Zunge zergehen und leckt sich dann zufrieden die Lippen. Warum sich überhaupt bei Frankfurter Verbalsüßigkeiten aufhalten? Weil sich die ganze Debatte um Multikulturalismus in der Bundesrepublik meiner Ansicht nach nicht richtig verstehen läßt, wenn sie von dem spezifisch Frankfurter Kontext losgelöst betrachtet wird, in dem sie ihren ersten öffentlichen und seither vielfach nachgeahmten Auftritt erlebte.

»Aber wo bleibt der Architekt von Rang«, heißt es weiter in der zitierten Rede Cohn-Bendits, »der eine Moschee an zentraler Stelle plaziert nebst einem türkischen Bad, um der islamischen Kultur in dieser Stadt aus den Hinterhäusern zur Öffentlichkeit zu verhelfen? Wo bleibt der Flohmarkt als multi-kultureller Basar, der sich immer weiter am Mainufer ausbreitet?« Dem Wort »multi-kulturell« ist anzusehen, daß es damals, 1986, noch nicht sehr flott von der Zunge ging, denn es wurde mit Bindestrich geschrieben, wie eine ungewohnte Wortverbindung eben geschrieben wird. Aufschlußreich an seinem Erscheinen ist die Verbindung mit der Vorstellung »Flohmarkt« und »Basar«, mit anderen Worten, die Zuordnung des Multikulturellen zu der Sphäre Wochenende, Freizeit und Tourismus, dort, wo der Bundesbürger schon immer das Exotische gesucht hat. Bemerkenswert scheint mir gleichfalls die Assoziation mit der Idee, daß der »islamischen Kultur« mit dem Bau einer Moschee durch einen »Architekten von Rang« Geltung verschafft werden soll; ein gewöhnlicher ordentlicher Architekt tut es nicht, die Sorge gilt seinem Namen; kein Gedanke wird dafür an die Frage verschwendet, ob die in Frankfurt lebenden, aus islamisch geprägten Ländern stammenden Immigranten, in erster Linie die Türken, ein solches Bauwerk überhaupt haben wollen nebst »türkischem Bad«. Was würde unsereins denn sagen, wenn er nach Australien oder Kanada emigrierte und dort mit dem Nachbau des Kölner Doms empfangen würde, als Zeichen des Respekts für seine »kulturelle Identität«? Ich für meinen Teil kann jedenfalls gut verstehen, warum unter den türkischen Intellektuellen, die ich in Frankfurt kenne, solche Liebe zum Multikulturellen auf wenig Gegenliebe stößt; sie und die anderen türkischen Immigranten, die am Laizismus der modernen Türkei festhalten, kommen in der

Welt von Moschee, Basar und türkischem Bad nicht vor. Wer weiß außerdem, ob die gläubigen Muslime, wenn ihnen schon ein Gefallen getan werden soll, ihre improvisierten Hinterhofmoscheen tatsächlich mit einem Prachtbau im Stadtzentrum vertauschen wollen? In der Gedankenwelt des zitierten Redners lebt etwas von der Angewohnheit der früheren studentischen Kaderparteien fort, die Arbeiter mit einem Segen beglücken zu wollen, nach dessen Bedarf diese nie gefragt worden sind.

Drei Jahre nach dieser Rede, im März 1989, fanden in Frankfurt Kommunalwahlen statt; den Grünen gelang es, in Verhandlungen mit der SPD die Einrichtung eines in der Bundesrepublik einmaligen städtischen »Amts für multikulturelle Angelegenheiten« mit Daniel Cohn-Bendit als Dezernent durchzusetzen. Der Wahlsieg der rot-grünen Koalition fiel mit erheblichen Stimmengewinnen für die rechtsextreme NPD zusammen und damit, zum ersten Mal seit zwanzig Jahren, mit dem Einzug rechtsextremer Stadtverordneter ins Parlament. Das neue Amt hatte sich statt mit Moscheenbau zunächst mit den xenophoben Tendenzen der einheimischen Bevölkerung zu beschäftigen. Als städtische PR-Agentur in Sachen Werbung für Toleranz hat es dank den kommunikativen Talenten des Dezernenten Cohn-Bendit seither zweifellos viel Nützliches geleistet; auf sein Betreiben wurde zum Beispiel aus Anlaß des Antirassismustages der Vereinten Nationen am 21. März 1991 eine »Frankfurter Erklärung zu Rassismus und Antisemitismus« veröffentlicht und als Plakat auf alle Litfaßsäulen geklebt. Der Bedeutung dieser gewiß begrüßenswerten symbolischen Aktion tut es keinen Abbruch, wenn der Text dieser »Frankfurter Erklärung« einmal kritisch unter die Lupe genommen wird.

»Der Ausländeranteil in Frankfurt ist der höchste in der Bundesrepublik«, heißt es dort: eine statistisch korrekte Aussage, auch wenn die konkreten Zahlenangaben mitunter etwas schwanken. 28 % Ausländer, das klingt beeindruckend, so als sei die Zahl der in der Stadt lebenden Ausländer ein weiterer

Pluspunkt in der Leistungsbilanz dieser Stadt. Was aber steckt hinter der Zahl? »Ausländer« ist zunächst eine abstrakte, zu Verwaltungszwecken vielleicht brauchbare, sonst aber nichtssagende Kategorie: sie faßt lediglich alle Bewohner der Stadt ohne deutschen Paß zusammen. Damit die Kategorie »Ausländer« nicht leer bleibt, füllt sie der Text mit näheren Bestimmungen: um »Kulturen« handelt es sich, von deren »friedlichem Zusammenleben« die Stadt geprägt sei. Was für Kulturen können das sein? Orientalische vor allem, sollte man denken, wenn der Frankfurter Diskurs von Basar, Moschee und türkischem Bad erzählt. Schaut man sich die Zusammensetzung der nichtdeutschen Bevölkerung in Frankfurt aus der Nähe an, dann stellt sich rasch heraus, daß in ihr die Türken zwar die zahlenmäßig stärkste Gruppe bilden, daß sie in dieser Bevölkerung aber keineswegs dominieren, so wenig wie Nordafrikaner oder Iraner. Die Masse der Ausländer setzt sich aus Angehörigen einer Vielzahl von Nationen zusammen, die sich aus ganz unterschiedlichen Gründen in der Stadt aufhalten. Knapp dreißigtausend Türken stehen beispielsweise sechstausend Franzosen gegenüber, die großenteils im Bank- und Handelsgewerbe des Finanzzentrums Frankfurt beschäftigt sind. Hinzu kommen Tausende von Briten, Amerikanern, Japanern usw., die von ihren jeweiligen Firmen und Banken nach Frankfurt geschickt wurden. Gibt es deshalb französische, britische, vielleicht auch noch schottische und walisische, amerikanische, japanische Kulturen? Bilden Schweden, Kanadier, Niederländer, Schweizer jeweils eine »Kultur«? Die Kategorie Ausländer unterscheidet nicht zwischen dem Manager aus Taiwan, dem Universitätsprofessor aus Toronto und dem Postfahrer aus Marokko, sie eliminiert nicht nur die gewaltigen sozialen Differenzen innerhalb der ausländischen Bevölkerung, sondern verwischt auch die fundamentale Unterscheidung zwischen Geschäftsaufenthalt und Immigration. Die Immigranten aus der Türkei, aus dem Maghreb und aus Südeuropa, jene Gruppe, auf die sich die schöne Rede vom »friedlichen Zusammenleben der Kulturen« bezieht, beherrschen weder auf dem Papier der Statistik noch auf den Straßen der Innenstadt das Bild. Es ist allein dem Fetischismus der Prozentzahl zu verdanken, daß Frankfurt am Main mit dem Volumen seiner ausländischen Population nach außen hin Eindruck schinden kann.

Der Vergleich mit der Situation in der mir ein wenig bekannten Stadt Marseille mag die grotesken Aspekte der multikulturellen Rechenkünste in Frankfurt unterstreichen. Laut Statistik leben in Marseille prozentual nicht einmal halb so viel Ausländer wie in Frankfurt: hunderttausend auf eine Million Einwohner. Wer mit dem Zug auf dem Bahnhof Saint-Charles ankommt und sich dann durch die Marseiller Innenstadt zum Alten Hafen bewegt, kann jedoch das Gefühl haben, bereits am anderen Ufer des Mittelmeers angekommen zu sein: siebenhundert Ladengeschäfte und dazu zahllose Straßenstände in nordafrikanischem Besitz bilden einen einzigen großen Basar, in den engen Gassen der Altstadt lassen sich je nach Tageszeit gläubige Muslime zum Gebet nieder. Ein Viertel nicht weit vom Alten Hafen ist von Schwarzen aus den Komoren in Besitz genommen. Warum schlägt sich diese Sichtbarkeit der Immigration nicht in der Bevölkerungsstatistik nieder? Ganz einfach deshalb nicht, weil viele der Marseiller Bewohner, die in Deutschland als Ausländer geführt würden, französische Staatsbürger sind. Die Schwarzen aus den Überseebesitzungen Martinique, Guadeloupe oder den Komoren waren schon immer Franzosen; Kinder nordafrikanischer Immigranten sind, da in Frankreich zur Welt gekommen, aufgrund des dort geltenden ius soli von Geburt an französische Staatsbürger, ebenso wie die Nachkommen armenischer, spanischer, italienischer Einwanderer. So kann es geschehen, daß eine überwiegend von französischen Staatsbürgern bewohnte Stadt unendlich kosmopolitischer, bunter und, wenn es schon sein muß, »multikultureller« wirkt als die kontinentale Bankenstadt Frankfurt mit ihrem rührigen Amt für multikulturelle Angelegenheiten. Der hohe statistische Ausländeranteil in Frankfurt verdankt sich ironischerweise eben dem Umstand, daß die Bundesrepublik in ihrem auf dem ius sanguinis beruhenden Staatsbürgerrecht dem

Standard vergleichbarer westeuropäischer Länder wie Frankreich weit hinterherhinkt; unter französischen Bedingungen wären viele der Bewohner Frankfurts, etwa die Türken der zweiten Generation, die als Ausländer geführt werden, längst zu Einheimischen geworden und tauchten in der Statistik gar nichtmehr auf. Richtig zurückgerechnet, verrät das Frankfurter Zahlenwerk etwas ganz anderes als das, wofür es nach der Absicht seiner stolzen Verkünder stehen soll: kein Indiz für das einmalig weltoffene und liberale Klima der Stadt am Main, sondern Resultat des Unwillens des bundesdeutschen Gesetzgebers, der Realität der Immigration durch Änderung des Staatsbürgerrechts Rechnung zu tragen; je mehr rückwärtsgewandte Sturheit in Bonn, desto mehr ausländerfreundliche Liberalität kann Frankfurt auf seine Fahnen schreiben; daß viele der stolz vorgezeigten Ausländer nur deshalb vorgezeigt werden können, weil sie in Bonn dazu gemacht werden, wird freilich nicht dazugesagt. Das soziale Klima in Frankfurt empfinde ich in der Tat als vergleichsweise angenehm, deshalb lebe ich ganz gern in dieser Stadt; ich würde mich allerdings um einiges wohler fühlen, wenn es mir nicht ständig als etwas aufgeredet würde, was es nicht ist und wovon es nicht zeugt.

»Mittlerweile pfeifen es alle Spatzen von den Dächern: Die multikulturelle Stadt ist längst eine Realität«, verkündete Dezernent Cohn-Bendit im März 1990 in seinem inzwischen dahingeschiedenen *Metropolenmagazin*.[3] Spatzen können so etwas pfeifen, sie sind bekanntlich keine Zugvögel, kommen nicht über die Landesgrenzen hinaus und nicht einmal im eigenen Land viel herum; sonst hätten sie den Frankfurter Freunden des Multikulturalismus einmal erzählen müssen, daß es beispielsweise im multikulturell unbeamteten Hamburg von ausgezeichneten türkischen Restaurants nur so wimmelt, während man im multikulturellen Frankfurt als durchschnittlicher Stadtbenutzer allenfalls auf ein paar Döner-Buden stößt. Frankfurter Spatzen sind eben anspruchslos, der eine oder andere Brosamen exotischer Herkunft genügt ihnen schon; umso weiter allerdings reißen sie den Schnabel auf und protzen mit ihrer kosmopolitischen Ernährung. »Aber sie lassen sich nicht mehr aus Frankfurt wegphantasieren, die hier lebenden Migranten. Sie gestalten und prägen den öffentlichen Raum ...«, heißt es weiter in diesem Text, der offensichtlich im Kopfstand verfaßt wurde: er sieht die Lage verkehrt herum, denn nicht die Migranten, die wegphantasiert werden, sind in Frankfurt das Problem, sondern jene, die hinzuphantasiert werden und in der Phantasie den öffentlichen Raum »prägen und gestalten« dürfen.

Ein solcher Satz ist nun wirklich ein Witz in einer Stadt, in die jeden Tag zweihunderttausend gut hessische Pendler aus dem Umland einfallen und in deren Einkaufsstraßen die Mundart oberhessischer Einkaufstouristen weit eher den Ton angibt als maghrebinisches Basargezwitscher. Ich meinerseits bin ja schon froh, wenn aus den Fenstern des von türkischen Jugendlichen frequentierten Heims neben meiner Wohnung ab und zu ein paar Klänge türkischer Popmusik dringen und dem Heino aus dem Nachbarhaus dazwischenfahren; das von der katholischen Kirche betriebene Heim hat übrigens schon lange vor der Einrichtung des multikulturellen Amtes existiert und türkische Jugendliche angezogen. Die Schwimmstunden für muslimische Frauen, die nach 1989 auf Betreiben des Amtes im ein paar hundert Meter entfernten Stadtbad-Mitte eingerichtet wurden, bleiben hingegen ungenutzt. Das gehört auch zu den Eigenheiten des Frankfurter »Diskurses«: er wird nicht müde, sich über die pädagogisch besorgte und sozialarbeiterisch milde Behandlung der Immigrantenpräsenz lustig zu machen, wenn er jedoch selbst in Maßnahmen umgesetzt wird, zeichnen diese sich erst recht durch sozialpädagogische Wirklichkeitsferne aus. Doch besser ein paar ungenutzte muslimische Schwimmstunden als eine leerstehende, vielleicht von Hollein gebaute Prachtsmoschee.

Es fällt auf, daß sich die multikulturellen Phantasmagorien im Jahr 1990, dem Jahr der unerwarteten deutschen Vereinigung, besonders heftig regen und von Frankfurt aus über die ganze Bundesrepublik verstreut werden. Der Frankfurter Metropolendiskurs erfreute sich im aus der Ruhe geschreckten

Weststaat auf einmal deshalb so großer Beliebtheit, scheint mir, weil er es gestattete, mit seiner Hilfe ebenfalls »für unser Land« zu sagen, dabei aber ganz weltmännisch und transnational aufzutreten. Die »offene multikulturelle Gesellschaft«, deren reale Existenz Cohn-Bendit in seinem Artikel feststellte, hätte theoretisch wie keine andere darauf eingerichtet sein müssen, mit der Ankunft der anders geprägten Ostdeutschen im gemeinsamen Staat fertigzuwerden; so sicher war sie sich ihrer Sache offenbar aber nicht. Zunächst kleidet sich die Sorge um den Erhalt des status quo im Westen in die Sprache lokaler Bedenken; im Vereinigungsjahr schien für einen Augenblick das Rad der Nachkriegsgeschichte bis in die Zeit vor Adenauer zurücklaufen zu können, als Frankfurt am Main vorübergehend zur Hauptstadt des Weststaats ausersehen war. Die Felle schwammen dann aber rasch Richtung Berlin davon: »Fällt die menschliche Metropole ins zweite Glied zurück?« fragte besorgt die Überschrift eines langen Artikels, den Cohn-Bendit zusammen mit zwei anderen zur Frankfurt-Religion bekehrten Veteranen des Linksradikalismus verfaßt hatte.[4] Die Phrase von der »menschlichen Metropole« und der Rückgriff auf die Militärsprache, die ins »zweite Glied« zurückbefiehlt, in einem einzigen Satz: wunderbare Kostprobe des Frankfurter Metropolendiskurses, der nicht nur mit der sozialen Realität, sondern auch mit den Sprachebenen Probleme hat. »Sollten die anderen am Altar der Nation das Weihrauchfaß schwingen, Frankfurt lüftet sich derweil an der frischen Luft den Kopf für die praktischen Aufgaben der Zukunft«, versichern die Verfasser zuversichtlich und geben in ihrem Artikel zu erkennen, daß die frische Luft, an der Frankfurt sich den Kopf lüftet, eine vom dicken Smog der Phrasen gewürzte Luft ist. Die Maschine, die laufend Partikel wie »Kultur der zivilen Gesellschaft«, »aufgeklärte Stadt«, »Bürgerstadt für ein föderalistisches Europa der Zukunft« und natürlich immer wieder die »multikulturelle Gesellschaft« ausspuckt, wurde im Unterschied zu den Benzinmotoren nicht mit abgasreinigendem Katalysator ausgerüstet. Im Vereinigungsjahr 1990 war die »multikulturelle Gesellschaft«

in der Wirklichkeit zwar immer noch nicht zu sehen, aber ihre verbale Beschwörung erhielt eine ganz neue Funktion.

Nun hatten sie einen bundesdeutschen Paß, die Ostdeutschen, zahlten in D-Mark, unterhielten Konten bei der Deutschen Bank, fuhren Golf, Honda und Renault, wählten bei freien Wahlen CDU – worin unterschieden sie sich dann überhaupt noch von den Westdeutschen? Eines hatten sie mit Sicherheit nicht, die multikulturelle Gesellschaft: nachdem mit der SED die internationale Völkerfreundschaft abhanden gekommen war, blieb nur noch das Deutsche zurück; die von der DDR-Regierung per Kontingent ins Land geholten Vietnamesen, Kubaner, Moçambiquaner waren ohnehin nie aus ihren Sammelunterkünften herausgelassen worden, hatten weder Läden mit Elfenbeinschnitzereien noch Restaurants mit kreolischen Speisekarten eröffnen können. »Liebe Ausländer, laßt uns nicht mit den Deutschen allein!« war damals auf Flugblättern und an westdeutschen Häuserwänden zu lesen; den lieben Ausländern wurde ein Zufluchtsort angeboten, in dem sie sich zusammen mit den lieben Deutschen verschanzen konnten, genannt multikulturelle Gesellschaft; ihre Offenheit hatte freilich zurückzustehen, denn um als Bastion dienen zu können, mußte sich diese Gesellschaft bewehren, in erster Linie gegen Osten hin. »Verostung« wurde die Gefahr genannt, die aus dieser Himmelsrichtung drohte: befürchtet wurde der von keiner Mauer mehr aufgehaltene Ansturm multikulturell unterentwickelter Barbaren, die auf östlich grobe Weise die zarten Pflänzchen verfeinerter westdeutscher Metropolenkultur zertreten könnten. Die von dem damals rot-grünen, multikulturell durchaus aufgeschlossenen Senat verfügte Schließung des »Polenmarkts« am Potsdamer Platz in Berlin im Sommer 1989 war bereits ein böses Omen gewesen, das die Streichung der Himmelsrichtung Osten aus der willkommen geheißenen Vielfalt ankündigte. Als dann knapp ein Jahr nach der Staatsvereinigung die Bewohner des sächsischen Hoyerswerda in abscheulicher Weise der gewalttätigen Vertreibung von Asylbewerbern aus ihrer Stadt applaudierten, schienen sich die schlimmsten

Befürchtungen zu bestätigen: macht die Tore zu, die Hunnen sind im Anmarsch, hieß im Westen die Parole.

Vor allem die Frankfurter Metropolenkultur geriet damals in helle Aufregung. Ulrich Hausmann, einer ihrer hervorragenden Vertreter, erklärte in einem »Das erste Pogrom« überschriebenen Artikel: »Es besteht ein offenkundiger Abgrund, was die demokratische Situation angeht, zwischen der alten Bundesrepublik und der Situation im Osten. Dieser Bruch läßt sich auch nicht durch das dümmliche Gerede wegwischen, im Westen herrsche doch dieselbe strukturelle Ausländerfeindlichkeit wie im Osten.« Als vorbildliches Kontrastprogramm gegenüber Hoyerswerda wurde ein weiteres Mal Frankfurt mit seinem friedlichen Zusammenleben von deutscher Majorität und ausländischer Minorität zitiert – wobei routinemäßig unterschlagen wurde, daß der Prototyp des Frankfurter Ausländers nicht der Asylbewerber aus Afghanistan ist (den bekommen höchstens die Bewohner der umliegenden Dörfer und Kleinstädte zu Gesicht, in denen sich die Transitlager und Dauerunterkünfte für Asylbewerber befinden), sondern der Großhandelskaufmann aus dem Libanon. »Jawohl, es gilt den ›Ossis‹ klarzumachen, daß wir im Westen sie als *Volks*genossen nicht wollen«, schrieb Hausmann weiter und schlug schließlich vor, unangenehm auffallende Ostkommunen wie Hoyerswerda durch Kürzung von Subventionen abzustrafen. »Wenn denn Sachsen reinrassig deutsch sein will – was immer das heißen mag –, dann sollten wir ihm doch einfach den Namen Deutschland verkaufen, seine Abtrennung von der *durchrassten* Rest-BRD organisieren und uns schlicht als Bundesrepublik den Aufgaben des zusammenwachsenden Europa zuwenden.«[5] Zurück in die Startlöcher und hinter die Mauer, Ossis, wenn ihr nicht brav seid! Mercedes zurückgeben und wieder Trabi fahren!

Die Heftigkeit der Identifikation mit »uns, der Bundesrepublik« erklärt sich bei diesem Autor, einem weiteren ehemaligen studentischen Parteikader, ähnlich wie bei anderen seiner Frankfurter Mitstreiter, aus dem relativ frischen Datum der Konversion zu der demokratischen Konzeption der Bundesrepublik. Konvertiten zeichen sich in der Regel dadurch aus, daß sie aus der alten Lehre die Maßlosigkeit mitbringen, mit der diese ihre Widersacher bekämpfte, daß sie jedoch der neuen Lehre gegenüber eine außerordentliche Nachsicht an den Tag legen. Nach der Ermordung dreier Türkinnen im schleswig-holsteinischen Mölln wurde kein Vorschlag bekannt, die entsprechende Region zur Strafe aus der Bundesrepublik auszugliedern und eventuell an Dänemark zu verkaufen. Erziehungsdiktatorische Gelüste aus der kommunistischen Kaderzeit werden allerdings wachgekitzelt, wenn es Richtung Osten geht: dagegen ist niemand auf die Idee gekommen, die Stadt mit einer Strafsteuer zu belegen, weil das liberale Frankfurt zugelassen hat, daß sich die rechtsradikalen Wählerstimmen innerhalb von vier Jahren beinahe verdoppelten. Am Ende werden vielleicht auch sie von Multikulturalisten zu den belebenden Farben gezählt, die den Reichtum der metropolitanen Palette ausmachen.

Am Frankfurter »Metropolendiskurs« habe ich mich nicht seiner burlesken Aspekte wegen aufgehalten. Auf der einen Seite ist er nur zum Lachen; auf der anderen aber muß er zur Kenntnis genommen werden: nicht nur als Symptom für die gestörte Wahrnehmung realer Probleme der gegenwärtigen bundesdeutschen Gesellschaft, sondern auch als weithin bewußtseinsprägender ideologischer Apparat. Frankfurter Metropolen- und Multikulturgerede wird, seiner Griffigkeit wegen, von den Medien gern aufgenommen und als gültige Wirklichkeitsdeutung über die Republik verbreitet. Über Heiner Geißlers *Spielregeln für die Vielvölkerrepublik* – gedanklich eine Kreation des Frankfurter Diskursproduzenten Claus Leggewie – hat es sogar Eingang in die politische Debatte der großen Parteien gefunden: bemerkenswerte Erfolgsgeschichte einer intellektuellen Mißbildung.

Was ist das Unbrauchbare, um nicht zu sagen Schadenstiftende an dieser Sprache? Als das Adjektiv »multikulturell« in den frühen achtziger Jahren in Umlauf kam, schenkte ich ihm keine große Beachtung, sah darin allenfalls den Ausdruck freundlicher Anerkennung der Tatsache, daß die Bundesrepublik seit den fünfziger Jahren durch die Anwesenheit vieler Ausländer ihr Gesicht erheblich verändert hatte. »Multikultur« war ebenso positiv konnotiert wie die »Polykultur« in der alternativen Landwirtschaft: die Ökologie hatte ja herausgefunden, daß flächendeckende Monokulturen nur den Boden auslaugen und die Anfälligkeit für Schädlinge erhöhen, während die polykulturelle Wirtschaftsweise nicht nur ökologisch gesünder ist, sondern auch auf die Dauer die Erträge erhöht. Hatte es den Bundesdeutschen nicht gutgetan, daß sie erst durch die Präsenz der alliierten Besatzungsmächte und dann durch die Ankunft zahlloser Arbeitsimmigranten in der Pflege ihrer nationalen Monokultur gestört worden waren? Beim türkischen Schneider die Hose ausbessern lassen, beim kurdischen Gemüsehändler Auberginen kaufen, mit dem pakistanischen Zeitungshändler ein Schwätzchen halten, sich vom Taxifahrer aus Aleppo chauffieren lassen, bei Griechen oder Marokkanern zu Abend essen – all das verändert den Charakter des Alltagslebens, bringt Abwechslung und Anregung hinein. Warum eine solche Atmosphäre nicht »multikulturell« nennen? Vor zehn Jahren hätte ich nichts dagegen gehabt, heute aber zucke ich davor zurück, weil die Inflation des »Multikulturellen« in der Bundesrepublik zu nichts anderem geführt hat als zur flächendeckenden Verschleierung der gesellschaftlichen Bedeutung, die die Transformation der Bundesrepublik in ein De-facto-Immigrationsland angenommen hat.

Die Rede von der »multikulturellen Gesellschaft« macht alle Anstalten, das Arsenal der kollektiven Lebenslügen zu bereichern, die auf dem Territorium der alten Bundesrepublik seit der Vereinigung ins deutsche Kraut schießen. Sie dient nämlich dazu, die Anerkennung der Realität der Immigration gerade zu vermeiden, mit der sie lautstark hausieren geht. Sie versieht den auf Dauer unhaltbaren status quo, der auf der ökonomischen Nutznießung der Immigration bei gleichzeitiger Verweigerung ihrer politischen Anerkennung beruht, mit einem kulturellen Heiligenschein: warum eine Einwanderungspolitik, wenn das Paradies der »multikulturellen Demokratie« schon in Sichtweite ist, wie Cohn-Bendits und Schmids Buch *Heimat Babylon*[6] frohgemut bekanntgibt? Sie deckt schließlich den traurigen Tatbestand zu, daß auf dem Gebiet der Kultur im engeren Sinn nichts, aber auch gar nichts auf die kulturelle Präsenz von Immigranten eingerichtet ist. Während das Nachbarland Frankreich sich längst daran gewöhnt hat, daß seine Sprache von Menschen gesprochen und geschrieben wird, die mit einer anderen Sprache aufgewachsen waren, und daß Intellektuelle fremder Herkunft sich in die öffentliche Debatte einmischen, herrscht in der Bundesrepublik in dieser Hinsicht vollendete Begriffsstutzigkeit. Das theoretische Preisen der Multikultur kann hier mit der größten nationalen Borniertheit Hand in Hand gehen, und niemand stört sich daran.

Schriftsteller fremder Herkunft, die ihre Bücher auf deutsch schreiben, werden vom einheimischen Kulturbetrieb, falls er überhaupt einmal Notiz von ihrer Existenz nimmt, angestaunt wie exotische Fabelwesen. Im Bewußtsein der kulturellen Meinungsmacher sind sie ganz einfach nicht vorhanden. Selbst Hans Magnus Enzensberger, der mit seinen vielfältigen Sprach- und Landeskenntnissen sich vom Durchschnitt bundesdeutscher Monokultur angenehm abhebt, sich in den Medien außerdem einen erstklassigen Ruf als Deuter der eigenen Gesellschaft erworben hat, kennt die Situation *in* diesem Land so schlecht, daß ihm das Vorhandensein einer ganzen Reihe deutschsprachiger Autoren nichtdeutscher Abstammung schlicht entgangen ist: nur ein einziges Exemplar dieser Spezies sei ihm bisher unter die Augen gekommen, erklärte er, und zwar handelt es sich um seinen aus Chile stammenden Freund Gaston Salvatore.[7] Der deutschschreibende, aus Syrien stammende Erzähler Rafik Schami nennt diese Auskunft grob, aber aus verständlicher Empörung heraus, »einen kulturellen Brandanschlag gegen die Ausländer«. Jahrzehnte nach Beginn der Arbeitsimmigration sind aus den Reihen der Immigranten und ihrer Kinder zahlreiche Schriftsteller und kritische Intellektuelle hervorgegangen, die sich, da mittlerweile in der Bundesrepublik zuhause, sich selbstverständlich der deutschen Sprache bedienen. Ein Teil des Lesepublikums findet das offenbar ganz normal und hat dem Erzähler Rafik Schami inzwischen zu einer bemerkenswerten Popularität verholfen; für die Feuilletonredaktionen der großen Zeitungen ist der Gedanke dagegen ganz und gar ungewohnt. Nachdem Schami einen Text eingesandt hatte, der dann abgelehnt wurde, wurde dem Autor, wie er berichtet, zum Trost bescheinigt, daß er »für einen Ausländer erstaunlich gut deutsch schreibe«. Ähnlich blauäugige Auskünfte erhalten in der Bundesrepublik häufig auch Juden, die sich in einwandfreiem Deutsch öffentlich äußern, gleichgültig, was für einen Paß sie in der Tasche haben. Das alles deutet darauf hin, daß dieses Land mitsamt seiner von den Multikulturalisten in den Himmel gehobenen »zivilen Gesellschaft« mental auf das Zusammenleben mit über *diese* Gesellschaft nachdenkenden und in ihrer Sprache schreibenden Ausländern überhaupt nicht eingestellt ist.

»Mit deutschen Schriftstellern habe ich fast keinen Kontakt«, sagt Rafik Schami. »Weil sie den Kontakt nicht suchen. Ich entspreche nicht ihrem Klischeebild des Ausländers. Wenn der Ausländer leidet und um Hilfe bittet, sind alle großzügig. Aber mit politisch bewußten Kollegen aus der Dritten Welt haben viele Schriftsteller Probleme.«[8] Und wenn schon die Schriftsteller Probleme haben, was ist dann von der Gesellschaft insgesamt an Sensibilität für das Zusammenleben mit Menschen zu erwarten, die aus dem Stereotyp vom braven »Gastarbeiter« ausbrechen, das Fremde mit dem Vertrauten zu vereinen wagen? Zwar unterschreibt man bereitwillig Petitionen für die Zulassung der doppelten Staatsbürgerschaft von Immigranten, aber mit der Anerkennung einer kulturellen Uneindeutigkeit ist es im Land der »bornierten Selbständigkeit«, wie Brecht einmal gesagt hat, nicht weit her. »Die Geburt von deutschen Bürgern türkischer, islamischer Herkunft stellt auch die Deutschen vor eine Bewährungsprobe«, schreibt der Lyriker und Essayist Zafer Senocak. »Für manch einen scheint die Integrationsfähigkeit des deutschen Volkes noch vor der Integration erschöpft zu sein. Die Türken werden zu ewig Fremden stigmatisiert.«[9]

Im Dezember 1992 gehörte der in München aufgewachsene und in Berlin lebende Senocak zu den Diskutanten eines in Frankfurt veranstalteten Symposions über »Formen der Integration und der Ausgrenzung in Einwanderungsländern«; als Moderator für französische Referenten nahm ich an der Veranstaltung teil. Selbstverständlich waren auch die lokalen Matadore des »Metropolendiskurses« als Redner anwesend und erfreuten das wohlgesonnene Publikum mit ihren bekannten multikulturellen Phantasmen. Die Stimmung war zu diesem Zeitpunkt ganz auf Fremdenfreundlichkeit eingestellt; zur gleichen Zeit wie das Symposion »Fremd ist der Fremde nur in der Fremde« stand ein dem Kampf gegen den Rassismus gewidmetes Gratiskonzert deutscher Rockgruppen auf dem Programm, das zahllose, vor allem jugendliche Zuhörer zum Frankfurter Messegelände strömen ließ; Frankfurt schien an diesem Tag ganz gerührt zu sein über seinen eigenen xenophilen Geist. Bei der abschließenden, für den Rundfunk aufgezeichneten Podiumsdiskussion stellte sich heraus, daß man zu viele Teilnehmer vorgesehen hatte; ohne weiteres Nachdenken wurden als erste die beiden Immigranten-Intellektuellen, Zafer Senocak und der Iraner Bahman Nirumand, zu überzähligen Teilnehmern erklärt und aufgefordert, im Saal Platz zu nehmen; ins Bewußtsein des Moderators war ihre Anwesenheit offensichtlich erst gar nicht eingedrungen, so daß ihr Ausschluß von dem mit Prominenz besetzten Podium fast automatisch vonstatten gehen konnte. Der Schriftsteller Senocak war empört, konnte aber kaum überrascht gewesen sein, denn er hatte zuvor schon geschrieben: »Der Begriff ›Multikulturelle Gesellschaft‹ gehört in der öffentlichen Diskussion mehr noch als der Begriff ›Waldsterben‹ in jenen Begriffsapparat, in dessen Kontext das Verstehen mit Verdrängen einhergeht.«[10]

Am Waldsterben ist immerhin so viel real, als sich an der Entwicklung der Baumerkrankungen empirisch messen läßt; hinter der »multikulturellen Gesellschaft« steckt in der Bundesrepublik nichts als eine kollektive Selbsttäuschung. Vielleicht hängt gerade damit die wachsende Beliebtheit des Wortgebrauchs zusammen; selbst Politikern geht der Ausdruck schon ganz flott von der Zunge, und auch die Industrie hat jüngst den Appeal des Multikulturellen entdeckt. Sie meint damit aber weder exotische Speisen noch christlich-islamische Koexistenz, sondern spricht unter einem angenehm klingenden Namen den ökonomischen Faktor Immigration an: als »multikulturelle Gesellschaft« wird ein System gefördert, das es erlaubt, je nach Arbeitsmarktlage auf ein Reservoir von abrufbaren Arbeitskräften zurückzugreifen, und das eventuell fehlende Beitragszahler für die Sozialversicherung heranschaffen kann. In den Anzeigenserien, die von Großunternehmen nach der Welle von Gewalttaten gegen Asylbewerber Ende 1992 geschaltet wurden, war von dem erheblichen Beitrag zum Wohlstand der Bundesrepublik die Rede, den die Arbeitsimmigranten durch ihre Arbeitsproduktivität, als Steuer- und Beitragszahler geleistet hatten; das ist natürlich richtig, aber das Argument der Bereicherung durch die Immigration ist ein zweischneidiges Argument, weil es die Toleranz gegenüber Ausländern, zu der die Anzeigen aufriefen, an den Gesichtspunkt des Ertrags bindet, den sie der Volkswirtschaft erbringen. Was aber soll mit den Fremden geschehen, deren Präsenz, wie bei den Flüchtlingen und Asylbewerbern, aus der Kosten-Nutzen-Rechnung herausfällt?

Das Argument der Bereicherung durch die Immigration war vorher schon von den Multikulturalisten verbreitet worden. »Wenn wir den Anzeichen von Fremdenfeindlichkeit und Rassismus entgegentreten«, heißt es in der oben genannten Frankfurter Erklärung, »dann auch, weil wir den kulturellen und gesellschaftlichen Reichtum schätzen, den wir der Koexistenz verschiedener Kulturen, Nationalitäten und Lebensstile verdanken.« Die Bereicherung hat sich zwar vom Ökonomischen aufs Kulturelle verlagert, aber die Ambivalenz des Bereicherungsarguments nimmt dadurch nur noch zu. Denn es hängt ganz vom Platz auf der sozialen Stufenleiter ab, wie jemand das Zusammenleben mit verschiedenen »Kulturen, Nationalitäten und Lebensstilen« erlebt: als willkommene Erweiterung des national beschränkten Gesichtskreises oder als notwendiges Übel, von dem man subjektiv nichts hat, weil man in der eigenen Lebenssituation mit anderen Sprachen, Denktraditionen und Küchenzetteln nichts anfangen kann. Das Bereicherungsargument ist ein Argument des gehobenen Mittelstandes, das sich jedoch gegen die gute antirassistische Absicht kehrt, sobald es verallgemeinert werden soll; im übrigen kann es nicht einmal dieser kultivierte Mittelstand selbst mit Überzeugungskraft vertreten, wie die Erfahrungen des Schriftstellers Schami mit Kollegen und Redakteuren zeigen: die Bereitschaft, sich aus dem monokulturellen deutschen Trott reißen zu lassen, ist auch dort nicht überwältigend groß. Der Schuß geht ganz und gar nach hinten los, wenn das Zusammenleben mit Fremden unterschiedlicher Herkunft als eine Art therapeutischer Behandlung angepriesen wird, die zur Befreiung von gewissen nationalen Neurosen beiträgt, also die soziale Bereicherung durch die Bereicherung der Seele ergänzt. »Die darin enthaltene Sichtweise der (befürworteten) multikulturellen Gesellschaft ließe sich ungefähr so paraphrasieren«, bemerkt der Psychoanalytiker Peter Schneider: »Die Anwesenheit der Fremden unter uns ist eine Art (kostenlose) Psychoanalyse, die uns die Möglichkeit zur eigenen Bewußtwerdung und Bewußtseinserweiterung gibt.« Gewiß hat es noch niemandem geschadet, durch Aufenthalte im Ausland oder durch den kontinuierlichen Umgang mit inländischen Ausländern sich den Geist durchschütteln zu lassen; der Effekt solcher Kuren hängt jedoch damit zusammen, daß sie aus freien Stücken begonnen wurden. Davon kann bei der in Aussicht gestellten multikulturellen Kur jedoch keine Rede sein, denn den Immigranten, denen nun die Aufgabe übertragen ist, nicht nur die Löcher in den Sozialkassen zu stopfen, sondern auch als Ersatz für die aus der Mode gekommenen bewußtseinserweiternden Drogen für die Einheimischen herzuhalten, kann niemand aus dem Weg gehen. In die Sprache des Psychoanalytikers Schneider übertragen, nimmt das Konzept multikulturelle Gesellschaft als Kur dann diese fatale Bedeutung an: »Die Fremden sind eine kollektive Therapie, die uns ungefragt in Form einer unlegitimierten Zwangsbehandlung verschrieben worden ist.«[11] Ausgerechnet mit der Aussicht auf Zwangstherapierung der Bevölkerung ebendieser Bevölkerung Fremdenhaß und Rassismus ausreden wollen, wie es die »Frankfurter Erklärung« vorhat, zeugt für mich schon von einer bemerkenswerten Konfusion.

Das Projekt »multikulturelle Gesellschaft« scheint mir noch aus einem weiteren Grund als Waffe im Kampf gegen den in Deutschland grassierenden Fremdenhaß völlig unbrauchbar zu sein. Es hat nämlich der intellektuellen Rationalisierung des Hasses und der Ausgrenzung konzeptuell nichts entgegenzusetzen, weil es selbst deren Grundannahmen teilt. »Kulturen«, »Differenzen« und »Identitäten« sind die begrifflichen Säulen, auf denen sowohl der »multikulturelle Diskurs« als auch die Argumentation der neo-rassistischen Neuen Rechten ruhen. Innen sind diese Säulen allerdings hohl, was den Ideologen der Neuen Rechten erlaubt hat, sie einfach über ihre alten Leidenschaften zu stülpen und dann ganz unschuldig dreinschauend danebenzustehen. In den siebziger Jahren war noch einmal, in Frankreich und den USA vor allem, versucht worden, den biologistischen Rassismus der Vergangenheit durch das Herumfuchteln mit Tabellen voller Intelligenzquotienten und mit dem Hinweis auf die genetischen Determinanten der Ungleichheit wiederzubeleben, aber das hat nicht geklappt; das wissenschaftsgläubige Publikum ließ sich durchaus von den Gegenargumenten der Genetiker beeindrucken, die demonstrieren konnten, daß es keine für irgendeine Rasse typische, invariante und irgendeine Inferiorität oder Superiorität bedingende Genomstruktur gibt. Rassengenetik und Soziobiologie wurden also fallengelassen, nicht aber die Anstrengungen, für die Zwangsvorstellung von der drohenden Dekadenz durch Vermischung neue Adepten zu gewinnen. Das sauberzuhaltende Gelände trägt seither den Namen »Kultur«. Die Umbenennung brachte außerordentliche Vorteile mit sich: die Betonung der

Kultur schafft Distanz zu den verdächtigen Sümpfen, in denen die Gene krabbeln und die Intelligenz der Schwarzen annagen, denn sie läßt das Ererbte zugunsten des Erworbenen in den Hintergrund treten. Weil die Definitionsgrenzen von Kultur fließend sind, somit alles darunter verstanden werden kann, was zwischen Opéra de Paris und den Begräbnissitten in einem Hochtal der Alpen die Gemüter angenehm berührt, läßt sich hinter der Parole »Kultur« eine Vielzahl ganz unterschiedlicher Neigungen versammeln; seit Kulturen, vergleichbar den in ihrer Artenvielfalt gefährdeten Tier- und Pflanzenpopulationen, als fragile Spezies gelten, die, in Europa vor allem, von plattwalzender (amerikanischer) Modernisierung bedroht sind, ziehen sie gleichsam reflexhaft Schutz- und Konservierungstriebe an. Kultur und Kulturen sind rundherum etwas Gutes. So fällt nicht weiter auf, daß die Rede von den Kulturen, deren »Identitäten« es zu erhalten gilt, strukturell der reaktionären Rede von den unaufhebbaren ethnischen Identitäten aufs Haar gleicht. Schließlich ist der Plural »Kulturen« nur ein akzeptabler anderer Name für die anrüchig gewordenen nackten ethnischen Zuschreibungen. Die Verbindung mit dem Begriff »Identität« treibt der Kultur eben den Charakter des Veränderbaren und Prozeßhaften wieder aus, der ihren Kontrast zur Invarianz genetischer Determination begründet hatte. Indem der »multikulturelle Diskurs« die sozialen Konflikte, die im Zusammenhang mit der Immigration entstehen, kulturalisiert, befördert er in Wirklichkeit ihre schleichende Ethnifizierung. Die »multikulturelle Gesellschaft« wäre eine Gesellschaft, in der letzten Endes nur noch die ethnisch bestimmten Kollektive zählen, weil das hochgehaltene Plurale nach dem Ausschluß der sozialen und politischen Kontraste aus der Gesellschaftsanalyse keine anderen Elemente vorfindet, aus denen es sich zusammensetzen kann. Das ganze Projekt läuft auf Re-Ethnifizierung von Politik und Gesellschaft hinaus. Denn was der »multikulturelle Diskurs« der Gesellschaft zumutet, ist das Strampeln in der Falle des double-bind: sie soll auf der einen Seite den ethnischen Differenzen liebevolle Beachtung schenken und sie unter dem Namen »Kulturen« ins allgemeine Pflege- und Konservierungsprogramm aufnehmen, auf der anderen Seite soll sie sie unbeachtet lassen, wenn es um soziale Gleichheitsansprüche geht.

So sei das Ganze gar nicht gemeint, wird in dem Frankfurter multikulturellen Manifest *Heimat Babylon* betont, man sei schließlich nicht so naiv, die »multikulturelle Gesellschaft« für ein politisches Projekt zu halten. So treten Alltagsreligionen in einer säkularisierten Gesellschaft immer auf: sie betonen zunächst, daß sie Bescheid wissen und selbstverständlich ihrer eigenen Lehre nicht glauben, bevor sie anschließend die Sätze dieser Lehre ungerührt und werbewirksam in die Welt setzen. Wie aus solchem gedanklichen Wirrwarr ein Antidot gegen Neo-Rassismus und rechtsradikalen Populismus gewonnen werden soll, das mögen die Götter der multikulturellen Religion wissen.

Claus Leggewie kann gewiß nichts dafür, daß der Ausdruck »Vielvölkerrepublik«, den er an die Stelle von »multikulturelle Gesellschaft« setzen wollte, seit dem krachenden Auseinanderbrechen der realen Vielvölkerrepublik Jugoslawien etwas von seinem verlockenden Flair verloren hat. Der ganze multikulturelle Diskurs scheint mir überhaupt vom Pech mit den Modellen verfolgt, von denen er seine Hauptsätze abgekupfert hat. So sehr ihm in der Forderung nach der politischen Anerkennung und Regelung der Immigration beizupflichten ist, so sehr unterliegt er einer grotesken Täuschung, wenn er die Gesellschaft der Bundesrepublik mit einer Immigrationsgesellschaft verwechselt. Die zivilisatorische Amerikanisierung der bundesdeutschen Gesellschaft macht sie noch lange nicht zu einer amerikanischen Gesellschaft, mögen die Multikulturalisten auch noch so inbrünstig über den Atlantik schielen. Die amerikanische Gesellschaft hat sich als eine Gesellschaft von Immigranten gebildet und nicht erst nachträglich das Faktum Einwanderung zur Kenntnis genommen und ihm in ihren politischen Institutionen Rechnung getragen. Es gibt kein majoritäres amerikanisches Ethnos, so wie es ein deutsches oder schwedisches

Ethnos gibt, es gibt nur einen amerikanischen Demos, aus unzähligen ethnischen Zugehörigkeiten zusammengesetzt und deren Bedeutung somit neutralisierend. Vor diesem Hintergrund macht der Begriff Multikulturalismus im amerikanischen Zusammenhang, in dem er aufgekommen ist, einen bestimmten, eng umgrenzten Sinn; bei der Übertragung auf die nicht vergleichbaren Verhältnisse in Deutschland erleidet er unvermeidlich Schiffbruch.

Was bedeutet es, wenn Kanada den Multikulturalismus neuerdings in den Rang einer Staatskonzeption erhebt? Einmal versteht sich Kanada gemäß seiner Verfassung als bi-nationales und zweisprachiges Land; zum anderen hat Kanada den Indianern und Eskimos den Status von »First Nations«, von Ur-Nationen eingeräumt, die ganz besondere rechtliche (ihre faktische Diskriminierung jedoch keineswegs aufhebende) Privilegien genießen. Außerdem ist den Konfessionen gemäß britischem Vorbild ein außerordentlicher Einfluß auf das Schulwesen eingeräumt, so daß die Immigrantengruppen, die sich einer bestimmten Religion verbunden fühlen, ihre kulturelle Zugehörigkeit in der Option für eine bestimmte Erziehung ausdrücken können. Multikulturalismus bedeutet unter diesen Bedingungen Verzicht auf staatliche Durchsetzung eines einzigen, für alle Staatsbürger verbindlichen kulturellen Modells. Keine dieser Bedingungen ist in Deutschland gegeben.

1992 habe ich einige Monate in Montréal verbracht, der drei Millionen Einwohner zählenden Metropole der kanadischen Provinz Québec. In dieser Stadt teilt sich die einheimische Majorität in eine frankophone Mehrheit und eine anglophone Minderheit; ein Fünftel der Bevölkerung sind Immigranten aus aller Welt, von Ukrainern über marokkanische Sepharden bis zu Haitianern. Frankfurter Rekordprozentzahlen werden natürlich nicht erreicht, aber zum ersten Mal bekam ich in dieser Stadt eine Ahnung davon, in welcher Richtung so etwas wie eine »multikulturelle Gesellschaft« zu suchen wäre. Das Wort nimmt dort allerdings niemand in den Mund, und ein entsprechendes Amt sucht man vergebens, obgleich es nach deutschen

Begriffen eine ganze Menge zu verwalten gäbe; das Nebeneinander griechisch, sizilianisch, osteuropäisch, levantinisch geprägter Stadtviertel, die Präsenz einer jüdischen Bevölkerung, die fast dreimal so groß ist wie die der gesamten Bundesrepublik und sich aus frommen osteuropäischen Chassiden, sephardischen Orthodoxen und Nichtreligiösen unterschiedlichster Herkunft zusammensetzt, und beispielsweise die den Studenten von den Universitäten gewährte Freiheit, ihre Arbeiten in der Sprache ihrer Wahl zu verfassen, das alles spricht für sich selbst und bedarf keiner verbalen Aufplusterung. Nachdem ich in mein multikulturelles Frankfurt zurückgekehrt war, mußte ich mich von einheimischen Freunden des weltoffenen Liberalismus fragen lassen: wie kann man es als Frankfurter in dem beängstigend nationalistischen Klima der kanadischen Provinz Québec überhaupt aushalten?

Solche Geistesverwirrungen sind noch der harmloseste Effekt der einheimischen multikulturellen Propaganda. Wenn es nach mir ginge, würde ich sie auf ökologisch verträgliche Weise rückstandslos entsorgen lassen und sie durch eine einfache Testfrage ersetzen.

»Sage mir, wie ein Land mit seinen schlimmsten politischen Gegnern umgeht, und ich will dir sagen, was für einen Kulturstandard es hat«, schrieb in den zwanziger Jahren Tucholsky. Der Umgang mit schlimmsten politischen Gegnern ist heute mangels schlimmer politischer Gegner in Deutschland nicht mehr das Hauptproblem, deshalb schlage ich folgende Variante vor:

Sage mir, wie ein Land mit Fremden umgeht, die weder eine exotische Religion noch eine spannende Küche als kulturellen Beitrag anzubieten haben, die weder als gesuchte Fachkräfte oder innovative Marktteilnehmer noch als bedeutende Steuer- und Beitragszahler für sich einnehmen, die auch keine besondere Lust haben, durch eifriges Kindermachen zur Gesundung der demographischen Kurve beizutragen oder wenigstens den interkulturellen Dialog zu bereichern, die als Zeitgenossen durchschnittlich interessant oder uninteressant, vielleicht genauso langweilig wie zahlreiche Einheimische sind – und ich sage dir, was für einen Kulturstandard es hat.

Ein solches Land würde sich mit Sicherheit nicht »multikulturelle Demokratie« nennen. Es würde es nur mit den Prinzipien der Menschenrechte, auf die seine Verfassung verpflichtet ist, ein klein wenig genau nehmen. Die Metropole eines solchen Landes hieße mit Sicherheit nicht Frankfurt, *Nidus* am Main, das seine multikulturellen Spatzen ausbrütelt.

1 »Der Stadtplaner Albert Speer mahnt ein neues Nachdenken über die Region und die künftige Entwicklung an.« In: Frankfurter Rundschau, 29. 1. 1990.
2 Die Stadt als Laboratorium für Lebensentwürfe. In: tageszeitung, 15. 8. 1986.
3 Pflasterstrand, Frankfurter Metropolenmagazin, März 1990.
4 Frank Herterich und Thomas Schmid, Frankfurter Rundschau, 6. 6. 1990.
5 tageszeitung, 27. 9. 1991.
6 Hamburg, Hoffmann & Campe 1992.
7 F. A. Z., 28. 12. 1991.
8 Interview mit der Wochenzeitung Zürich, 22. 1. 1993.
9 Zafer Senocak, Atlas des tropischen Deutschland. Essays. Berlin 1992, S. 12.
10 Ebenda, S. 40.
11 Peter Schneider, Das Fremde in uns – die Fremden mit uns. In: Mittelweg 36, Zeitschrift des Hamburger Instituts für Sozialforschung, Nr. 4, 1992, S. 14.

Streit ums islamische Kopftuch

Multikulturalismus in Frankreich

Im Herbst 1989 hatten die Leser der großen Nachrichtenmagazine in Frankreich die Wahl, abwechselnd den Rückzug der SED-Führung in der DDR oder die Halsstarrigkeit von ein paar nordafrikanischen Schülerinnen für die überraschende Neuigkeit der Saison zu halten. Bilder von bis dahin unvorstellbaren Massendemonstrationen in Leipzig und Ostberlin konkurrierten mit farblich attraktiven Aufnahmen von Mädchen in Jeans und mit bunten Tüchern auf den Köpfen. Das linksliberale Magazin *Le Nouvel Observateur* setzte gleich mehrmals hintereinander hübsche Kopftuchmädchen aufs Titelblatt und fügte in der Ausgabe der Woche vom 2. bis 8. November 1989 in dicken Lettern die Erläuterung hinzu: »Profs, ne capitulons pas!« (Lehrer, es wird nicht kapituliert!) Welche Macht war da im Anzug, ins Bild gebracht durch Mädchen mit Kopftuch, die das Land zu überrollen drohte und gegen die Widerstand zu mobilisieren war?

Nach den Sommerferien waren in der Kleinstadt Creil zwischen Paris und Compiègne drei Schülerinnen, die dreizehnjährige Marokkanerin Leila Achaboun, ihre ein Jahr ältere Schwester Fatima und die fünfzehnjährige Tunesierin Samira Saidan, mit dem Kopftuch in die Schule gekommen und hatten sich geweigert, es im Unterricht abzulegen. Die Lehrer waren ratlos und alarmierten den Direktor der Schule, des »Collège«, der allgemeinen zehnklassigen Oberschule. Der Schulleiter Ernest Chenière verstand keinerlei Spaß: entweder legten sie das Kopftuch ab, verkündete er den nordafrikanischen Mädchen, oder sie dürften nicht mehr am Unterricht teilnehmen und das Schulgelände nicht mehr betreten.

Die Eltern der Schülerinnen machten der Schule gegenüber die religiöse Verpflichtung muslimischer Frauen geltend, den

Kopf stets bedeckt zu halten. Die Mädchen erschienen weiterhin mit dem Kopftuch in der Schule. Am 4. Oktober wurde ihnen der Zutritt zum Collège verwehrt. Die Nachricht, daß in einem Land mit einer langen Tradition allgemeiner Schulpflicht Schülerinnen am Schulbesuch gehindert werden, weil sie darauf beharren, ein Kopftuch zu tragen, drang rasch über die Grenzen der Kleinstadt Creil hinaus. Weil ein nationales Prinzip berührt schien, traten alsbald die nationalen Medien auf den Plan und trugen die Kunde von den islamischen Kopftüchern überall ins Land hinein. Die Pariser Nationalversammlung setzte eine Debatte über die Angelegenheit auf die Tagesordnung. Der oberste Dienstherr des Schulleiters, der damalige Erziehungsminister Lionel Jospin, wurde dazu aufgerufen, in dem Konflikt zwischen laizistischer Schule und muslimischen Eltern Stellung zu beziehen und Richtlinien zu formulieren, auf die sich alle Lehrer bei ähnlichen Streitfällen künftig berufen können.

Der Spruch des von seiner religiösen Überzeugung her protestantischen Ministers fiel reichlich salomonisch aus, fest im Prinzip und konziliant im vorliegenden Konflikt:

»Die laizistische Schule ist ein Ort konfessioneller Neutralität. Es dürfen dort folglich keine religiösen Symbole getragen werden. Ich verlange von den Eltern und den Jugendlichen, diese Regeln zu beachten. Das Tragen eines Kopftuchs oder eines anderen Zeichens religiöser Zugehörigkeit kann jedoch kein Grund sein, den Schüler aus der Schule auszuschließen ... Wenn jedoch die Familien am Ende der Aussprache immer noch nicht bereit sind, auf das religiöse Zeichen zu verzichten, soll das Kind – dessen Schulbesuch Priorität hat – Zutritt zu der öffentlichen Anstalt erhalten, das heißt zum Klassenraum ebenso wie zum Schulhof. Die französische Schule ist dazu da, um zu erziehen und zu integrieren, nicht um auszugrenzen.«[1]

Der Ministerspruch veranlaßte den Schulleiter in Creil dazu, das Hausverbot für die nordafrikanischen Schülerinnen wieder aufzuheben. Allerdings untersagte der Schulleiter die Rückkehr in ihre Klasse und ließ die Mädchen in der Schulbibliothek getrennt von den Mitschülern unterrichten. Unterdessen geriet der Minister selbst ins Kreuzfeuer öffentlicher Kritik. Zwei Abgeordnete seiner eigenen, der Sozialistischen, Partei erschienen, von Kameras umlagert, mit Kopftuch im Parlament, aus Protest gegen die ihrer Auffassung nach viel zu lasche Haltung des Ministers. Das Kopftuch, französisch »foulard«, was auch Seidenschal heißen kann, war auf einmal kein gewöhnliches, im Alltag der französischen Immigrationsgesellschaft nicht besonders auffälliges Kleidungsstück mehr, es verwandelte sich in ein Symbol des religiösen Obskurantismus und des verabscheuenswürdigen Aufbegehrens gegen die fortschrittliche westliche Ordnung, im Kopftuch wurde der verfemte Teil der kulturell pluralistischen westlichen Gesellschaft sichtbar gemacht.

Der Herbst 1989, östlich des Rheins eine Jahreszeit der Massendemonstrationen und Regimewechsel, wurde in Frankreich zur Saison der Jagd auf das Kopftuch. Fotografen, Kamerateams und Reporter fielen über die Kleinstadt Creil her und nahmen vor dem Schultor Aufstellung: würden Leila, Fatima und Samira heute mit oder ohne Kopftuch erscheinen? Weil das Kopftuch öffentliche Aufmerksamkeit garantierte, präsentierten sich in einer Reihe anderer Städte maghrebinische Schülerinnen, die sich bis dahin äußerlich von ihren Kameradinnen nicht unterschieden hatten, mit verhülltem Haar: vielleicht schon auf dem Weg Richtung Paradies, jedenfalls auf dem rechten Weg in Richtung Fernsehen. Die Bildschirme in Frankreich waren in jener Jahreszeit, in der sich weiter östlich die »samtene Revolution« anbahnte, von optisch dekorativen und deshalb leicht abbildbaren Kopftüchern verhangen.

Ein schlimmes Vorzeichen in den Augen besorgter Zeitgenossen. Fünf prominente Intellektuelle, der ehemalige Präsidentenberater Régis Debray, die Historikerin Elisabeth Badinter, der Schriftsteller Alain Finkielkraut, die Psychoanalytikerin Elisabeth de Fontenay und die Philosophin Catherine Kintzler, verfaßten einen offenen Brief an Lionel Jospin:

»Sehr geehrter Herr Minister,
die Zukunft wird erweisen, ob das Jahr der Zweihundertjahrfeier der Revolution das München der republikanischen Schule erlebt haben wird.«[2]

Es kann in Frankreich kaum einen schlimmeren politischen Vorwurf geben als den, ein »München« in die Wege zu leiten: der Name ist ein Synonym für Feigheit gegenüber den Mächtigen und Verrat der Ohnmächtigen. Die Erinnerung an den Oktober 1938, als die Regierungen Frankreichs und Großbritanniens, unter dem Beifall eines großen Teils der jeweiligen öffentlichen Meinung, die kleine Tschechoslowakei dem guten Einvernehmen mit dem aggressiven, sich aufrüstenden nationalsozialistischen Deutschland opferten, ist in Frankreich deutlich lebendiger geblieben als in Großbritannien, wo das Abkommen von München still in den Geschichtsbüchern ruht. Was war nun im Fall des Schulstreits von Creil die bedrohliche, aber nicht unbesiegbare Macht, vor der Minister Jospin in die Knie zu gehen sich anschickte? Hat die »republikanische Schule«, von der die Unterzeichner sprechen, im Herbst 1989 so wenige Freunde wie die tschechoslowakische Republik im Herbst 1938?

»Verhandeln, wie Sie es tun, und dabei ankündigen, daß man nachgeben wird, heißt nichts anderes als: kapitulieren. Eine derartige ›Diplomatie‹ kann diejenigen nur ermutigen, die sie zu besänftigen vorgibt – und wenn sie morgen verlangen, daß die Beschäftigung mit Rushdie (Spinoza, Voltaire, Baudelaire, Rimbaud ...), von der unsere Schulbildung überquillt, ihren Kindern erspart wird, wie es ihnen abschlagen?«

Wehret den Anfängen, wollten die sogleich im Fernsehen interviewten Unterzeichner des offenen Briefs an den Erziehungsminister sagen, wobei sie sich offenbar darauf verließen, daß die Kopftücher der drei Mädchen aus dem Collège von Creil nicht nur als beliebige religiöse Zeichen, sondern als bestimmte unheilverkündende Vorzeichen aufgefaßt wurden,

Ankündigung einer verderbenbringenden Flutwelle, die, wenn nicht beizeiten ein Damm errichtet wird, alles zu verschlingen droht. In ganz frischer Erinnerung waren zu diesem Zeitpunkt noch die Bilder verhüllter Frauen, die durch die Straßen von Teheran zogen und auf Transparenten den Tod Salman Rushdies forderten, dem Beispiel ihres Chefs Imam Khomeini folgend, der im Februar des Jahres 1989 den Mordaufruf gegen den Autor der *Satanischen Verse* erlassen hatte. Und in Frankreich war noch nicht vergessen, daß derselbe Khomeini als Verfolgter des Schah-Regimes im Land Unterschlupf gefunden hatte, bevor er sich nach der Rückkehr in den Iran als finsterer religiöser Diktator entpuppte. Getäuscht hatten sich beim Ausbruch der islamischen Revolution auch manche kluge Köpfe, wie der Philosoph Michel Foucault, als sie im Tschador demonstrierender Iranerinnen das Emblem einer unerhört neuen Form gesellschaftlicher Emanzipation erkennen wollten. Von islamischen Kopftüchern, soviel war klar, wollten sich Régis Debray und seine Mitunterzeichner zehn Jahre später nicht mehr hinters Licht führen lassen. Es fragt sich nur, ob sie in den Kopfbedeckungen der drei nordfarikanischen Mädchen das richtige Objekt gefunden hatten, um daran ihre geschärfte intellektuelle Wachsamkeit zu demonstrieren.

Der offene Brief erhob daneben den Anspruch, die Tradition der laizistischen Schule gegen den Minister zu verteidigen, der von Amts wegen zum Hüter dieser Tradition bestellt ist. Um was für eine Tradition handelt es sich? »Die Laizität ist und bleibt aus Prinzip ein Kampf«, heißt es in dem offenen Brief, »ebenso wie die öffentliche Schule, die Republik und die Freiheit selbst.« Der Minister mußte sich den Vorwurf gefallen lassen, dem Kampf aus dem Weg zu gehen und mit seiner Konzilianz gegenüber religiös halsstarrigen Schülern und Eltern einer Zerstörung der republikanischen Schule Vorschub zu leisten, die dann »die Zerstörung der Republik beschleunigt«.

Das Konzept der Laizität der Schule und mit ihr die Trennung von Kirche und Staat ist eine Kampfansage der III. Republik an die katholische Kirche und ihren gewaltigen politischen

Einfluß gewesen. Die demokratischen Kräfte der nach dem Zweiten Kaiserreich gegründeten Republik hatten der Kirche nicht verziehen, daß sie sich das 19. Jahrhundert hindurch mit allen Konterrevolutionen liiert und Feindschaft gegen die Demokratie gepredigt hatte. Zuerst wurden die Priester aus den staatlichen Schulen vertrieben, dann wurde den weiterhin erlaubten katholischen Privatschulen der Geldhahn allmählich zugedreht. Die weltanschauliche Neutralität, der sich die öffentliche Schule verschrieb, bedeutete Unterweisung in den Prinzipien der Aufklärung und der Revolution von 1789, angereichert mit dem üblichen Glauben an den unaufhaltsamen wissenschaftlichen Fortschritt. Unter der Federführung des Erziehungsministers Jules Ferry, der später als Kolonial- und Außenminister Kolonialpolitik als weltliche Missionierung im Sinn der französischen Zivilisation verstand, erhielt die öffentliche Schule die umfassende Aufgabe, aus Bauernkindern der Provinzen einheitlich instruierte Franzosen zu machen und überzeugte Republikaner heranzuziehen.

Welchen Platz hat die vor hundert Jahren konzipierte laizistische Schule im modernisierten, sich keiner übermächtigen reaktionären Kirche mehr erwehrenden, vom Mittelpunkt eines Kolonialreichs zum Einwanderungsland transformierten Frankreich? Wenn es nach den Unterzeichnern des Protestbriefs an den Erziehungsminister geht, so steht diese Schule immer noch im Kampf gegen den religiösen Obskurantismus, allerdings nicht mehr den in christlichen Kirchen gepredigten oder den in den ländlichen Regionen einmal verbreiteten Zauber- und Aberglauben, sondern gegen den mit den Immigranten ins Land eingedrungenen Islamismus. Als dessen Werkzeuge wurden die kopftuchtragenden Schülerinnen identifiziert. Das Kopftuch aus der Schule verbannen, wie es der Schulleiter in Creil getan hatte, heißt in dieser Optik der kämpferischen Tradition des Laizismus treu bleiben, der einmal fanatischen Priestern und frömmelnden Nonnen die Tore der Schule versperrt hatte.

Der offene Brief, der mit der Aufforderung an die Lehrer Frankreichs schloß, sich ebenfalls gegen die Kompromißbereitschaft des Erziehungsministers zu wenden, stieß auf vielfache Zustimmung, aber auch auf heftige Kritik. Die Prinzipienfestigkeit der Unterzeichner wurde als realitätsferne Rhetorik zurückgewiesen. Wenn sie verhindern wollen, daß aus dem Land ein »Mosaik von Ghettos wird, in denen die Freiheit für alle dem Gesetz des Stärkeren den Vorwand liefern kann«, wie es in ihrem Text heißt, dann hätten sie bessere Anlässe als den Anblick von ein paar islamischen Kopftüchern auf dem Schulhof einer Kleinstadt finden können, um gegen ethnische Separierung zu protestieren, etwa bei der Herausbildung zahlreicher sozialer Ghettos an den Rändern der großen Städte. Und wenn die öffentliche Schule als ein »Ort der Emanzipation« beschworen wird, an dem die von zu Hause mitgebrachten Prägungen und Unterscheidungen überwunden werden sollen, wieso ist dann nur von der Religion der Eltern die Rede und nicht auch von ihrem Geld? fragte Harlem Désir, der Sprecher der Mitte der achtziger Jahre populär gewordenen antirassistischen Organisation SOS-Racisme. Er erinnerte daran, daß Jules Ferrys laizistische Schule nicht nur die Zeichen der religiösen Zugehörigkeit, sondern auch die sozialen Unterscheidungszeichen verbannt hatte, indem sie alle Schüler in einheitliche Blusen steckte; doch die Zeiten dieser Kleiderordnung sind in Frankreich lange vorbei, jeder kann tragen, was er will, vom bedruckten T-shirt bis zum Maßanzug.

»Spielen wir doch nicht die Tartuffes einiger Kopftücher wegen, wenn sich jeden Tag auf den Schulbänken der ostentative soziale Unterschied zwischen den für 3000 Francs bei Chevignon und den für 300 Francs bei Tati eingekleideten Kindern ausstellt ... Die Laizität als Schranke aufbauen bedeutet, diese Kinder dem elterlichen Integrismus in die Arme treiben und morgen vielleicht in aufblühende Koranschulen, die dann von sich behaupten werden, als einzige die Würde der Muslime zu respektieren ... Wenn der Integrismus eine Chance hat, Boden zu gewinnen, dann im Zusammenhang mit der Ablehnung und Ausgrenzung der Muslime ...«[3]

Harlem Désirs Parteinahme gegen die absolute laizistische Prinzipientreue und für den kompromißbereiten Pragmatismus Lionel Jospins hatte zur Folge, daß einige prominente Sympathisanten SOS-Racisme die Gefolgschaft aufkündigten. Ins Leben gerufen von der Bewegung der »Beurs«[4], der in Frankreich geborenen und als Franzosen aufgewachsenen zweiten Generation maghrebinischer Immigranten, hatte SOS-Racisme Unterstützung bei Antirassisten unterschiedlicher Herkunft gefunden. Diese in erster Linie gegen den Aufstieg des rechtsradikalen Front National mobilisierte Einheitsfront stand nun vor dem Zerfall. Der Streit ums islamische Kopftuch ließ die einen entdecken, daß die Immigranten und ihre Kinder nicht nur vom Himmel gefallene Opfer einer beliebigen Diskriminierung waren und sich damit als Objekte unzweideutiger Anteilnahme eigneten, sondern daß sie sich auf diffuse Weise mit der Kultur ihrer Herkunft verbunden fühlten: soweit es sich um die Kultur islamischer Länder handelt, war sie, im Jahr der Todesdrohung gegen den islamischen Häretiker Salman Rushdie, als feindlich und bedrohlich identifiziert. Die »Beurs« wiederum gewannen den Eindruck, daß dieser sich heftig ermannende Laizismus längst nicht so unparteiisch war, wie er tat, daß er sich vielmehr mit Ressentiments gegen Muslime und Araber auflud. Und davon fühlten sie sich bei aller Distanz zur Religion selbst getroffen.

Die »weltanschauliche Neutralität« der laizistischen Tradition in Frankreich ist in der Tat insofern eine theoretische Kontruktion, als sie praktisch in eine Welt eingebettet ist, die mit der Einrichtung der Feiertage nach dem christlichen Kalender, mit ihren Kathedralen und Kirchen und den zahllosen nach katholischen Heiligen benannten Städten und Dörfern überall die Prädominanz ihres christlich-katholischen Erbes verkündet. Solange der Laizismus der III. Republik damit beschäftigt war, den Einfluß der katholischen Kirche auf den Schulunterricht zu bekämpfen, mußte er sich im weitgehend monokonfessionellen Frankreich nicht mit der gesellschaftlichen Präsenz anderer Religionen auseinandersetzen. Mit dem Katholizismus hat er leben gelernt, weil auch die katholische Kirche sich mit der

Trennung von Kirche und Staat allmählich arrangierte, mit dem Heranwachsen des Islam zur zweitstärksten, den minoritären Protestantismus überrundenden Konfession in Frankreich aber hat er offensichtlich Probleme: etwa drei Millionen Muslime zählt die Statistik, zwei Drittel davon besitzen die französische Staatsbürgerschaft. Seit mit der islamischen Revolution im Iran das Schreckgespenst des langbärtigen, gewalttätigen, missionarischen Integrismus in Umlauf kam, liegt die Versuchung nahe, den Islam mit dem fundamentalistischen Islamismus in eins zu setzen und somit aus dem Kreis der anerkannten, anständigen Religionen auszugrenzen. Gegen die Identifizierung von Muslimen und Integristen wehrte sich in der Kopftuchdebatte der stellvertretende Bürgermeister der nordfranzösischen Stadt Roubaix, Salem Kacet:

»Wer aber sind die Integristen in Frankreich? Jene arbeitsame, ausgebeutete, ausgelaugte Masse? Die jungen Gymnasiasten, die sich über ihre Zukunft Gedanken machen? Wer will denn glauben, daß die Frauen, denen man den Schleier aufzwingt, ihn auch fröhlichen Herzens tragen? ... Die übergroße Mehrheit der in Frankreich lebenden Muslime praktiziert ihre Religion auf eine diskrete, tolerante Weise. Wem also nützt das integristische Verbrechen?«[5]

Zumindest die Art und Weise, in der die Debatte um Integrismus und Laizismus geführt worden ist, hat jemand Bestimmtem genützt, und zwar dem Demagogen Le Pen und seiner Bewegung Front National. Nachdem der rechtsradikale Parteiführer jahrelang eine arabisch-islamische Invasion Frankreichs vorausgesagt hatte, belieferten die sich auf islamische Kopftücher stürzenden Medien im Herbst 1989 das Publikum wochenlang mit Bildern, die sich als bedrohliche Illustration der rechtsradikalen Thesen deuten ließen. Mehrere Nachwahlen, die in die Zeit der Kopftuchstreits fielen, bescherten dem Front National einen erheblichen Wählerzuwachs. In Salon-de-Provence nördlich von Marseille verloren die Sozialisten die Mehrheit und mußten sie an die Rechtsradikalen abgeben. Im Wahlkreis Dreux in der Normandie siegte die Kandidatin des Front National, Marie-France Stirbois, im zweiten Wahlgang mit sechzig Prozent der Stimmen und zog als Abgeordnete in die Nationalversammlung ein. Ihren Wahlerfolg nannte die Politikerin einen »Sieg über fremde Eindringlinge« und verglich die Mission ihrer Partei mit dem Kampf der Résistance gegen die Naziokkupanten im Zweiten Weltkrieg: mit diesem abwegigen Vergleich bewegte sich die rechtsradikale Abgeordnete durchaus im Rahmen der historischen Metaphorik, aus der die Briefunterzeichner den gegen Lionel Jospin gerichteten tödlichen Vorwurf bezogen hatten, mit seiner Kompromißbereitschaft »das München der republikanischen Schule« einzuleiten.

War die ganze Kopftuchaffäre von Creil am Ende nur ein zwar folgenreicher, doch lediglich geschickt inszenierter Witz? Am Montag, dem 4. Dezember, dem Tag, an dem die Zeitungen besorgt die Wahlergebnisse vom Vortag mit den Erfolgen der Rechtsradikalen kommentierten, erschienen Leila, Fatima und Samira ohne Kopftücher in der Schule, so als wäre nie etwas gewesen und als hätte nie jemand von der heiligen religiösen Verpflichtung des Kopftuchtragens gesprochen.[6] Es war davon die Rede, daß vermutete verborgene Drahtzieher der Affäre, islamistische Einpeitscher unklarer Provenienz, die Aktion abgeblasen hätten. Die Wirklichkeit ist höchstwahrscheinlich viel banaler: nach Auskunft einer vertrauenswürdigen Augenzeugin, einer aus Marokko stammenden, im gleichen Immigrantenviertel von Creil lebenden Psychologiestudentin, deren jüngerer Bruder die gleiche Klasse besucht wie Laila und Fatima, hatten die von Natur aus eher freundlichen und keineswegs halsstarrigen Mädchen den Druck nicht mehr ausgehalten, dem sie sich von seiten der Öffentlichkeit ausgesetzt sahen; der Vater der Schwestern, ein gläubiger, doch in keiner Weise islamistisch orientierter marokkanischer Muslim, habe im Gegensatz zu den von den Medien verbreiteten Klischeebild vom autoritären muslimischen Patriarchen keinerlei Zwang auf seine Kinder ausgeübt: die Mädchen hätten das Kopftuch schon lange vor dem Herbst 1989 getragen und seien völlig fassungslos gewesen, als sie der Kopftücher wegen ganz plötzlich vom Unterricht ausgeschlossen wurden und ins Zentrum der nationalen Medienöffentlichkeit rückten.[7]

Es gibt jedenfalls eine ganze Reihe lokaler Umstände, deren zufälliges Zusammentreffen in Creil diese Kopftuchaffäre platzen ließ. Eines der Probleme scheint in der Person des Schulleiters Ernest Chenière zu liegen: Journalisten porträtierten ihn als pedantischen Pädagogen, der sich, nach seiner Versetzung von den Antillen ins französische Mutterland, besonders pflichteifrig zeigen wollte, mit den Verhältnissen an einer von Immigrantenkindern vieler Nationalitäten besuchten Schule aber schlecht zurechtkam; der Kopftuchaffäre war eine Auseinandersetzung mit jüdischen Schülern vorausgegangen, die sich auf einmal weigerten, am Samstag den Unterricht zu besuchen, und den Schulleiter an den Rand der Verzweiflung gebracht hatten; das Verhalten der maghrebinischen Mädchen, die nicht einsehen wollten, warum sie plötzlich eine Kopfbedeckung ablegen sollten, an der sich vorher niemand in der Schule gestört hatte, brachte das Faß dann zum Überlaufen. Auf solche lokalen Faktoren läßt sich die Bedeutung der ganzen Affäre jedoch nicht reduzieren.

Betrachtet man sie als eine Art Test, bei dem die kulturelle Sensibilität und politische Belastbarkeit der gegenwärtigen Gesellschaft Frankreichs zu prüfen war, ist das Ergebnis zweideutig ausgefallen. Eine gute Figur haben nur wenige der Beteiligten gemacht; in den Medien trug das Stereotyp über die differenzierte Berichterstattung den Sieg davon, das ist normal: die populistische Bewegung Le Pens konnte zu geringen Kosten ernten, was sensationslüsterne Blattmacher gesät hatten. Unnachgiebig in der Verteidigung der Prinzipien der laizistischen Republik, aber blind gegenüber den Proportionen der Affäre zeigten sich die heftigstens öffentlichen Interventionen. Das ganze Prestige des Staates und die Tradition der Republik wurden in die Waagschale geworfen, um einen winzigen, lokal begrenzten Konflikt zu entscheiden, einen Konflikt von der Art, wie er täglich etwa in den Schulen der Bundesrepublik, die von türkischen Schülern besucht werden, oder in den Schulen Großbritanniens, in denen muslimisch-pakistanische Immigrantenkinder unterrichtet werden, entsteht und von den Beteiligten ohne Anrufung des Ministers und ohne Fernsehbeteiligung mehr oder weniger pragmatisch entschieden wird. Wie verhielt sich zum Beispiel eine öffentliche Schule in Birmingham, als pakistanische Eltern erklärten, ihre Töchter könnten aus religiösen Gründen die Röcke nicht tragen, die zu der in der Schule vorgeschriebenen Schuluniform gehörten? Man einigte sich darauf, daß die pakistanischen Schülerinnen mit ihren traditionellen Pluderhosen in die Schule gehen können, vorausgesetzt, in der Farbe unterscheiden sie sich nicht von der Schuluniform. In Großbritannien sieht sich nicht gleich das Königreich herausgefordert, wenn ein Eisenbahnbeamter der British Rail, der den Sikhs angehört, anstelle der Dienstmütze seinen Turban trägt. In Frankreich jedoch wurde aus dem Streit um ein paar Kopftücher in einer Kleinstadtschule eine Staatsaffäre gemacht, deren öffentliche Behandlung nicht nur die Normen der Republik in ein schiefes Licht brachte, sondern auch mit großen, ideologisch aufgeladenen Worten den gesellschaftlichen Wandel verdeckte, der das Phänomen Immigration in Frankreich erfaßt hat.

Ist diese französische Republik so schwach und gefährdet, wie diejenigen glauben machen wollten, die sie von ein paar gegen die Schulordnung getragenen Kopftüchern bedroht sehen? Nicht die Republik ist in Gefahr, es ist aber auch nicht mehr unverändert die gleiche Republik, seit in der Epoche Jules Ferrys ihre Grundsätze formuliert und politisch durchgesetzt wurden. Die laizistische Republik gründet sich auf die jakobinische Weltanschauung, der die empirischen Unterschiede zwischen den Individuen nichts bedeuten, weil sie in ihnen die potentiell gleichen, durch nichts als die abstrakte Staatsbürgerschaft zusammengehaltenen Atome der Staatsbürger sieht. Alles, was mit Herkunft zusammenhängt, wird ganz im Sinn der bürgerlichen Abschaffung ererbter Privilegien als ein zu beseitigendes Hindernis auf dem Weg zur universellen Gleichheit betrachtet. Deshalb kommt der Schule im traditionellen republikanischen Verständnis zentrale Bedeutung zu: die einheitliche Schulbluse war mehr als eine Formalität, sie nahm als Zeichen die staatsbürgerliche Gleichheit vorweg, die sich am Ende gegen die herkunftsbedingten Widerstände durchsetzen soll. »Die Schüler sollen die Möglichkeit haben, ihre Herkunftgemeinschaft zu vergessen und an etwas anderes zu denken als das, was sie sind, um selbständig denken zu können«, heißt es in dem offenen Brief von 1989, der aber auch im Jahr 1912 hätte geschrieben sein können. »Wenn die Lehrer dabei helfen sollen, und die Schule bleiben soll, was sie ist – ein Ort der Emanzipation – dürfen die Zugehörigkeiten in der Schule nicht den Ausschlag geben.«

Diese hochherzige republikanische Rhetorik hinkt jedoch dem gesellschaftlichen Wandel in der Republik weit hinterher. Die Erfahrungen mit hundert Jahren Praxis der republikanischen, laizistischen Schule zeigen, daß der über das soziale Schicksal entscheidende Faktor Herkunft keineswegs außer Kraft gesetzt worden ist: die gesellschaftlichen Eliten Frankreichs reproduzieren sich nach wie vor aus den gesellschaftlichen Eliten; in den *Grandes Ecoles*, in denen die künftigen Minister und Konzernchefs herangezogen werden, finden sich kaum Töchter und Söhne von Arbeitern und kleinen Angestellten. Im übrigen war jener Jules Ferry, der nun wie ein Säulenheiliger des egalitären Laizismus angerufen wird, alles andere als ein glühender Verfechter des Prinzips »Freiheit, Gleichheit, Brüderlichkeit« auf dem Gebiet der Schulerziehung gewesen; der spätere Kolonialminister, der Kolonialeroberungen mit der zivilisatorischen Mission Frankreichs zu begründen pflegte, hielt in seiner Schulpolitik eine strikte Klassentrennung aufrecht. Die höheren Schulen blieben unter seiner Ägide den Kindern der zahlungskräftigen Bourgeoisie vorbehalten, nur der Besuch der Elementarschulen war kostenlos. Die weltanschauliche Neutralität dieser Schule kannte jedoch viel engere Grenzen, als es die nachträglich verfertigte Legende vom toleranten Aufklärer Jules Ferry wahrhaben will, denn nicht nur den christlichen Kirchen war der Zugang zur Schule versperrt, sondern auch den damaligen sozialistischen Lehren, vor deren schädlichem Einfluß das Volk und seine Schule zu schützen war. Die traditionell »linken Lehrer« in Frankreich sind kein Produkt der Schule Ferrys, sie sind erst später herangewachsen; Ferrys laizistischer Kampf weist dafür manche Parallele zu Bismarcks gleichzeitig ausgerufenem »Kulturkampf« auf, den kaum jemand für einen Höhepunkt angewandter Aufklärung hält.

Die Chancengleichheit in der Republik ist »eine Illusion«, wie der Soziologe Pierre Bourdieu in zahlreichen Untersuchungen feststellte, die Herkunft schlägt gegenüber den egalitären Anstrengungen der Schule nach wie vor durch. Ein Absolvent der Ecole Nationale d'Administration (ENA), der Pflanzschule der politischen Elite, wird seine Herkunft schon deshalb nicht vergessen, weil er ihr seinen Eintritt in den Club der Auserwählten verdankt – soll die Herkunft nur dann vergessen sein, wenn sie arabisch-islamisch ist und damit einen wenig aussichtsreichen und vielleicht auch unerwünschten kulturellen Hintergrund darstellt?

Zusammen mit der Herkunft sollen also die ethnischen und kulturellen Gemeinschaften aus der idealen Republik verbannt sein, dem einzig legitimen Band der idealen Staatsbürger. Amerikanische Zustände sind den Briefunterzeichnern Regis Debray, Alain Finkielkraut etc. und ihren zahlreichen Anhängern ein Greuel, sie lehnen ein »Mosaik von Ghettos« ab und sehen dabei den Flickenteppich von Minoritäten aller Art nicht, der im Immigrationsland Frankreich vor ihren Augen längst entstanden ist. Was verrät sich nun in der Herausbildung ethnischer und kultureller Gemeinschaften gegen den Geist republikanischer staatsbürgerlicher Indifferenz, in deren Kontext auch die Kopftuchaffäre von Creil gehört? Ein Indiz fortschreitender Integration der Immigranten, wie der mit der Szene vertraute Journalist Slimane Zeghidour meint? »Wenn ein Teil der Beurs die Bildung eines sozialen Blocks, einer Gemeinschaft, einer islamischen Instanz anstrebt, ist das auch ein Zeichen ihrer Anpassung an die derzeitigen politischen Strömungen in Frankreich ... Nachdem sich die Integration lange Zeit individuell vollzogen hat, erscheint das in den letzten Jahren nicht mehr als der bestmögliche Weg: es läßt sich vielmehr das Entstehen einer Kultur der Gemeinschaften nach amerikanischem Vorbild beobachten.«[8] In der Tat haben amtierende Politiker in Frankreich die Gewohnheit angenommen, nicht nur die »Franzosen« und »die Bürger« im allgemeinen, sondern auch die »jüdische Gemeinschaft« oder die »armenische Gemeinschaft« anzusprechen; zur Besänftigung der unruhigen Korsen war sogar erwogen worden, offiziell vom »korsischen Volk« zu sprechen, was dem Verfassungsgericht dann aber zu weit ging. Warum also allein den Muslimen verwehren, sich als eine Gemeinschaft zu verstehen, und bei Zuwiderhandeln die Katastrophe ausrufen?

Nicht die französische Republik steht vor dem Ruin, sondern eine bestimmte Idee von der Republik. Sie ist Gefangene einer zweihundert Jahre alten jakobinischen Konzeption von Staat und Individuum geblieben und macht ihre Gefolgschaft blind für die Anerkennung gesellschaftlicher Veränderungsprozesse. Berühren solche Veränderungen ein nostalgisch gefärbtes Bild dieser Republik, ist sogleich von Verfall und Verrat die Rede, obgleich die Republik ihre bewundernswerte Zählebigkeit der ständigen Anpassung an sich verändernde Gegebenheiten verdankt. Die von General de Gaulle geformte V. Republik hat die Transformation des traditionellen Asyllands Frankreich in ein Land banaler Massenimmigration nicht schlechter verkraftet als die politischen Systeme vergleichbarer europäischer Nachbarländer, und die Immigranten, die sich im Kopftuchstreit zu Wort meldeten, haben zu verstehen gegeben, daß sie sich mit dieser Republik durchaus identifizieren und daß sie in ihr gern Zuflucht vor den Zumutungen des islamischen Fundamentalismus suchen. Aber sie scheinen nicht bereit, sich dafür einem laizistischen Fundamentalismus zu beugen, wie er im Verlauf des Kopftuchstreits von Creil zum Vorschein gekommen ist.

Das Anekdotische der Affäre mag dazu verführen, über ihren Symptomcharakter hinwegzusehen. Die Kopftücher aus dem Blick verbannen kann heißen die Krise nicht wahrhaben wollen, in die das als vorbildlich geltende Modell der Integration von Immigranten in Frankreich neuerdings geraten ist. Das erfolgreiche Zusammenwirken von kultureller Assimilation durch die zentral bestimmte Schulerziehung und sozialer Integration durch einen aufnahmefähigen Arbeitsmarkt ist gestört; während die erste Generation der zumeist aus Nordafrika eingewanderten Immigranten die für sie oft schmerzvolle Anpassung an die kulturellen Normen Frankreichs willig auf sich nahm, weil sie sich dafür durch Beschäftigung und sozialen Aufstieg belohnt sah, sieht sich die Generation der »beurs« um diesen Lohn immer mehr geprellt. Die kulturelle Assimilation an das Land, in dem sie geboren sind und dessen Staatsbürger sie durch Geburt geworden sind, steht für sie außer Frage; ihr Problem sind vielmehr die durch die Massenarbeitslosigkeit abnehmenden Chancen der sozialen Integration. Dieses Schicksal teilen sie zwar mit vielen jungen »französischen« Franzosen, sind von ihm jedoch infolge unzureichender Berufsausbildung und anderer Handicaps härter betroffen; wenn die Gesellschaft immer weniger Verwendung für sie hat, sinkt auch der Wert der kulturellen Assimilation. Dafür gewinnen die Bewegungen an Bedeutung, die Zuflucht in ethnisch und religiös definierten Gemeinschaften versprechen, und damit kommt das Problem eines »Multikulturalismus« auf die Tagesordnung, auf dessen Auftreten, wie der Kopftuchstreit zeigt, die republikanischen Institutionen Frankreichs ebenso schlecht vorbereitet sind wie die Geister vieler Zeitgenossen.

Die durch den Kopftuchstreit ausgelösten Debatten bieten gerade in Deutschland allerhand Stoff zum Nachdenken. Im Angesicht der einheimischen Verleugnung der Immigrationsrealität gehört es fast zum guten Ton, die französische Rechtsordnung mit ihrem »ius soli« als vorbildlich für ein Einwanderungsland zu preisen; zweifellos ist das deutsche »ius sanguinis« gegenüber dem französischen Staatsbürgerrecht, für das der Ort der Geburt zählt und nicht die ethnische Herkunft, ein schnellstmöglich abzuschaffender Anachronismus: die französische Ordnung ist jedoch nicht mehr als eine Mindestbedingung, sie verspricht keinerlei Wunderlösung der Immigrationsprobleme. Denn viele dieser Probleme fangen erst jenseits der Staatsbürgerfrage an.

Ganz gewiß nicht nachahmenswert ist die wirklichkeitsblinde Prinzipientreue, mit der die Herausforderung durch das Entstehen eines Minoritätenbewußtseins vielfach beantwortet wurde. Fast hat es den Anschein, als habe sich die Verteidigung der laizistischen Republik gegen den hinter Kopftüchern vermuteten Ansturm eines militanten Islamismus von dem dogmatischen Starrsinn dessen anstecken lassen, den sie bekämpfen will. Nicht nur daß die neuen Kreuzritter der laizistischen Schule bei ihrer Kampagne gegen die Kopfbedeckung muslimischer Schülerinnen sogar dem Geist Jules Ferrys zuwiderhandelten, der seinerzeit dazu aufgerufen hatte, mit der »größtmöglichen Zurückhaltung zu sprechen, wenn ein religiöses Gefühl berührt« wird; indem sie die Kopftücher der jungen Nordafrikanerinnen als die Verkleidung ausmachten, in der sich der islamische Fundamentalismus ins Land schleicht, trugen sie dazu bei, die wirklichen Importeure des seine Beute in den Elendsvierteln suchenden Islamismus unkenntlich zu machen. Nicht der ständig als islamisches Agitationszentrum genannte Iran beliefert Frankreich mit fundamentalistischen Predigern, Büchern und Broschüren und den für den Bau von Moscheen und islamischen Zentren notwendigen Summen, sondern das fundamentalistische und dazu mit Petrodollars gesegnete Saudiarabien. Aber Saudiarabien gilt seiner außenpolitischen Optionen wegen als Land des »westlichen Lagers« und bleibt deshalb von verbalen Angriffen verschont. Seine islamistischen Agitatoren haben leichteres Spiel, wenn ein paar im Fernsehen gezeigte maghrebinische Kopftücher die ganze republikanische Wachsamkeit auf sich ziehen, und sich keinerlei Protest gegen einen Skandal wie jenes Anfang 1993 saudiarabische Terrorurteil rührt, das einen Christen wegen christlichen Betens für sieben Jahre ins Gefängnis schickte.

Das wegen des Kopftuchstreits angerufene Verfassungsgericht in Frankreich hat inzwischen die pragmatische Entscheidung des damaligen Erziehungsministers, daß die Schüler zwar zur religiösen Neutralität anzuhalten sind, daß sie aber wegen des Tragens religiöser Zeichen nicht vom Unterricht ausgeschlossen werden dürfen, als verfassungskonform abgesegnet. Alain Finkielkraut, einer der Unterzeichner des öffentlichen Protestbriefs, wollte sich noch immer nicht geschlagen geben und verglich den liberalen Richterspruch mit der Naziverordnung zum Tragen des Judensterns.

Beiderseits des Rheins haben Schriftsteller zusehends mit der Metaphorik Probleme: las Jürgen Fuchs aus Stasiakten ein »Auschwitz der Seelen« heraus, so geraten Alain Finkielkraut maghrebinische Kopftücher zum Äquivalent für den von den Nazibesatzern aufgezwungenen, stigmatisierenden Davidstern.

1 Übersetzt nach Interview in: Le Nouvel Observateur, 26. 10. 1989.
2 Le Nouvel Observateur, 2. 11. 1989.
3 Le Monde, 10. 11. 1989. »Tati« ist der Name einer Kette von Billigkaufhäusern, die vor allem von Immigranten aufgesucht werden.
4 »Beurs« nennen sich die in Frankreich geborenen Nachkommen maghrebinischer Immigranten; der Name wurde nach dem im Jugendjargon gebräuchlichen, »verlan« genannten Verfahren der Buchstabenumstellung gebildet: in »beurs« steckt das umgebaute »arabes«.
5 Le Monde, 10. 11. 1989.
6 Charakteristisch für die auf Stimmungsmache erpichte Berichterstattung ist der willkürliche Wechsel zwischen »Kopftuch« und »Schleier«; der Schleier regt die exotische Harems-Phantasie an, während dem bis vor kurzem in weiten Teilen Europas getragenen Kopftuch die orientalische Exklusivität fehlt. Von der »Verschleierung« der jungen Maghrebinerinnen von Creil spricht irreführend Claus Leggewie in seinem Buch *Alhambra – der Islam im Westen* (Reinbek 1993, S. 51).
7 Cf La misère du monde. Hg. v. Pierre Bourdieu. Paris 1993, S. 853 ff.
8 La charia et le code civil. In: Le Nouvel Observateur, Dossiers Nr. 5; La France et les Arabes, April 1991, S. 82 f.

Hard multiculturalism

Eindrücke aus Amerika

1

Dem amerikanischen Schmelztiegel, diesem in Europa ebenso bestaunten wie verabscheuten Zivilisationsgefäß, ist in jüngster Zeit ein strenger Geruch entstiegen und von den Westwinden bis nach Europa getrieben worden, wo die empfindlichen Nasen eine zusätzliche Vergiftung ankündigen: Vorsicht, es droht Trübung der Sinne mit anschließender Lähmung des Denkvermögens! Der Name dieses neuartigen amerikanischen Sumpffiebers ist »political correctness«, seiner Verbreitung wegen als P. C. abgekürzt, frei auf deutsch übersetzt »richtige politische Linie«. Gemeint ist damit die Kontrolle jeder Äußerung auf ihre Übereinstimmung mit Sprachregelungen, die, den Schreckensnachrichten aus Übersee zufolge, demnächst den Rang verbindlicher Vorschriften erreichen: was für ein Skandal! Die Neue Welt, die der Alten Welt einmal die Errungenschaft der Meinungsfreiheit, »freedom of speach and expression«, zum Geschenk brachte, schlägt den Rest der Welt, die gerade ihre letzten geistigen Ketten abgeschüttelt hat, mit dem Fluch einer neuen Zensur.

Verbannt aus dem öffentlichen Sprachgebrauch ist künftig etwa das uns seit Kinderzeiten liebgewordene Wort Indianer: der politisch korrekte Ausdruck heißt »native American«. Die New Yorker Zoologischen Gärten sollen nicht mehr »Zoo« sondern »International Wildlife Conservation Centers« genannt werden, weil das Wort »Zoo« im Englischen die Nebenbedeutung »Durcheinander« besitzt und somit nach Ansicht der Direktion eine Beleidigung sowohl des Zoopersonals als auch der Tiere darstellt.[1] P. C. heißt demnach Verbannung aller sprachlichen Ausdrücke, von deren Konnotationen sich diejenigen, die in ihren Bedeutungshof geraten sind, in ihrer Würde verletzt fühlen könnten. Das gilt selbst für Tiere, denn das Haustier,

»pet«, von dem das Wort »petting« abgeleitet ist, soll, befreit von der Bürde humanerotischer Nebenbedeutungen, nun als »nonhuman animal companion« angesprochen werden. Damit das »girl« nicht länger unter den sexuellen Phantasien zu leiden hat, die von den pin-up girls angeheizt wurden, ist das Mädchen unter zwölf Jahren als »prewoman«, Prä-Frau, das Mädchen über zwölf als »woman« anzusprechen. Niemand ist mehr »crazy«, er ist lediglich »emotionally different«. Ein Betrunkener ist nicht besoffen, sondern leidet lediglich an einem temporären »Nüchternheitsmangel«. Es gibt keine dicken Menschen mehr, sondern Personen »with alternative body image«. Für Zeitgenossen, die niemanden beleidigen wollen, aber sich von ihren alten Sprachgewohnheiten nicht so schnell lösen können – denen etwa »Hausfrau« herausrutscht, wo der Ausdruck »Opfer häuslicher Einsperrung« angebracht wäre – hat der Verlagskonzern Random House ein spezielles Wörterbuch des neuen korrekten Sprechens auf den Markt gebracht.[2]

Dieses nicht ganz bierernst gemeinte Wörterbuch unterrichtet seine Benutzer darüber, daß sie sich, indem sie sich dem Prinzip des Euphemismus unterwerfen – gleichsam in einem »linguistischen Lourdes« baden, das alles Böse und Unglückliche aus der Welt verschwinden läßt, wie der Journalist Robert Hughes treffend feststellt –[3], völlig in Übereinstimmung mit den von der Politik, den Medien und vor allem den modernen Militärs geschaffenen Sprachregeln befinden. Als »collateral damage«, Begleitschaden, war während des Golfkriegs den Fernsehzuschauern der halben Welt die Tötung zahlreicher Zivilisten durch falsch gezieltes Bomben- und Raketenfeuer erklärt worden. Profitabler Waffenhandel wird als »security assistance« klassifiziert. Die Rezession, die sich während der Bush-Ära immer deutlicher bemerkbar machte, wurde als »zeitweilige Unterbrechung der wirtschaftlichen Expansion« umschrieben. Wird ein Politiker beim Lügen erwischt, so hat er sich lediglich eine »terminologische Unexaktheit« zuschulden kommen lassen. Massenentlassungen werden als »Berichtigung eines beschäftigungsmäßigen Ungleichgewichts« verkauft. Eine postorwellsche *newspeak* erobert die Medien und sorgt dafür, daß sich der duftende Nebel des Euphemismus über eine gelegentlich übelriechende Wirklichkeit legt.

Aber nicht solche um sich greifende amtliche oder halbamtliche Schönfärberei ist es, was europäische Beobachter amerikanischer Zustände am meisten beunruhigt. Die mit P.C. bezeichnete Zensur begnügt sich nicht mit Sprachregelungen. Sie greift tief in die kulturelle Reproduktion der amerikanischen Gesellschaft ein. Die USA, der Leuchtturm der westlichen Zivilisation, zu dem die vom Wüstensturm durchgeschüttelte Welt im Jahr 1991 wieder zuversichtlich aufzublicken lernte, sind in ihrem Innern von geistiger Korrosion zerfressen. Sie sind nämlich im Begriff, »den Einfluß der westlichen Zivilisation zu tilgen oder ihn zumindest zu begrenzen«, schreibt Danièle Sallenave, die Chefredakteurin der Zeitschrift *Le messager européen*, in einem der P.C.-Gefahr gewidmeten Dossier. Aus den Universitäten werden die Klassiker der europäischen Tradition, Aristoteles und Shakespeare, Hegel und Tocqueville, verbannt und durch die obskuren Schriften von Autoren ersetzt, deren einziges Verdienst darin besteht, ideologisch auf der richtigen Linie zu liegen und sich nicht nur durch die weiße Hautfarbe der Europäer zu kompromittieren (als Beispiel genannt wird die »auf Tonband gesprochene Autobiographie der guatemaltekischen analphabetischen Indianerin Rigoberta Menchú«). »Der Kommunismus ist tot, wird behauptet«, schreibt Danièle Sallenave, »mitnichten, er ist noch höchst lebendig und sieht einer glänzenden Zukunft entgegen«, und zwar ausgerechnet in Amerika. An den dortigen Universitäten nämlich hat die Barbarei der P.C.-Zensur dazu geführt, daß das »Seminar«, seiner männlich-sexistischen Etymologie wegen, durch das ideologisch unverdächtige »Ovular« ersetzt wird, die »History« durch die frauenfreundliche »Herstory«.[4]

In God's own country ist offenbar der Teufel los, und der Teufel ist entweder weiblich oder schwarz beziehungsweise rot oder beides zusammen. Der Westberliner Schriftsteller Hans Christoph Buch klagt nach einem Gastaufenthalt in Berkeley in einem offenen Brief an Christoph Hein darüber, daß an den kalifornischen Literaturdepartments »unter Berufung auf die Dritte Welt Literatur von toten weißen Männern aus dem Curriculum gestrichen werden soll«[5]. Der *FAZ*-Korrespondent in den USA vermittelt unter der Überschrift »Körper und Lehrkörper. Amerikas Universitäten streiten über ›political correctness‹« einen Eindruck von den kulturellen Verwüstungen, die auf dem Campus angerichtet werden: William Faulkner ist verboten, dafür muß »der Kommunist Michael Gold« gelesen werden, »der in den dreißiger Jahren die New Yorker Slums beschrieb«; da werden schaurige Erinnerungen wach an den sowjetischen Allunionskongreß von 1934, auf dem James Joyce zugunsten des Sozialistischen Realismus abtreten mußte. Als weiteres Beispiel für den alarmierenden Niedergang des amerikanischen Kulturstandards wird die Empfehlung der Autobiographie Rigoberta Menchús erwähnt, die, wie der Autor erläutert, zu »Feminismus und Sozialismus gefunden hatte«, was sie, über das Indianische hinaus, in den Augen der Herren über die richtige politische Linie offenbar besonders empfehlenswert macht. Diese Herren können aber auch Damen sein, an der Pennsylvania State University zum Beispiel haben Frauen so lange gegen den europäischen Klassiker Goya protestiert, bis dessen Nackte Maya, eine Quelle sexueller Beleidigung nach ihrer Auffassung, von der Wand entfernt wurde. »Seit Jahren versuchen schwarze und feministische Weltverbesserer, auch auf die Lehrpläne außerhalb ihres Ghettos Einfluß zu nehmen«, resümiert der Berichterstatter die besorgniserregende amerikanische Entwicklung.[6] Hinter dem Ausdruck »political correctness« verbirgt sich demnach so etwas wie ein Stalino-Feminismus, fürwahr eine denkwürdige Monstrosität im Zeitalter des bankrott gegangenen Realsozialismus.

Besorgniserregend ist die Entwicklung in den Augen der verschiedenen Berichterstatter deshalb, weil sie sich nicht auf eine Handvoll Provinzuniversitäten und unbedeutender städtischer Colleges beschränkt, sondern die angesehenen akademischen Ausbildungsstätten erfaßt hat. An der Harvard-Universität herrscht ein Klima von Hexenjagd, schlimmer als der McCarthyismus der fünfziger Jahre, sagt der dort lehrende und in den Berichten häufig zitierte Historiker Stephen Thernstrom: alles, was für Amerika und seine Werte eintrete, werde gnadenlos verfolgt. Das P.C.-Übel hat sogar die New Yorker Columbia University erfaßt, meldet die *FAZ*, denn in der neuesten Ausgabe der von ihr herausgegebenen amerikanischen Literaturgeschichte, die weithin als Standardwerk benutzt wird, überlebt der Geist eines Sozialistischen Realismus, der seinen Namen nicht zu sagen wagt: Emerson werde dort als »weißer Imperialist« abgestempelt, während die Verfasserin von *Onkel Toms Hütte* ihres sozialen Verantwortungsbewußtseins wegen zur Meisterdichterin des 19. Jahrhunderts erhoben werde. Viel schlimmer noch treibt es die berühmte Stanford University bei San Francisco: dort ist »unter dem Druck farbiger Demonstranten«, wie die *Neue Zürcher Zeitung* betont,[7] der Einführungskurs »Western Culture« abgeschafft und durch einen relativistischen Mischmasch namens »Cultures, Ideas and Values« ersetzt worden: »Platon, Rousseau, Freud und die anderen DWEMs (Abkürzung für die von P.C. geächteten Dead White European Males) sahen sich plötzlich in ungewohnter Gesellschaft, darunter der des schwarzen Revolutionärs Frantz Fanon und einer gualtemaltekischen Bäuerin, die zu Feminismus und Sozialismus gefunden hatte«, heißt es dazu in der *FAZ*. Der Korrespondent konnte im Februar 1992 freilich noch nicht wissen, daß aus jener guatemaltekischen Bäuerin später im Jahr die Friedensnobelpreisträgerin 1992 Rigoberta Menchú werden würde: ist am Ende auch das norwegische Parlament, das diesen Preis vergibt, vor »political correctness« in die Knie gegangen?

Den Berichten all dieser europäischen Boten zufolge müssen in den USA radikale Feministinnen, Kommunisten, Minderheiten aller Art kulturell die Macht ergriffen haben: wenn schon die reiche, international renommierte Privatuniversität Stanford unter »dem Druck farbiger Demonstranten« die Segel streicht und ihre Studienprogramme über den Haufen wirft, Indianerinnen und schwarze Revolutionäre auf eine Stufe mit Platon und Shakespeare stellt ... Das Dumme ist nur, daß an dieser Geschichte fast nichts stimmt.

Im Jahr 1988 beschlossen die Gremien der Universität Stanford, das obligatorische einjährige Studienprogramm für die Anfänger zu reformieren. Beibehalten wurde die Aufteilung des Lernstoffs in acht verschiedene, den späteren Studienfächern in etwa entsprechende Einführungskurse: Philosophie, Geschichte, Literatur, Kunst, Technologie etc. Der Name des Programms »Western Culture« wurde in »Culture, Values, Ideas« abgeändert, in sieben der acht Kurse blieb das Curriculum weitgehend erhalten, nur der achte Kurs, bis dahin »European Civilization« überschrieben, erhielt mit seinem neuen Namen »Europe and the Americas« auch einen veränderten Lektürekanon: neben Aristoteles und Tocqueville sollen die Studienanfänger auch neuere Autoren aus der amerikanischen Hemisphäre kennenlernen, unter anderen den aus Martinique stammenden Schriftsteller und Arzt Frantz Fanon. Daneben wurde die für alle Kurse geltende Leseliste verändert und erweitert: sie empfielt nicht nur die Bibel, sondern auch Konfuzius und den Koran zur Lektüre, und sie gibt mit dem Hinweis auf Texte von Marx und Freud zu verstehen, daß zur Welt von »Kultur, Werte, Ideen« auch deren Kritik gehört.

»Wäre ich Studienanfänger in Stanford«, schrieb der an der benachbarten kalifornischen Staatsuniversität in Berkeley lehrende liberale Sozialphilosoph John Searle in der *New York Review of Books*, »ich würde den Kurs ›Europe and the Americas‹ belegen«, und fügte hinzu, daß er nichts Schlechtes darin sehen könne, wenn in einem von acht Einführungskursen europäische Zivilisation »als lediglich eine Zivilisation unter anderen Zivilisationen« dargestellt werde.[8] Gegen diese begrenzte Reform eines Curriculums für das erste Studienjahr an einer einzigen Universität erhob sich im Jahr des Präsidentschaftswahlkampfs 1988 ein alle Proportionen sprengender Proteststurm. Die reaganistischen Denkfabriken überschwemmten die Öffentlichkeit mit Pamphleten, die vor der Machtübernahme durch die Linksradikalen und lautstarke Minoritäten warnten. Zum Stichwortgeber bei der Bataille wurde ein Philosophieprofessor namens Allan Bloom, der seine Probleme mit der Universitätskarriere, die ihn vorübergehend ins Exil nach Kanada ausweichen ließen, in seinem 1987 erschienenen Buch *The closing of the american mind*[9] der Bedrängung durch eine umfassende Verschwörung von Feministinnen und Minoritätenlobbies in die Schuhe schob. Die zugkräftige Parole war gefunden, unter der sich das konservative Amerika sammeln konnte, einschließlich des Erziehungsministers der Reagan-Administration, William Bennett, und der Präsidentin des *National Endowment for the Humanities*, Lynne V. Cheney, der Ehefrau von Präsident Bushs Verteidigungsminister Dick Cheney. Was in Europa über die Krise der amerikanischen Universitäten berichtet wurde, entstammt großenteils dem Material der Kampagne, die aus Anlaß der Stanford-Reform von den *think tanks* der amerikanischen Neuen Rechten gegen die liberalen Intellektuellen gestartet wurde; ihre medial erfolgreichste Operation bestand zweifellos darin, den von der amerikanischen Neuen Linken in ironischem Sinn gebrauchten, die Marxisten alter Schule mit ihrer Sorge um die richtige Linie verspottenden Ausdruck »political correctness« so umzucodieren und in Umlauf zu bringen, daß er als Sammelname für mächtige sprachzensierende und freiheitsbedrohende Tendenzen mittlerweile in aller Munde ist.[10]

Die *Wallstreet-Journal*-Journalistin Susan Faludi, die in den heißen Jahren der Debatte in Stanford studiert hat, beschreibt das politische Klima an dieser kalifornischen Universität als eher konservativ.[11] Das erscheint auch garnicht verwunderlich, bewegt sich die Universität mit ihrer Reform des Unterrichtskanons doch ganz innerhalb einer ehrwürdigen amerikanischen Tradition der Reform. Nach dem Ersten Weltkrieg hatte die elitäre, dem feinen Club der Ivy-League-Universitäten angehörende Columbia in New York einen Sturm der Entrüstung hervorgerufen, als sie zusammen mit den Zugangsbedingungen das Curriculum veränderte: das enge Nadelöhr für Columbia-Studenten, der Nachweis von Griechisch- und Lateinkenntnissen, wurde erweitert, im Grundstudium durften die griechischen und lateinischen Klassiker von da an in englischer Übersetzung gelesen werden. Was manche dabei als Verrat an den Bildungsidealen der Bourgeoisie Neu-Englands verurteilten, verteidigte die Universität als notwendig gewordene Einstellung auf eine sich in ihrer Zusammensetzung verändernde Immigrationsgesellschaft: aus Süd- und Osteuropa eingewanderte Immigranten sollten nicht durch Anforderungen, die sie nicht erfüllen konnten, vom Studium ausgeschlossen werden. Um diese Studentengeneration mit den kulturellen Traditionen vertraut zu machen, wurde ein umfassendes Studium generale unter dem Titel »contemporary civilization« eingerichtet, für das Lionel Trilling den Kanon von »great books« der Weltliteratur zusammenstellte.

Wenn nun die Stanford-Universität mit ihrer Reform einer erneut stark veränderten Zusammensetzung der Studentenschaft Rechnung tragen will, wird, als hätte man nichts aus der amerikanischen Vergangenheit gelernt, die Katastrophe ausgerufen. Mehr als 40 Prozent der Studienanfänger in Stanford sind keine weißen Nordamerikaner, sondern Schwarze, Asiaten, Hispanics und Indianer; an der kalifornischen Staatsuniversität im benachbarten Berkeley ist der Anteil der nordamerikanisch-weißen Studienanfänger innerhalb von zehn Jahren von 66 auf 34 Prozent gesunken.[12] Und im Angesicht solcher beträchtlicher, in Europa ganz unvorstellbarer Umschichtungen der studentischen Population soll der Studienkanon bis in alle Ewigkeit unverändert bleiben, »from Plato to Nato«, wie man in den USA gern witzelt?

Die in alteuropäisches Pathos gekleidete europäische Aufregung über die P.C. genannte kulturelle Machtübernahme in Amerika durch doktrinäre Drittwelt-Ideologen und zensierende Banausen jeglicher Herkunft gilt einem Phantom. Sie stellt sich freiwillig in den Dienst einer inneramerikanischen politischen Kampagne und kann dabei doch nicht ihren generell antiamerikanischen Antrieb verbergen: wie eh und je rumort im Hintergrund der an die Adresse der Amerikaner gerichtete Vorwurf, die europäische Kultur entführt, kopiert und schließlich verraten zu haben. Seit der grenzenlos herrschende Antikommunismus dafür sorgt, daß die früher einmal kritisierte Kulturindustrie aus der Schußlinie bleibt, kann sich der Antiamerikanismus direkt gegen die Gesellschaft der Immigranten richten. Die Kulturzerstörer werden nun in den Ghettos der Schwarzen und Latinos und in ein paar Universitätsdepartments aufgesucht, in denen man nicht länger die Augen vor der Tatsache verschließen will, daß immer mehr Empfänger ihrer Wissensvermittlung keine Kinder europäischer Einwanderer sind.

Eine ernsthafte Debatte über den amerikanischen »Multikulturalismus« kann erst beginnen, wenn der in europäischen Medien angehäufte Kehrrichthaufen irreführender Berichterstattung beiseite geräumt ist. Es stellt sich dann heraus, daß hinter dem Phänomen »political correctness« etwas rumort, was sich nicht einfach als Hirngespinst beiseite schieben läßt; das Feuer, das den *melting pot* in Amerika am Sieden hält, flackert und zeigt Ermüdungserscheinungen: Symptom der Krise, in die das amerikanische Modell der kulturellen Assimilation geraten ist. Von Vermutungen über diese Krise handelt der zweite Teil des Kapitels.

2

Im Jahr 1975 hielt ich mich zum ersten Mal in den Vereinigten Staaten auf. Eine Art Aufbruchsstimmung schien im Land zu herrschen, der lästig gewordene Vietnamkrieg war zu Ende gebracht worden, es war gelungen, den Skandalpräsidenten Nixon aus dem Amt zu jagen, und Forderungen der Bürgerrechtsbewegung der sechziger Jahre wurden allmählich erhört und vereinzelt in die Tat umgesetzt. In den Fernsehserien räumten manche WASP-Helden den Platz zugunsten von italoamerikanischen Detektiven und weiblichen Polizeiinspektoren, Schwarze waren nicht mehr ausschließlich auf die Rolle von Entertainern à la Nat King Cole festgelegt, sondern traten als

Journalisten und Moderatoren auf. Die zu einem Drittel von Schwarzen bewohnte Stadt Cincinnati, in der ich angekommen war, hatte einen schwarzen Bürgermeister gewählt, und an der dortigen städtischen Universität wurde streng darauf geachtet, daß frei werdende Stellen bevorzugt mit Bewerbern aus unterrepräsentierten Bevölkerungsgruppen und Minderheiten besetzt wurden.

Unter den Universitätsangehörigen wurde viel über das Für und Wider dieser nicht nur auf Kompetenzen, sondern auch auf Geschlechtszugehörigkeit und ethnische Herkunft achtenden neuen Besetzungspolitik diskutiert. Sie war unter der Präsidentschaft Lyndon B. Johnsons hauptsächlich im Blick auf die Lage der Schwarzen formuliert worden. Nachdem die Bürgerrechtsbewegung die Anerkennung der staatsbürgerlichen Gleichstellung der Schwarzen erkämpft hatte, sollte mit dem »affirmative action« genannten aktiven Minderheitenschutz innerhalb der öffentlichen und öffentlich geförderten Institutionen Gleichheit der Aufstiegschancen erreicht werden. Wer Jahrhunderte in Ketten gelegen habe, lautete Präsident Johnsons Argument, der müsse zunächst seine Glieder bewegen lernen, bevor er ins Rennen geschickt wird, deshalb sei den Schwarzen vorübergehend ein Vorsprung einzuräumen. Die egalitäre Intention dieser Politik wurde Mitte der siebziger Jahre von niemandem aus meiner damaligen universitären Umgebung in Frage gestellt. Die Ungleichheit der Bildungschancen war mit Händen zu greifen: 35 Prozent schwarzer Stadtbevölkerung entsprachen nicht einmal zehn Prozent schwarze Studenten an dieser städtischen, für Kinder der Stadt gebührenfreien Universität, und schwarze Lehrkräfte waren eine ausgesprochene Seltenheit. Der Streit ging vielmehr um die auch auf Frauen ausgedehnte Quotenregelung, von der sich einige der Männer um die Karrierechance gebracht sahen.

Die Auswirkungen der »affirmative action« sind in den heutigen USA nicht zu übersehen. Es ist von einer neuentstandenen schwarzen Mittelklasse die Rede, die allerdings öffentlich weniger sichtbar ist als der Auftritt von Schwarzen im Management großer Firmen, in der Diplomatie, in der Staatshierachie bis hin zum Armeestabschef Collin Powell. Dennoch ist der einmal erhoffte Breiteneffekt der »positiven Diskriminierung« der Schwarzen in den USA ausgeblieben. Auch dreißig Jahre nach dem Startschuß des »Civil Rights Act« von 1964 ist die Masse der schwarzen Bevölkerung dem Teufelskreis von schlechter öffentlicher Schulbildung, Arbeitslosigkeit, Drogenkriminalität, alltäglicher Gewalt nicht entkommen. Die Farbe der Armut ist immer noch hauptsächlich schwarz. Die Schwarzen stellen zwölf Prozent der amerikanischen Bevölkerung, aber Schwarze machen nicht mehr als zwei Prozent der Hochschullehrerschaft aus. Während das erklärte Ziel der »affirmative action«, die soziale Integration der Schwarzen in die Mehrheitsgesellschaft durch Herstellung von Chancengleichheit, immer noch in weiter Ferne liegt, hat der einmal auf den Weg gebrachte Mechanismus der Minderheitenförderung gesellschaftliche Entwicklungen in Gang gesetzt, die im Begriff sind, das Gesicht der amerikanischen Gesellschaft nachhaltig zu verändern, und zwar nicht in dem Sinn, den sich die Bürgerrechtsbewegung einmal gewünscht hat.

Aus einer Gesellschaft, die stolz ist auf die Farbenblindheit ihrer gegenüber religiöser und ethnischer Zugehörigkeit indifferenten Rechtsordnung, droht eine Gesellschaft der sich voneinander abgrenzenden ethnisch definierten *communities* zu werden. Verantwortlich für die zunehmende innergesellschaftliche Fragmentierung ist gewiß nicht allein die Politik der »affirmative action«: die Kultur des »coming out«, der öffentlichen Selbstbekenntnisse von Lesbierinnen und Schwulen, hatte den Boden schon vorbereitet für die Kultivierung aller denkbaren Gruppendifferenzen. Die soziale Umsetzung einer Politik, die erreichen wollte, daß die diskriminierende Bedeutung von Herkunft und Hautfarbe verschwindet, führte dazu, daß Herkunft und Hautfarbe erst recht hervorgehoben wurden. Denn die Förderungsprogramme und Quotenregelungen verlangten von denjenigen, die in ihren Genuß kommen wollten, daß sie sich ethnisch definierten, als Schwarze, Indianer, Hispanics,

Asiaten. Auf diese Weise wurde in gänzlich nichtrassistischer Absicht der Begriff der Rasse über seinen Gebrauch als administrative Kategorie ins Alltagsbewußtsein zurückgebracht. Von der Rasse als »der amerikanischen Obsession« spricht der bekannte Chicagoer Journalist Studs Terkel im Titel seiner 1992 erschienenen Sammlung von Interviews mit weißen und schwarzen Amerikanern, und daß er damit einen Nerv getroffen hat, beweist der große Verkaufserfolg seines Buchs bei amerikanischen Lesern.[13]

Solche Obsession durch die Rasse hat nicht das geringste mit irgendeiner wiederbelebten Besessenheit durch Theorien der Vererbung zu tun. Da die Zugehörigkeit zu einer Rasse oder Minorität, die ausschlaggebend ist für die Aufnahme in ein Förderungsprogramm, durch Kriterien objektiver Art nicht bestimmt werden kann, wird sie durch Selbsteinschätzung festgelegt: man ist das, als was man sich fühlt, irgendein Bindestrich-Amerikaner, italo-american, african-american, native-american, latin-american. Die Amerikaner haben die Wahl, sich nach Gutdünken für diese oder jene ethnische Herkunft zu entscheiden, sie können sich in manchen Staaten sogar ein zweites Mal ethnisch umdefinieren, dann aber müssen sie bei ihrer Selbsteinschätzung bleiben. Der Faktor Herkunft wird durch das Element der Wahl zwar vom Gewicht des Naturzwangs befreit, dafür gewinnt er in dem Maß an praktischer Bedeutung, in dem Beschäftigungs- und Aufstiegschancen von ihm abhängen. So streiten auf der einen Seite immer neue Minderheitengruppen um ihre juristische Anerkennung, damit auch ihre Angehörigen in den Genuß von Quoten und Förderungen kommen, und auf der anderen Seite findet ein Run auf bestimmte, mit den interessantesten Privilegien verbundene Herkunftstitel statt. Der Weg zum Aufstieg durch weitgehende Assimilation an die amerikanische Majorität, das Erfolgsrezept vieler Generationen von Immigranten, hat einen sich immer weiter verbreiternden Seitenweg erhalten, der über die sozial durchaus folgenreiche Betonung der ethnischen Differenz führt. Die Bewegung der »new ethnicity« ist aber auch aus der resignativen

Erkenntnis heraus zu verstehen, daß die ökonomische Gleichstellung der Minderheiten unerreichbar blieb, wofür nun ein Ausgleich gesucht wird in der symbolischen Anerkennung ihrer Unterschiedlichkeit.

In den USA wird im Zusammenhang mit dieser Tendenz zum ethnisch bestimmten innergesellschaftlichen Separatismus von »hard multiculturalism« gesprochen: dafür gibt es nirgendwo in Westeuropa, wo man schon in der Nachbarschaft eines griechischen und eines thailändischen Restaurants den gastronomischen Multikulturalismus aufblühen sieht, ein Äquivalent. In Kanada hat der harte amerikanische Multikulturalismus eine noch härtere Variante erhalten: die kanadische Bundesverfassung von 1982 erklärt die Nachkommen der Ureinwohner des Territoriums, Indianer und Inuit, zu eigenen Nationen, zu den »first nations«, deren Angehörige ganz außerordentliche Privilegien genießen: sie sind nur bedingt den für die anderen Kanadier verbindlichen Gesetzen unterworfen, sind von bestimmten Gebühren wie Stromgebühren befreit, können aber sämtliche Sozialleistungen in Anspruch nehmen. Bei meinem Aufenthalt in Kanada wurde mir davon berichtet, daß es dem einen oder anderen Kanadier aus dem Bekanntenkreis gelungen sei, unter Hinweis auf eine indianische Urgroßmutter als »amerindian« anerkannt zu werden und die damit verbundenen Vergünstigungen zu erhalten; Zeitungen berichteten davon, daß in Florida, dem Urlaubsparadies vieler Kanadier aus dem Osten des Landes, ein schwunghafter Schwarzhandel mit Indianer-Zertifikaten getrieben werde. Wo es Privilegien zu gewinnen gibt, ist auch das business nicht weit, das hat auch in unserer Nähe der Handel mit gefälschten Bescheinigungen für »Deutschtum« in Polen gezeigt.

Haben die Folgen der »affirmative action« vom Ende der sechziger Jahre das öffentliche Klima in den USA spürbar verändert? Bei Aufenthalten Ende der achtziger und Anfang der neunziger Jahre fiel mir auf, daß in manchen Gegenden Kaliforniens sämtliche Reklametafeln in spanischer Sprache abgefaßt waren und daß die U-Bahn in New York ihre Durchsagen in spanischer Übersetzung wiederholte. Das hatte es in den siebziger Jahren nicht gegeben, New York hatte zwar schon immer sein Chinatown und sein Little Italy besessen, aber die Stadt hatte niemals einen Zweifel an der Prädominanz ihres anglo-amerikanischen Charakters gelassen. Leichte, nicht weiter bedeutungsvolle atmosphärische Verschiebung oder Symptom des nachlassenden Vertrauens in die eigene Assimilationskraft?

»Indem sie (die Immigranten) ihre Assimilation anstrebten, konnten sie zumindest Ungleichheit und Vorurteile leichter ertragen, in der Hoffnung nämlich, daß sich die Dinge am Ende schon zum Besseren wenden würden. Heutzutage hat man den Eindruck, daß die Minoritäten nicht mehr so duldsam sind wie ehedem noch geneigt, ihre alten kulturellen Bindungen ohne weiteres aufzugeben«, schreibt George Blecher, ein New Yorker Freund, der als Literaturdozent an einem städtischen College in der Bronx täglich Erfahrungen mit Studenten vielfältiger Herkunft macht.[14] Für George Blecher ist die Auskunft eines schwarzen Arztes symptomatisch, der auf die Frage, warum er in einem rein schwarzen Viertel wohne, geantwortet hat: »Wir haben kein Bedürfnis, mit Weißen zusammenzuleben. Wir möchten unseren Kindern unsere eigene Kultur nahebringen.« Keine Kampfansage, sondern vielmehr Ausdruck einer gelassenen Desillusionierung: kein Bedürfnis mehr, wie Blecher sagt, »sich einem umfassenden Amerika zugehörig zu fühlen, eine beinahe erotische Sehnsucht nach etwas, von dem sie nicht wußten, ob sie es jemals bekommen würden – oder ob es jemals existierte«.

Im März 1992 besuchte ich mit George Blecher die Ausstellung »Bridges and Boundaries, African Americans and American Jews« (»Brücken und Grenzen«) im New Yorker Jüdischen Museum, und dabei schien mir fast mit Händen zu greifen zu sein, was sich an diesem Amerika seit den siebziger Jahren verändert hatte: die Ausstellung, die den Beziehungen zwischen Schwarzen und Juden im 20. Jahrhundert gewidmet war, hatte auf einmal eine nostalgische Färbung angenommen.

Rührende Bilder jüdischer Maler, die sich des Elends der schwarzen Landarbeiter annahmen, gutgemeinte, wenn auch schiefe Vergleiche zwischen der Unterdrückung der amerikanischen Schwarzen und den Judenverfolgungen in Europa, schließlich Martin Luther Kings »I had a dream« als ritueller Text in einem Haggodot, aus dem am Sederabend vor dem Pessachfest vorgelesen wird, demonstrative Teilnahme jüdischer Intellektueller an Protestkundgebungen der schwarzen Bürgerrechtsbewegung in den sechziger Jahren: das alles war Vergangenheit geworden. An dem Umstand, daß die Ausstellung um die jüngste, von wachsenden Spannungen zwischen Schwarzen und Juden in New York gekennzeichnete Gegenwart einen Bogen machte und sich bei Bildern aus der glücklichen Geschichte gemeinsamer Kämpfe ausruhte, war abzulesen, daß da ein Vertrauen auf die Tragfähigkeit amerikanischer Zusammengehörigkeit geschwunden war.

Juden contra Schwarze, Schwarze contra Juden, so hatten Schlagzeilen die gewalttätigen Auseinandersetzungen charakterisiert, die im August 1991 den Stadtteil Crown Heights in Brooklyn erschütterten: ein Wagen aus dem Konvoi des im Viertel residierenden chassidischen Rabbi Schneerson hatte den schwarzen Jungen Gavon Cato überfahren und tödlich verletzt, worauf wütende schwarze Demonstranten durch die Straßen der chassidischen Juden zogen und den Studenten Yankel Rosenbaum, der zufällig des Wegs gekommen war, erstachen. Die Chassiden wiederum schlugen einen obdachlosen Schwarzen zusammen, der in einer ihrer Mülltonnen gewühlt hatte. Schwarzer Antisemitismus, jüdischer Schwarzenhaß?
Beim Gang durch Crown Heights ging mir auf, daß der Konflikt eine weitere Dimension besitzt, die in dem einfachen Schema nicht aufgeht: dieses Viertel ist nicht einfach schwarz, sondern von ganz bestimmten Schwarzen geprägt, Einwanderern aus Jamaica und Haiti; in den Chassiden begegnet diesen Westindern nicht einfach *das* Judentum, sondern ein Stück Osteuropa des 18. Jahrhunderts, das die Chassiden in ihrer Tracht und ihrer Form von Religiosität konservieren. Zusam-

menstoß zweier Welten, die verschiedener nicht gedacht werden können: Bob Marley neben der lebendig gehaltenen Tradition des Rabbi Israel Ben Elieser aus Medschibosch in Podolien. Weniger ein Rassenkonflikt als der Zusammenprall weit voneinander entfernter Epochen und Mentalitäten. Mit dem unbeirrbaren Festhalten an ihrem Traditionalismus verkörpern die Chassiden allerdings etwas im gegenwärtigen Amerika durchaus Zeitgemäßes, nämlich die selbstbewußte Ablehnung jedweder Assimilation.

Der New Yorker Zeichner Art Spiegelman ist gegen Mauern gerannt, als er den Versuch unternahm, mit seinen Mitteln zur Entspannung beizutragen: für den Umschlag des *New Yorker* zeichnete er einen Chassiden, der eine schwarze Frau umarmt und küßt, und erntete damit wütende Proteste aus beiden Lagern. Es nützte nichts, daß Spiegelman auf den Text des Hohelieds Salomos verwies, in dem es heißt: »Er küsse mich mit dem Kusse seines Mundes ... Ich bin schwarz, aber gar lieblich ...«, einig waren sich die Wortführer der Proteste beider Seiten nur in der Entrüstung. Die Zeichnung Art Spiegelmans, des Autors der *Maus*-Comics, hatte alle derzeit kultivierten Empfindlichkeiten verletzt: weder *politically correct* – viel zu »sinnlich und suggestiv« befand die *New York Times* – noch *racially correct* noch *religiously correct*. Ein chassidischer Mann, der eine schwarze Frau küßt, das gibt es nicht im wirklichen Leben, deshalb ist das Bild zu verurteilen, befand der Sprecher der Chassiden von Crown Heights, so als spräche aus ihm ein Kommissar des sozialistischen Realismus.

Wo der Humor fehlt, wird um so schneller nach der Polizei gerufen. Eines Abends im November 1992 fand ich den Campus der Columbia University von einem gewaltigen Polizeiaufgebot umstellt und erfuhr von Umstehenden, daß man tätliche Auseinandersetzungen zwischen schwarzen und jüdischen Studenten befürchte; in der Universität sollte ein Vortrag über Malcolm X stattfinden, jüdische Studentenorganisationen sprachen von einer gezielten antijüdischen Provokation, weil der Vortragsabend mit dem Jahrestag der Reichskristallnacht zusammenfiel, und kündigten Störaktionen an. Der Abend verlief dann glücklicherweise friedlich, aber ich gewann den Eindruck, daß die Wählerkoalition, die Schwarze und Juden hinter dem gerade gewählten Bill Clinton gebildet hatten (82 Prozent der schwarzen, 78 Prozent der jüdischen Wähler für den demokratischen Kandidaten) nur auf dem Papier der Statistik bestanden hat.

»Schwarzer Antisemitismus« ist ein beliebtes Thema. Zweifellos gibt es ihn im wirklichen Leben: von Louis Farrakhan, dem Führer der »Nation of Islam«, werden entsetzliche antijüdische Aussprüche überliefert, ebenso von Leonard Jeffries, dem inzwischen von seinem Posten als Departmentsleiter an der City University of New York entfernten und in der P.C.-Kontroverse immer wieder als abschreckendes Beispiel genannten Professor für *african-american studies*. Mir kommt es aber so vor, als würden die judenfeindlichen Ansichten des einen oder anderen Prominenten deshalb so gern zitiert, weil etwas am Bild vom antisemitisch delirierenden Schwarzen durchaus willkommen ist; man braucht sich dann nicht mehr mit seinen übrigen Ansichten zu beschäftigen und darf darüber auch den strukturellen Antisemitismus des weißen Amerika vergessen. Eine Schrifttafel in der Ausstellung des Jüdischen Museums erinnerte an seine Virulenz in Gestalt umlaufender Mengenphantasien: auf 18 % der Bevölkerung wird der Anteil der Juden in der amerikanischen Bevölkerung laut einer Gallup-Umfrage von 1991 geschätzt, während laut Statistik nicht einmal drei Prozent der Amerikaner Juden sind; laut der gleichen Umfrage erhöht sich der reale schwarze Bevölkerungsanteil von 12 % auf über 30 % in der Vorstellung der befragten Amerikaner. In der kollektiven Imagination des Landes verbinden sich Juden und Schwarze zu einer potentiellen Majorität.

Die Spaltung der Verbündeten aus den Tagen der Bürgerrechtsbewegung hängt paradoxerweise auch mit den Auswirkungen der Politik zusammen, die als Reaktion auf die Forderungen der Bürgerrechtsbewegung ins Werk gesetzt worden war. Im Lauf der siebziger Jahre klagten mehrere Amerikaner, darunter auch jüdische, vor dem Obersten Gericht gegen die Regelungen der »affirmative action«, von denen sie sich gegenüber den geförderten Minderheiten benachteiligt fühlten. Der weiße Medizinstudent Allan Bakke erhielt 1978 in einer aufsehenerregenden Entscheidung des Supreme Court Recht: mit knapper Mehrheit sprachen sich die Richter gegen die Quoten für Minderheiten aus. Bei den Schwarzen mußte danach zwangsläufig das Gefühl entstehen, daß das weiße Amerika, zu dem auch das jüdische Amerika gehört, sich nach dem Intermezzo der Bürgerrechtsbewegung wieder gegen sie verbündet hatte.

Der Psychologe Kenneth D. Clark, der erste Schwarze, der an der City University of New York zum Professor ernannt wurde, zieht im Gespräch mit Studs Terkel eine bittere Bilanz des jahrzehntelangen Kampfs der Schwarzen um soziale Integration. Nach seinen Angaben gibt es heute mehr nach Rassen getrennte Schulen in New York City als vor Beginn der Kampagne zur Aufhebung der Rassentrennung im Jahr 1954. Die separatistischen Tendenzen unter den Minderheiten, vor allem den Schwarzen, kommen den Superioritätsvorstellungen vieler Weißer in den USA seiner Ansicht nach durchaus gelegen; sie ersparten ihnen selbst die Weiterarbeit an der eigenen Demokratisierung. Der Kampf der Bürgerrechtsbewegung habe letzten Endes nur den Minderheiten unter den Weißen weitergeholfen, die Schwarzen, die sie in Gang gebracht hatten, jedoch abgeschlagen zurückgelassen: »Die Bürgerrechtsbewegung hat die weißen ethnischen Gruppen des Nordens demokratischer werden lassen. Die Polen, Juden, Italiener, Iren konnten in ihrer Ablehnung der Schwarzen zusammenfinden. Daraus wurde ein anderer Aspekt des demokratischen Credo ... Die Präsenz von Schwarzen in Amerika war für aufstrebende weiße Gruppen psychologisch außerordentlich wertvoll. Während sie untereinander Konflikte haben mochten – jede neuankommende Immigrantengruppe wurde von älteren Immigrantengruppen niedergehalten – besteht der wahre Test ihrer Amerikanisierung in ihrer Feindseligkeit gegenüber den Schwarzen: jemand war immer unter ihnen.«[15]

Wenn Kenneth D. Clark recht hat, dann erlaubt sein Gedankengang immer noch zwei verschiedene Schlußfolgerungen: entweder sind die Schwarzen dazu verurteilt, solange Amerika in der bisherigen Gestalt existiert, für den Zusammenhalt seiner Gesellschaft durch die Verachtung, die sie auf sich ziehen, den Kitt zu liefern; oder aber die gegenwärtig sichtbaren Symptome der inneren Separation – von der »Entzweiung Amerikas« spricht Arthur M. Schlesinger jr. im Titel seines jüngst erschienenen Buchs[16] – sind insofern begrüßenswerte Vorzeichen, als sie einen gesellschaftlichen Zustand ankündigen, der auf das Opfer, das die Schwarzen bringen, indem sie sich diskriminieren und verachten lassen, nicht mehr angewiesen ist.

Der amerikanische Multikulturalismus bleibt bis dahin eine asymmetrische Veranstaltung. Denen gegenüber, die freiwillig ins Land gekommen sind, den Immigranten aus Europa, Südostasien, Lateinamerika, zeigt er sich von seiner freundlichsten Seite; er erlaubt ihnen, vorausgesetzt, daß sie eine Handvoll elementarer Grundregeln des gesellschaftlichen Verkehrs beachten, nach ihrer Façon selig und auch reich zu werden. Niemand verwehrt den eingewanderten chassidischen Gemeinden, ihr Leben nach den Sitten aus dem 18. Jahrhundert zu gestalten, wenn sie sich dabei nur glücklich fühlen (das zum Leben notwendige Geld wird unter anderem im Computervertrieb in Manhattan verdient). Den Zwangsmitgliedern der amerikanischen Gesellschaft, in erster Linie den Schwarzen, deren Vorfahren mit Gewalt ins Land geschleppt wurden, aber auch den Indianern, bringt der Multikulturalismus weit weniger Vorteile; wenn der von George Blecher zitierte schwarze Arzt sagt, daß er kein Bedürfnis hat, mit Weißen zusammenzuleben, dann drückt er damit auch aus, daß er sich von dem Gewinn, den andere vom Leben in einer multikulturell verfaßten Gesellschaft haben mögen, selbst nichts mehr verspricht.

Im Oktober 1992 war in Kanada über einen Verfassungsentwurf abgestimmt worden, der den »first nations« der Indianer und Inuit noch größere Unabhängigkeit von der Föderation und ihren Gesetzen bei beibehaltener staatlicher Förderung zugesteht. Die Mehrheit der Kanadier lehnte den Entwurf ab, teilweise aus Furcht vor den möglichen territorialen Ansprüchen, die die »first nations« aufgrund ihrer gestärkten Rechtsstellung künftig erheben könnten. Aber auch die Mehrheit der abstimmenden Indianer lehnte den von ihren Repräsentanten in harten Verhandlungen durchgekämpften Verfassungsentwurf ab. Sie sagte nein zu einer multikulturellen Fürsorge, die die indianischen Gemeinschaften wie selten gewordene, vor den schädlichen Einflüssen der sie umgebenden Zivilisation zu schützende Gattungen behandelt; der multikulturelle Verfassungsentwurf ignorierte den Wunsch vieler Autochthoner, an den Rechten und Freiheiten der nordamerikanischen Gesellschaft teilzuhaben, ohne von ihren patriarchalischen Führern und multikulturell besorgten Sozialarbeitern bevormundet zu werden.

Auf der Insel Davis Inlet vor der Küste Labradors lebt der indianische Stamm der Innus. Ihm wird dort staatlicherseits alles zur Verfügung gestellt, was er zum Überleben braucht, Häuser mit Badezimmern, Fernseher, Videogeräte, Schneemobile, Lehrer, Krankenschwestern und Sozialarbeiter. Was die Innus offenbar vermissen, ist der Sinn ihrer autochthonen Inselexistenz. 1992 suchte eine Epidemie versuchter Selbstmorde die erwachsene Bevölkerung heim. Im Januar 1993 nahmen die kanadischen Medien von dem wirklichen Leben auf der Indianerinsel Notiz, nachdem sechs Kinder, die versucht hatten, sich mit Benzindämpfen umzubringen, im letzten Augenblick gerettet werden konnten. Wenn der Multikulturalismus noch härter wird, frißt er seine kids.

1 William Safire, A Bronx Cheer for »Conservation Park«. In: Herald Tribune, 22. 2. 1993.
2 Henry Beard and Christopher Cerf, The official politically correct dictionary and handbook. New York 1992.
3 The fraying of America. In: Time-Magazine, 3. 2. 1992.
4 Danièle Sallenave, DWEMS. In: Le messager européen 5, Paris 1991, S. 97–100.
5 tageszeitung, 8. 1. 1991.

6 Frankfurter Allgemeine Zeitung, 19. 2. 1992.

7 15. 1. 1992.

8 John Searle, Storm over the University. In: New York Review of Books, 6. 12. 1990.

9 Deutsch: Der Niedergang des amerikanischen Geistes. Ein Plädoyer für die Erneuerung der westlichen Kultur. Hamburg 1988.

10 Das Bildungsniveau so mancher Streiter für die traditionelle Bildung läßt gegenüber ihrem ideologischen Eifer vielfach zu wünschen übrig: Freuds *Psychopathologie des Alltagslebens*, ein Titel auf der neuen Leseliste von Stanford, will den Lesern nach Ansicht des Princeton-Philosophen Thomas Pavel einreden, daß »das bürgerliche Alltagsleben der Geisteskrankheit gleichkommt«; weil den Reformern die Absicht unterstellt wird, mit allen Mitteln die Zivilisation des europäisch-amerikanischen Westens schlechtzumachen, wird aus den Texten Frantz Fanons, eines weiteren Autors der Leseliste, der Aufruf an die Dritte Welt herausgelesen, »eine nationalistische und antieuropäische Politik zu betreiben«. Von Fanons Warnung vor einem »Schmalspurfaschismus« in der Dritten Welt hat dieser Streiter für solide Bildung noch nie etwas gehört, so wenig er Freud gelesen haben kann. Cf Thomas Pavel, Le rejet des classiques. In: Le messager européen 5, Paris 1991.

11 Interview in Libération, 25. 3. 1993. Susan Faludi ist Autorin des Buchs *Backlash. The undeclared war against american woman*, das unter dem reißerischen Titel *Die Männer schlagen zurück* 1993 bei Rowohlt auf deutsch erschienen ist.

12 Nach den Angaben von Catharine R. Stimpson, Präsidentin des Dachverbandes der Sprach- und Literaturabteilungen der USA, MLA. In: Debating P.C., The controversy over political correctness on college campuses. New York 1992, S. 40–60.

13 Studs Terkel, Race. How Blacks & Whites think & feal about the american obsession. New York 1992.

14 Political Correctness III. In: Freibeuter 54, Berlin 1992, S. 139–145.

15 Zitiert nach: Studs Terkel, Race, a. a. O., S. 335.

16 Arthur M. Schlesinger jr., The Disuniting of America. New York 1991.

II

Was heißt Kollaboration?

Eine zeitgeschichtliche Erinnerung

Die Beschäftigung mit dem Phänomen Kollaboration im besetzten Frankreich hat durch die Zäsur von 1989 eine neue aktuelle Bedeutung erhalten. Vor diesem Datum konnte sie ruhig den Spezialisten für die Geschichte des Zweiten Weltkriegs überlassen bleiben, in ihren Büchern war sie gut und sicher aufgehoben. Seit jedoch im frisch vereinten Deutschland die öffentliche Abrechnung mit authentischen und vermeintlichen Zuträgern des SED-Regimes eingesetzt und dabei ein unübersehbares Sammelsurium von »Kollaborateuren« jeglicher Art zusammengehäuft hat, droht der Begriff Kollaboration durch inflationären Gebrauch jeden Bezeichnungswert zu verlieren. »Wir Kollaborateure« – schreibt die Frankfurter Publizistin Cora Stephan im Vorwort zu dem *Wir Kollaborateure* überschriebenen Sammelband – »das ist die ironische Etikettierung dessen, was Psychologen einen ›Verstrickungszusammenhang‹ nennen.« Das ist eine außerordentlich beruhigende Auskunft, denn in einen solchen »Verstrickungszusammenhang« kann man ohne jede Absicht geraten, etwa dadurch, daß eine ungeschickte Bemerkung bei einem Gegenüber falsch verstanden und zum Auslöser für eine anderweitig eingeleitete psychische Katastrophe wird. »›Kollaboration‹ haben schließlich nicht nur jene getrieben«, heißt es weiter, »die die DDR vom Boden der BRD aus aktiv zugearbeitet oder allhier aus dem Schatzkästlein des Marxismus-Leninismus geplaudert haben, mit ›Kollaboration‹ ist auch das unbewußte Aufeinanderbezogensein beider Systeme gemeint.«[1]

Am Anfang steht die Begriffsentleerung, ein vielversprechender Auftakt zu der Aufarbeitung der Vergangenheit, die mit *Wir Kollaborateure* geleistet werden soll: wie schön für alle, in einem »unbewußten Aufeinanderbezogensein« hat bewußtes Handeln nichts mehr verloren, der Begriff »Arbeit«, der in Kol-labor-ation steckt, ist abhanden gekommen; wer so spricht, plaudert gewiß nicht mehr aus dem »Schatzkästlein des Marxismus-Leninismus«, er plaudert nur so daher und weiß schlicht nicht, wovon er redet und was für eine Geschichte er berührt, wenn er das Wort »Kollaboration« in den Mund nimmt. Angesichts solcher Umwandlung des historisch beladenen Begriffs Kollaboration in den willkürlich in die öffentliche Auseinandersetzung hineingeblasenen und sie verfälschenden *flatus voci* wird es zur Reinigung der Atmosphäre notwendig, einen Blick zurück in die Zeit zwischen 1940 und 1944 zu werfen, in der sich das Wort Kollaboration mit den seither wirksamen Bedeutungen aufgeladen hat.

Was war Kollaboration im besetzten Frankreich? Aktive Zustimmung zur Politik des Vichy-Regimes oder bereits der Dienst in der weiterbestehenden gewöhnlichen Gendarmerie? Lieferung von Lebensmitteln an die Wehrmacht? Der Eintritt in die »Miliz« genannte Bürgerkriegstruppe? Das Veröffentlichen in einer von der Zensur zugelassenen Zeitschrift? Denunziation eines Nachbarn wegen unangemeldeten Kaninchenschlachtens? Liebesverhältnis mit einem Besatzungssoldaten?

Das französische Standardwörterbuch *Petit Robert* gibt zwei Definitionen von »collaboration« an: einmal jede beliebige Zusammenarbeit, etwa die Mitarbeit an einer Zeitschrift, und zum anderen Parteinahme für die deutsche Besatzungsmacht zwischen 1940 und 1944. Erst in dieser Zeit hat das Wort »collaboration« die Bedeutung von verräterischer Zuarbeit angenommen, ist die Abkürzung »collabo« in die Umgangssprache aufgenommen worden.[2]

In Umlauf gebracht worden ist der Begriff »collaboration« vom Vichy-Regime selbst, und zwar im Herbst 1940, wenige Monate nach Abschluß der Waffenstillstandsverhandlungen, die im gleichen Salonwagen stattfanden, in dem 1918 die deutsche Kapitulation unterzeichnet wurde: mit der Wahl dieses symbolträchtigen Orts hatte Hitler nicht nur die französischen Verhandlungsführer demütigen, sondern auch das ihn wurmende Faktum der Niederlage im Ersten Weltkrieg auslöschen wollen, so wie er für seinen Putschversuch von 1923 bewußt den 9. November, den für ihn aus der Geschichte auszulöschenden Tag der Abdankung des Kaisers, gewählt hatte. Der kurz nach der Besetzung von Paris am 14. Juni 1940 zum Regierungschef ernannte Sieger von Verdun, Marschall Philippe Pétain, hatte die von Nazideutschland auferlegten Hauptbedingungen eines Waffenstillstands, die Teilung des Landes in eine besetzte und eine unbesetzte Zone und die Übernahme beträchtlicher Besatzungskosten, sofort akzeptiert. Die während des deutschen Vormarschs nach Bordeaux geflohene Regierung ließ sich nach dem Waffenstillstand in dem mondänen Kur- und Badeort Vichy nieder und machte sich als erstes, ohne daß sich die Besatzungsmacht in die französische Innenpolitik eingemischt hätte, an die Abschaffung der Institutionen der III. Republik. Die Verfassung von 1875 wurde außer Kraft gesetzt, und schließlich stimmte auch noch das im legendären Volksfrontjahr 1936 gewählte Parlament gegen eine Opposition von nur achtzig Abgeordneten seiner vollständigen Entmachtung zu. Pétain war nun Inhaber der gesetzgeberischen und exekutiven Gewalt, und als Chef eines nicht mehr parlamentarischen »Etat Français« traf er am 24. Oktober 1940 mit Hitler in dem kleinen Ort Montoire-sur le-Loir zu weiteren Verhandlungen zusammen. Das geschlagene Frankreich glaubte immer noch einen Trumpf in der Hand zu haben, in Gestalt seines Kolonialreichs und der dort stationierten Streitkräfte. Sechs Tage nach dem Treffen hielt Pétain eine Radioansprache, deren Text danach überall auf Plakaten verbreitet wurde und in der es heißt:

»Aus freiem Entschluß bin ich der Einladung des Führers gefolgt. Von seiner Seite wurde nichts diktiert und keinerlei Druck ausgeübt. Eine Zusammenarbeit (»collaboration«) zwischen unseren beiden Ländern wurde verabredet ... Ich begebe mich heute – ehrenvoll und der seit zehn Jahrhunderten bestehenden Einheit Frankreichs zuliebe – auf den Weg der Zusammenarbeit ... Bisher habe ich in der Sprache des Vaters zu euch gesprochen. Heute spreche ich in der Sprache des Chefs. Folgt mir. Vertraut auf das ewige Frankreich.«[3]

In den Dokumenten des deutschen Außenministeriums liest sich weit weniger feierlich, was zwischen Pétain und Hitler, der damals auf dem Weg zu einem Treffen mit General Franco war, verabredet wurde. Es ist darauf zu achten, daß der Terminus »collaboration« noch nicht, wie in späteren Jahren, durch »Kollaboration« wiedergegeben wurde, sondern durch »Zusammenarbeit«.

»Marschall Pétain erkläre sich im Prinzip bereit, eine Zusammenarbeit mit Deutschland im Sinne der Ausführungen des Führers in Aussicht zu stellen. Die Modalitäten dieser Zusammenarbeit würden im einzelnen von Fall zu Fall geregelt und entschieden. Marschall Pétain erhoffe sich für Frankreich eine günstigere Beendigung des Krieges. Der Führer erkläre sich damit einverstanden.«[4]

Wie weit diese Zusammenarbeit gehen würde und was Frankreich im Austausch für Zugeständnisse bekäme, erfuhren die Franzosen damals nicht. Jeder hoffte selbstverständlich darauf, daß ein durch französisches Entgegenkommen milde gestimmtes Nazideutschland die eineinhalb Millionen Kriegsgefangenen bald nach Hause entlassen und den Druck des Besatzungsregimes vermindern würde. Hitler jedoch dachte überhaupt nicht daran, Pétain entgegenzukommen und ihm die Durchsetzung seiner Politik durch das eine oder andere Nachgeben zu erleichtern. Die Kriegsgefangenen wurde weiterhin als billige Arbeitskräfte und Geiseln in Deutschland behalten, und die Versorgungslage im militärisch besetzten Frankreich blieb äußerst angespannt. Hitler hatte eine ganz andere Reihenfolge von Leistung und Gegenleistung bei dieser »Zusammenarbeit« im Kopf als Pétain: erst hatte Vichy-Frankreich Beweise für seine Bereitschaft zur Erfüllung deutscher Wünsche zu erbringen, dann konnte möglicherweise über eine Erleichterung der Waffenstillstandsbedingungen geredet werden. Der Führung der Wehrmacht gegenüber, mit der im Herbst 1940 bereits die Angriffspläne gegen die offiziell verbündete Sowjetunion besprochen wurden, definierte Hitler die Zusammenarbeit mit Frankreich als Angelegenheit von rein strategischem Interesse. Frankreich sollte in erster Linie seine afrikanischen Besitzungen als Aufmarschgebiet für den weiteren Krieg gegen England zur Verfügung stellen.

Aus dieser strategischen Kollaboration ist nichts geworden, weil der weitere Kriegsverlauf ihr die Grundlage entzog. Eine wachsende Zahl von Kolonialbesitzungen entzog sich der Kontrolle durch die Vichy-Regierung und schloß sich de Gaulles von London aus geführter »France Libre« an. Pétain irritierte die Naziführung dadurch, daß er sechs Wochen nach dem Treffen von Montoire seinen Ministerpräsidenten Pierre Laval, den engsten Gesprächspartner der deutschen Seite, aus dem Amt warf. Als Laval im Frühjahr 1942 auf deutschen Druck hin wieder in die Vichy-Regierung zurückkehrte, hatte Hitler das Interesse an einer ausgehandelten Zusammenarbeit mit Pétains Frankreich weitgehend verloren. So gelang es auch dem deutschfreundlichen Laval nicht, der deutschen Seite in Sachen Entlassung der Gefangenen und Entlastung der von der Besatzung gebeutelten Volkswirtschaft wesentliche Zugeständnisse abzuringen. Nach dem ersten russischen Kriegswinter war Frankreich nur noch als Lieferant von Arbeitskräften und von Produkten für die Kriegswirtschaft von Bedeutung, so daß Frankreich die beschränkte Rolle zugewiesen bekam, die Hitler schon im Szenario von *Mein Kampf* skizziert hatte: im Westen Rückendeckung zu bieten für den Eroberungsfeldzug im Osten. An ihm wollten sich zwar auch zahlreiche von der antibolschewistischen Propaganda ihres Regimes und Hitlerdeutschlands angelockte Franzosen beteiligen, aber die Nazis nahmen die angebotene Waffenbrüderschaft nur sehr zögernd an: Franzosen sollten lieber für die Deutschen schuften als neben ihnen auf den Feind im Osten schießen.

Während die auf deutsch »Zusammenarbeit« genannte Staatskollaboration dahinsiechte, nahm eine andere Form von Kollaboration in Frankreich einen beträchtlichen Aufschwung. Kaum hatte Staatschef Pétain das Wort »collaboration« mit seiner Autorisierung versehen, entwickelte es ein Eigenleben und diente allen möglichen Unternehmungen und Haltungen als Etikett. »Groupe collaboration« nannte sich zum Beispiel eine im Herbst 1940 in Paris gegründete Vereinigung, die bald mit zahlreichen regionalen Komitees ihre Aktivität über den ganzen besetzten Norden Frankreichs ausdehnte. Unter dem Vorsitz des Schriftstellers Alphonse de Chateaubriant betrieb sie den künstlerischen und literarischen Austausch mit Nazideutschland. Auf Einladung der Organisation hielt zum Beispiel der seit den zwanziger Jahren in Frankreich bekannte Friedrich Sieburg den berühmtberüchtigten Vortrag, in dem sich der ehemalige Frankreichkorrespondent der liberalen *Frankfurter Zeitung* als »Kämpfer und Nationalsozialist« vorstellte und die Franzosen zu »geistiger Kollaboration« aufrief. Viele Künstler und Schriftsteller folgten diesem Aufruf: bei der von »collaboration« ausgerichteten Arno-Breker-Ausstellung in Paris erschienen als Ehrengäste die Künstler Aristide Maillol, Dunoyer de Segonzac, André Derain, Théo van Dongen, Maurice de Vlaminck und andere. 1941 und 1942 reisten Schriftstellerdelegationen zu von den Nazis organisierten »europäischen Dichtertreffen« nach Weimar und feierten dort den europäischen Geist, ein paar Kilometer unterhalb des Konzentrationslagers Buchenwald, in dem seit 1943 unter anderen der Intellektuelle und ehemalige Chef der Volksfront Léon Blum eingesperrt war.

Interessanterweise untersagte die Vichy-Regierung bis Ende 1941 »collaboration« jede Aktivität in der damals nicht besetzten Südzone. Obwohl die Parole von Pétain ausgegeben war, sah man in Vichy dem unter diesem Namen sich entwickelnden Treiben in Paris am Sitz des deutschen Militärbefehlshabers argwöhnisch zu. Der neue Etat Français gründete seine von der Mehrheit der Franzosen nach der Niederlage akzeptierte Autorität auf sein Image des souveränen Staates, der sich mit dem siegreichen Hitlerdeutschland zwar arrangieren muß, an Weisungen des in Paris residierenden Militärbefehlshabers aber nicht gebunden ist. Für Vichy war deshalb nie ganz geheuer, was sich in Paris politisch und kulturell im Dunstkreis der deutschen Besatzungsbehörden abspielte. Politiker und Journalisten, die in den Ämtern des Militärbefehlshabers aus und ein gingen, standen rasch in Verdacht, an der Regierung in Vichy vorbei ihre eigene Kollaborationspolitik zu betreiben. In diesen Zusammenhang gehört die Entlassung und Verhaftung von Pétains Stellvertreter Laval. Der Verdacht, Laval arbeite enger mit der deutschen Besatzungsmacht als mit seiner eigenen Regierung zusammen, wurde auch noch durch die Intervention des deutschen Botschafters Otto Abetz erhärtet, der mit vorgehaltener Pistole in Vichy die Freilassung seines Schützlings Laval erzwang.

Es muß also zwischen Kollaboration mit der Besatzungsmacht und Pétain-Gefolgschaft unterschieden werden, obgleich die Unterscheidung in vielen Fällen schwer durchzuhalten ist. Denn auf der einen Seite sprach die Besatzungsmacht selbst nicht mit einer Stimme, und auf der anderen Seite schien die Machtverteilung zwischen Besatzern und Regierung nicht klar abgegrenzt. Im Norden lag die Befehlsgewalt in den Händen der Wehrmacht, doch daneben regierte auch das Auswärtige Amt Ribbentrops mit, das seinen Botschafter Abetz nicht am Regierungssitz Vichy, sondern in Paris residieren ließ. Hinzu kam noch der sowohl dem Militärbefehlshaber unterstehende als auch von Himmler in Berlin gesteuerte deutsche Sicherheitsapparat. Die Vichy-Regierung wiederum war in Paris durch Delegationen ihrer Ministerien und Dienste vertreten. Rivalitäten zwischen Institutionen hier und Gruppen dort komplizieren noch das Bild, zu dem die Teilung in Nord- und Südzone hinzuzudenken ist.

Die Sonderrolle, die der Botschafter Abetz innerhalb der Besatzungspolitik spielte, beleuchtet den Facettenreichtum des Phänomens Kollaboration. Mit dem badischen Zeichenlehrer Abetz hatte Hitler nicht nur einen in der Wolle gefärbten Nationalsozialisten, sondern auch einen in manchen französischen Kreisen seit der Vorkriegszeit eingeführten Kenner des Landes nach Paris geschickt. Die deutsche Botschaft in der rue de Lille wurde rasch zur Anlaufstelle für Bewunderer Hitlerdeutschlands und für alle Arten kollaborationswilliger Gruppen. Abetz hatte erhebliche Mittel zu verteilen und Vergünstigungen zu vergeben. Im Unterschied zu den Militärbehörden, die an der effektiven Verwaltung des besetzten Landes und seiner rationellsten ökonomischen Ausplünderung interessiert waren, wollte der frankophile Nationalsozialist Abetz die Franzosen für den Aufbau eines nationalsozialistischen Europa gewinnen. Hitler und seinen Strategen war daran jedoch überhaupt nicht gelegen. Frankreich sollte stillhalten und Nachschub liefern, solange Hitlers Armeen über Europa herfielen; erst danach war über einen Friedensschluß und eine mögliche Beteiligung Frankreichs an der Bildung eines Nazi-Europa zu reden. Abetz jedoch, der in Berlin oft als frankophiler Romantiker belächelt wurde, nahm die Propagandafloskel von der deutsch-französischen Mission beim Wort und bestärkte seine französischen Partner in dem Glauben, durch eifriges Eintreten für den Nationalsozialismus letzten Endes der eigenen nationalen Sache zu dienen.

Es gab eine Kollaboration aus ideologischer Affinität zum Nationalsozialismus. Ihr verschrieben sich Politiker und Intellektuelle, die sich schon in den dreißiger Jahren als französische Faschisten verstanden und im Deutschland Hitlers ihr Vorbild sahen. Ermutigt von der gelungenen Machtergreifung der Nazis, hatte der Oberst de la Rocque, Anführer der rechtsradikalen Bewegung der »Feuerkreuzler«, im Februar 1934 gegen die Republik geputscht, war aber am Widerstand der Pariser Arbeiter und der Provinzen gescheitert. Vom Sieg der Volksfront 1936 um die Hoffnung auf einen baldigen Sturz der ihnen verhaßten Republik betrogen, waren faschistische Intellektuelle nach Deutschland gereist und hatten sich vom Anblick singender BDM-Mädchen und an Hitler vorbeidefilierender Parteitagsmassen zu hymnischen Anrufungen des nationalsozialistischen Genies hinreißen lassen. Politiker wie der abgefallene Kommunist Jacques Doriot oder der aus der Spaltung der sozialistischen SFIO hervorgegangene Marcel Déat gründeten in der zweiten Hälfte der dreißiger Jahre faschistische Parteien, die entgegen den Hoffnungen ihrer Führer in der Politik des Vichy-Regimes dann nur eine begrenzte Rolle spielten.

Die zensierte Publizistik wurde zum Forum der faschistischen Intellektuellen. Pierre Drieu le Rochelle übernahm die Chefredaktion der *Nouvelle Revue Française*, nachdem Botschafter Abetz diskret über eine Tarngesellschaft Anteile an dieser renommierten Zeitschrift erworben hatte: Abetz wird der Ausspruch zugeschrieben, wer die Banque de France *und* die N.R.F. in der Hand habe, der habe Frankreich in der Hand. Robert Brasillach, ein anderer intellektueller Faschist der Vorkriegszeit, dessen politische Überzeugung seinem Ansehen als Schriftsteller und Filmhistoriker in Frankreich nicht hatte Abbruch tun können, baute unter der deutschen Besatzung die von ihm geleitete Zeitung *Je suis partout* zum Hetzblatt aus, das die deutsche Nazipropaganda mit eigenen Tiraden gegen Juden, Freimaurer, Kommunisten und Demokraten begleitete. Schriftsteller wie Jean Anouilh und Marcel Aymé ließen sich von diesem Ton nicht abhalten, an Brasillachs Blatt mitzuarbeiten. Das Vichy-Regime verbot lange Zeit den Vertrieb von *Je suis partout* in der Südzone wie auch den einer Reihe anderer in Paris erscheinender Publikationen. Auf diese Weise konnte der Eindruck entstehen, im bis Ende 1942 unbesetzten Frankreich sei die in Wirklichkeit ebenfalls zensierte Presse frei, während die Pariser Blätter das Sprachrohr der deutschen Besatzungsmacht seien.

Drieu la Rochelle hat sich 1944 angesichts der Befreiung von Paris umgebracht, Brasillach wurde Anfang 1945 zum Tod verurteilt und hingerichtet. Beide gelten als exemplarische Kollaborateure und sind es doch im strengen Sinn nicht gewesen. Denn sie und andere haben nicht auf die Ankunft von Hitlers Wehrmacht in Frankreich und auf die Abschaffung der Republik durch Pétain gewartet, um ihre Überzeugung zu ändern und politisch auf den Faschismus zu setzen. Sie nützten die nach der Niederlage entstandenen Verhältnisse skrupellos aus, um den Einfluß auszuüben, den sie unter den Bedingungen der III. Republik nicht hatten ausüben können. Brasillach hatte sich so sehr in die Idee eines Faschismus in den Farben Frankreichs verbissen, daß er 1943 aus seiner Zeitung ausschied, als deren Redakteure immer rückhaltloser auf einen rein militärischen Sieg Nazideutschlands als Voraussetzung für die erwünschte Faschisierung Europas setzten.

Trotz der Propaganda für die Staatskollaboration suchte das Vichy-Regime mit allen Mitteln den Anschein zu vermeiden, es handle unter dem Einfluß von Nazideutschland und in Anlehnung an das deutsche Modell. Der französische Patriotismus war ganz großgeschrieben, und selbst die in deutsche Uniformen gesteckten freiwilligen Legionäre sangen beim Abmarsch die Marseillaise. Pétain war zweifellos kein französischer Quisling: der Norweger Vidkun Quisling war von Anfang an ein Verräter, denn er hatte zusammen mit den Nazis in Berlin die deutsche Besetzung Norwegens konzipiert, die ihn dann an seinen Posten brachte, während der erzkonservative Marschall Pétain sich als Ordnungstifter nach der als Katastrophe empfundenen Niederlage verstand. Das Vichy-Regime veranstaltete sogar in Riom bei Vichy einen Prozeß, bei dem die Schuld am Versagen der militärischen Verteidigung festgestellt und entsprechend bestraft werden sollte. Der Volksfrontchef Léon Blum, der letzte Ministerpräsident Edouard Daladier und andere standen unter der Anklage, das Nationaleinkommen für teure Sozialexperimente vergeudet zu haben, statt die Aufrüstung voranzutreiben. Der Prozeß endete in einem Fiasko, denn die angeklagten Vorkriegspolitiker drehten den Spieß um und wiesen nach, daß nicht sie, sondern die Militärs vom Schlage Pétains die großen Versager gewesen waren, und zudem gab die Besatzungsmacht zu verstehen, daß es unter den gegebenen Kräfteverhältnissen ein etwas eigenartiges Unterfangen sei, mangelnde Kriegsvorbereitung gegen Deutschland als Verbrechen zu ahnden. Die Farce der Prozesse von Riom, die im Frühjahr 1942 abgebrochen und nie wieder aufgenommen wurden, ist kennzeichnend für die illusionäre Seite der Politik des Regimes: verblendet von seiner Ideologie der rein »nationalen Revolution«, wollte es mit denen abrechnen, die es als seine inneren Feinde bezeichnete, und übersah dabei, daß es nicht allein war auf der Welt, daß die Augen der in Paris residierenden Besatzungsmacht auf ihm ruhten. Für die Naziführung in Berlin lieferte das Prozeßspektakel den Vorwand, um die im Oktober 1940 proklamierte Staatskollaboration, für die das Vichy-Regime die Bevölkerung so viele Opfer hatte bringen lassen, praktisch für beendet zu erklären.

Um die Schwäche seiner Souveränität und Legitimität zu überdecken, griff das Vichy-Regime zu dem Trick, seine Distanz nicht nur zu den deutschen Besatzungsbehörden in Paris, sondern auch zu den dort verkehrenden französischen Kreisen hervorzukehren. Mit dieser »collaboration« wollte man sich nicht gemein machen, man war ja »national«. Nun gehört es gerade zu den grotesken Aspekten dieses »Etat Français«, daß er durch viele der Anstrengungen, die er unternahm, um seine Eigenständigkeit gegenüber der Sieger- und Besatzungsmacht zu beweisen, der Politik der Nationalsozialisten in die Hände gearbeitet hat. Hinter der Banderole »nationale Revolution« wurden ja nicht nur ein paar konservative Parolen hochgehalten, es wurde auch zur Jagd auf alles geblasen, was als »anti-national« denunziert war. Dazu zählten Juden, Immigranten, Kommunisten, unerschütterliche Demokraten, eben die Gruppen, deren Eliminierung auch im Interesse der Besatzungsmacht lag. Ohne Druck von außen gründete das Regime das Sondergericht »Sections Spéciales«, das politische Gegner des Regimes abzuurteilen hatte und das keinerlei Berufung gegen seine Urteile zuließ. Diese nicht rechtsstaatliche Strafverfolgung wurde in den Händen der in Vichy herrschenden Konservativen zu einem Vergeltungsinstrument gegen die ihnen verhaßte Volksfront der Vorkriegszeit. Aus deren Anhängerschaft rekrutierten sich vielfach die Kader des späteren Widerstands, so daß die Abrechnung des Vichy-Regimes mit seinen inneren Feinden das Terrain für die Operationen der deutschen Sicherheitsdienste und der Wehrmacht gegen die Résistance vorbereitete. Nach der Besetzung der Südzone im November 1942 fiel der Krieg gegen den inneren Feind weitgehend mit dem zusammen, was die Besatzungsmacht als Maßnahme zum Schutz ihrer Sicherheit betrieb. So mancher von der Vichy-Justiz verurteilte Flugblattverteiler wanderte später in ein deutsches Konzentrationslager. Die Parteigänger Pétains konnten sich in ihrer Verteidigung nach der Befreiung gut damit brüsten, den Pariser Faschisten und Nazifreunden tapfer den Weg zur Macht versperrt zu haben; das Regime hatte unter strikt konservativen und nationalen Vorzeichen eine Innenpolitik betrieben, die vielfach so ausfiel, als sei sie direkt von den Nazis bestellt gewesen.

Zwischen 1940 und 1944 sind etwa 135 000 Personen aus politischen Motiven abgeurteilt worden, 70 000 unerwünschte Ausländer, darunter zahlreiche vor Hitler geflohene österreichische und deutsche Antifaschisten, wurden in Lagern interniert. 35 000 Beamte wurden von ihren Posten entfernt. 60 000 Freimaurer wurden in einer Spezialkartei registriert, tausend von ihnen kamen in ein deutsches Konzentrationslager. Die objektiv kriminellste Kollaboration mit den in den Weltauschauungskrieg gezogenen Nazis, die selbstverständlich nicht als Akt der Kollaboration, sondern als Bestandteil der eigenen »nationalen Revolution« ausgegeben wurde, betraf die Juden in Frankreich. Zwischen März 1942 und August 1944 wurden etwa 75 000 Juden aus Frankreich Richtung Osten deportiert, die meisten von ihnen wurden in Auschwitz ermordet, nur zweieinhalbtausend überlebten das Vernichtungslager. Zwei Drittel der Ermordeten waren Juden ausländischer Herkunft, die nach den im Oktober 1940 von Vichy erlassenen antijüdischen Gesetzen zur Internierung bestimmt waren. Die Vichy-Behörden haben aber auch nicht verhindern können oder verhindern wollen, daß Juden französischer Staatsangehörigkeit, die nach dem Gesetz zwar zur beruflichen Diskriminierung, aber nicht zur Internierung bestimmt waren, in die Mordmaschine Eichmanns gerieten. Dem Bürokraten der »Endlösung« hatte Vichy die Arbeit gewaltig erleichtert, und zwar ohne jeden Zwang von seiten der Nazis, denn die antijüdischen Gesetze, die auch das Tragen des Judensterns vorschrieben, waren nicht auf Weisung Hitlers erlassen worden.

Das vom Regime installierte »Kommisariat für jüdische Angelegenheiten« hatte eine umfangreiche Judenkartei angelegt, aus der sich die Beauftragten Eichmanns nur noch zu bedienen brauchten. Der organisatorische und gesetzgeberische Apparat, den Vichy zu seinen eigenen innenpolitischen Zwecken aufgebaut hatte, ließ sich von Himmlers Schergen später so handhaben, daß auch die Mordvorbereitung wie eine völlig legale Maßnahme aussah. Die erste große Razzia im Juli 1942, die mit der Deportation von fast 13000 Juden aus Paris und Umgebung nach Auschwitz endete, war nicht von nazifreundlichen Fanatikern zusammen mit dem SS-General Karl Oberg verabredet worden, sondern von dem ordentlichen Delegierten des Polizeichefs von Vichy, René Bousquet. Es war auch die unter dessen Befehl stehende Pariser Polizei, die die Operation durchführte. Erst als sich immer weniger verheimlichen ließ, daß die deportierten Juden statt in einem mysteriösen osteuropäischen Judenstaat in Mordfabriken abgeliefert wurden, regte sich in sonst brav zu Pétain haltenden Kreisen wie der katholischen Kirche zivile Unbotmäßigkeit.

Als die Machthaber von Vichy gleich nach dem Waffenstillstand die Juden in Frankreich als Sündenböcke für das abgelaufene Desaster herausgriffen, sie zur Registrierung zwangen und durch Berufsverbote diskriminierten, konnten sie selbstverständlich nicht voraussehen, daß sie dadurch der Organisation des Massenmords durch Nazideutschland zuarbeiteten. Es ist aber bezeichnend für die spezifische Realitätsblindheit dieser sich in nationalen Illusionen wiegenden Politiker, daß sie dort auf schrecklichste Weise mit den Nazis zusammenarbeiteten, wo sie sich fern jeder Kollaboration glaubten. In den Besatzern sahen sie technisch hervorragend ausgerüstete Ordnungskräfte, die ihnen beim Kampf gegen die designierten inneren Feinde behilflich waren. Wenn die im Oktober 1940 von Pétain verkündete Politik der Staatskollaboration einen Austausch von Leistung und Gegenleistung versprach, ohne daß sie das Versprechen jemals einzulösen in der Lage war, so hat Vichy-Frankreich auf vielen Gebieten mit Nazideutschland faktisch kollaboriert, ohne den geringsten Preis dafür zu verlangen. Das Regime hat durch seine gegen die abgeschaffte Republik entfesselte Propaganda die psychologischen Voraussetzungen dafür geschaffen, daß sich in der Wahrnehmung vieler Franzosen die Unterschiede zwischen Regierungspolitik und Besatzerwillkür verwischten.

Die Folgen des Besatzungsregimes waren bald für jedermann spürbar, Lebensmittel, Heizmaterial und Benzin waren streng rationiert, das Land war durch die Grenze zwischen der Nord- und der Südzone entzweigeschnitten, die nur mit Sondererlaubnis überschritten werden konnte, im Postverkehr zwischen Norden und Süden waren nur Postkarten mit vorgedruckten Rubriken zugelassen. Die Vichy-Propaganda brachte das Kunststück fertig, die Härte des Lebens im »Etat Français« als gerechte Bestrafung für den Leichtsinn der Vergangenheit zu verkaufen. Die Franzosen mußten nun eben dafür büßen, daß sie entgegen den Mahnungen der vorausschauenden Nationalen zu gut gegessen, nach Einführung des bezahlten Urlaubs durch die Volksfront zuviel Ferien gemacht, zu wenig Kinder gezeugt und schlechte Parteien gewählt hatten.[5]

Man aß nach 1940 schlecht und mußte sein Auto statt mit Benzin mit dem Holzvergaser antreiben, weil Nazideutschland die französische Volkswirtschaft gnadenlos schröpfte. Frankreich hatte pro Tag 400 Millionen Francs Besatzungskosten zu zahlen, nach der Besetzung der Südzone 500 Millionen. 630 Milliarden Francs, fast 60 Prozent des Nationaleinkommens, flossen zwischen 1940 und 1944 in die Reichskasse. Hinzu kamen erhebliche Lieferungen von Rohstoffen und Industrieerzeugnissen. Die Landwirtschaft hatte einen großen Teil ihrer Produktion bei der Wehrmacht abzuliefern. Gleichzeitig wurde die deutsche Wehrmacht aber auch zu einem bedeutenden Arbeitgeber. Die Zahl der Arbeitslosen, die zur Zeit des Waffenstillstands eine Million betragen hatte, ging erheblich zurück, nachdem Hunderttausende in Dienststellen der Wehrmacht Beschäftigung gefunden hatten.[6] Anfang 1942 konnte der deutsche Wirtschaftsfachmann der in Wiesbaden tagenden Waffenstillstandskommission in einem Rechenschaftsbericht diese Feststellung treffen:

»Die in der Industrie, bei der Eisenbahn, der Flußschiffahrt und dem größten Teil der Handelsmarine beschäftigten Franzosen arbeiten fast alle für das Reich. Kein anderes europäisches Land ist bei den Rüstungsgütern und sogar bei den Importwaren so stark vertreten. Die deutschen Aufträge sind der bestimmende Faktor der französischen Wirtschaft.«[7]

Unter funktionalem Gesichtspunkt betrachtet, haben Millionen in der Industrie und Landwirtschaft beschäftigte Franzosen, indem sie auf Rechnung des Dritten Reichs arbeiteten, »kollaboriert«. Wenn der Begriff Kollaboration als Vorwurf einen Sinn machen soll und folglich an die Wahlfreiheit des einzelnen gebunden bleibt, ist er in diesem Zusammenhang fehl am Platz: denn viele Franzosen hatten unter den gegebenen Bedingungen keine andere Wahl, als für die deutsche Kriegswirtschaft zu arbeiten, wenn sie überhaupt Arbeit haben wollten. Von der Aussicht auf bessere Bezahlung und Ernährung verlockt, ließen sich manche Facharbeiter auch von den deutschen Mutterbetrieben der französischen Zulieferer in Deutschland anstellen. Zu ihnen gehörte zum Beispiel Georges Marchais, der spätere langjährige Generalsekretär der Kommunistischen Partei Frankreichs, der bei Messerschmidt in Augsburg an der Drehbank stand: kein blendendes Symbol im Vergleich mit den jungen Kommunisten, die damals mit der Waffe in der Hand gegen die Besatzer kämpften; Marchais aber groß als Kollaborateur entlarven, wie es die Medien in Frankreich taten, und ihn in die Nähe überzeugter Nazifreunde und bezahlter Spitzel rücken, zeugt von törichter Heuchelei. Denn es macht objektiv keinen großen Unterschied, ob jemand auf französischem oder auf deutschem Boden Motoren montierte, für die deutsche Kriegswirtschaft arbeitete er allemal. Das Vichy-Regime erklärte es zudem zur patriotischen Tat, sich freiwillig zur Arbeit in Deutschland zu melden, nachdem die Nazis Ende 1942 sich bereit erklärt hatten, im Austausch gegen frische Arbeitskräfte aus Frankreich französische Kriegsgefangene nach Hause zu schicken. Und Edith Piaf sang zur Feier der Abfahrt nach Deutschland, wie Alain Robbe-Grillet, ein Teilnehmer an der Aktion, berichtet.[8]

Es meldeten sich aber nicht genügend Franzosen, um den wachsenden Arbeitskräftebedarf der deutschen Kriegswirtschaft zu befriedigen. Da Hitler die Staatskollaboration ohnehin abgeschrieben hatte, zwang er Vichy durch Diktat dazu, ganze Jahrgänge junger männlicher Franzosen zum *Service de Travail Obligatoire* (S.T.O.), das hieß praktisch zur Zwangsarbeit, einzuberufen und nach Deutschland zu schicken. Nicht für Pétain und dessen Regierung, wohl aber für eine wachsende Zahl von Franzosen begann die Besatzungsmacht damit den Bogen zu überspannen. Zunächst einige wenige, dann aber immer mehr Einberufene weigerten sich, dem Befehl zu folgen, suchten nach Verstecken in den Bergen, wo sie vielfach in Kontakt mit den Maquis-Gruppen der entstehenden bewaffneten Résistance kamen. Der amerikanische Vichy-Historiker Robert O. Paxton übertreibt wahrscheinlich nicht, wenn er meint, daß Hitler durch die von ihm verordnete Zwangsarbeit zum besten Rekrutierungshelfer des Widerstands geworden sei; daneben hat er dadurch auch einen Konflikt mit seinem Rüstungsminister Albert Speer ausgelöst.

Der Technokrat Speer hielt es nämlich für rationeller, die französische Industrie noch massiver für die deutsche Rüstung produzieren zu lassen, als französische Arbeitskräfte von dort abzuziehen und in Fabriken zu stecken, die mehr und mehr Ziel alliierter Bombenangriffe wurden. Ende 1943 kam Speer mit dem Industrieminister in Vichy überein, neue Anreize für die Modernisierung der großen Betriebe zu schaffen. Betriebe, die ihre Produktion zügig rationalisierten, konnten als »Speer-Betriebe« eingestuft werden: sie mußten zwar 80 Prozent ihrer Produktion ans Reich abliefern, wurden aber bevorzugt mit Rohstoffen und Energie versorgt und mußten keine Angehörige ihrer Belegschaft zum S.T.O. abgeben. Auf diese Weise wurde ein industrieller Ausleseprozeß in Gang gesetzt, der den Technokraten in der Vichy-Regierung sehr gelegen kam, auch wenn er schlecht zu den Propagandareden Pétains paßte, in denen die traditionelle handwerkliche Produktion und die bäuerliche Lebensweise gefeiert wurden. Nach dem Fall von Stalingrad begannen die Planungsstäbe in Vichy über die Zukunft nach dem Ende von Krieg und Besatzung nachzudenken, und sie gelangten zu ähnlichen milde planwirtschaftlichen Vorstellungen wie Ökonomen aus dem Lager der Résistance, die nach einer Alternative zum krisenanfälligen reinen Wirtschaftsliberalismus der Vorkriegszeit suchten. In der Politik der Verstaatlichung von Schlüsselindustrien, die General de Gaulle nach der Befreiung anordnete, flossen Konzepte sowohl der Résistance als auch von Vichy zusammen.

Bevor der Besatzungsspuk nach der Landung der Alliierten im Juni 1944 verscheucht war, mußten sich die Technokraten innerhalb des Vichy-Regimes allerdings noch mit neu hinzugekommenen Rivalen herumschlagen. Pétain, dessen Position nach dem Ende seines »Werks« der Staatskollaboration und nach der Besetzung des vorher »frei« genannten Südens immer schwächer wurde, konnte dem Druck der Nazifreunde und Faschisten nicht mehr standhalten und nahm einige ihrer Galionsfiguren in die Regierung auf. Sie waren viel mehr an einem Bürgerkrieg gegen die inneren Feinde – Kommunisten, Widerstandskämpfer, Anhänger de Gaulles – als an der effektiven Verwaltung einer Mangelwirtschaft interessiert. Joseph Darnand, der aus der nationalistischen »Action Française« stammende neue Minister für die »Aufrechterhaltung der Ordnung«, gründete unter dem Namen »Miliz« eine aus Freiwilligen zusammengesetzte Bürgerkriegstruppe. De facto war diese Miliz nicht viel mehr als ein Hilfsorgan der Gestapo, mochten ihre Führer auch davon überzeugt sein, daß sie einen ganz eigenen Krieg für ein kommunisten- und gaullistenfreies Frankreich führten.

Anfang 1944 trat Marcel Déat, der in seinen Reden und Artikeln von einem mit Konzentrationslagern überzogenen und vom Echo der Exekutionen widerhallenden Frankreich schwärmte, als Arbeitsminister in die Vichy-Regierung ein. Selbst in den Augen Pétains handelte es sich bei Leuten wie Déat, die schon vor Kriegsausbruch und Besetzung von einem französischen Nationalsozialismus geträumt hatten, um »Ultra-Kollaborateure«, die er gern wieder losgeworden wäre, wenn er ihnen hätte widerstehen können. Denn Pétain war bei aller Verblendung im Lauf des Jahres 1944 klargeworden, daß ihm nichts anderes mehr zu tun blieb, als seinen »Etat Français« langsam auf die Übergabe an den mit den Alliierten eintreffenden Chef der »France libre«, General de Gaulle, vorzubereiten. Als man ihm nach der Befreiung den Prozeß machte, verstand der greise Marschall jedoch überhaupt nichts mehr.

Was war Kollaboration, wer war Kollaborateur? Als »Kollaborateur« hat selbst die Vichy-Justiz einen Bauern angeklagt, der sein Schwein nicht beim Versorgungsamt ablieferte, sondern direkt der Wehrmacht verkaufte, von der er den doppelten Preis bekam. Vom Standpunkt der Résistance aus gesehen, die sowohl gegen die deutsche Besatzungsmacht als auch gegen deren einheimische Stützen und Helfershelfer kämpfte, mochten die Unterschiede zwischen Faschisten, Nazifreunden, Anhängern Pétains und allen Varianten individueller Kollaboration aus Geldgier und aus Rachsucht gegen verhaßte Mitbürger nicht ins Gewicht fallen; alles, was den Widerstand behinderte, ihn heimlich verriet oder offen bekämpfte, war der Feind. Ein späterer Blick hat es jedoch schwer, ein einheitliches Verhalten mit dem Namen Kollaboration zu erkennen. Es wurden manche Franzosen deshalb zu Denunzianten, weil sie das Leben zahlreicher ziviler Geiseln retten wollten, mit deren Ermordung die deutsche Besatzungsmacht drohte, falls die Urheber von Attentaten nicht angezeigt würden. Mit Denunzianten wurde manchmal schon vor, hauptsächlich aber nach der Befreiung vielfach unterschiedslos abgerechnet.

Pétain rechtfertigte seine Entscheidung zur Staatskollaboration mit dem Argument des kleineren Übels: er habe den Franzosen eine reine pronazistische Marionettenregierung oder gar das Schicksal der geschlagenen Polen ersparen wollen. Die

Rechtfertigung kann wenig überzeugen, da Hitler niemals die Absicht erkennen ließ, die Franzosen auszurotten oder wie in Polen durch Ermordung der Intelligenz zum Schicksal leseunkundiger Arbeitssklaven zu verurteilen; in keinem besetzten Land wurde gerade die künstlerische und literarische Intelligenz so sehr von den Nazis umschmeichelt wie in Frankreich. Mochte sich das Vichy-Regime auch nicht als Kollaborationsregierung verstehen, so hat es doch alles dazu getan, um im Land die Bereitschaft zu faktischer Kollaboration mit den Nazis zu fördern. In Verkennung der entstandenen Kräfteverhältnisse gab es sich nicht damit zufrieden, den von der Besatzung aufgezwungenen Mangel zu verwalten, es leistete sich den Luxus, im Namen einer illusorischen »nationalen Revolution« den Kampf gegen innere Feinde auszurufen, die aufs Haar den designierten Feinden der Nazis glichen. Zu seiner Legitimierung appellierte es an alte antidemokratische und antisemitische Ressentiments und ermutigte zahlreiche Franzosen dazu, im besten Glauben an die gute Sache des greisen Marschalls zu Denunzianten zu werden und damit den ersten Schritt in die harte Kollaboration mit der Besatzungsmacht zu tun. Es begann mit Bergen von Briefen an die Vichy-Behörden, in denen Juden angezeigt wurden, die angeblich gegen die antijüdischen Verordnungen verstießen, und endete oft mit Anzeigen bei der Gestapo selbst. Aus ideologischer Rancune gegen die Vorkriegsrepublik glaubten die Machthaber von Vichy, die Franzosen zu folgsamen Patrioten erziehen zu müssen, und zogen dabei nicht nur Kollaborateure heran, sondern ließen auch eine fünfte Kolonne französischer Nationalsozialisten gewähren. Am Ende waren sie selbst von ihren Geschöpfen umzingelt.

Wer also trägt zu Recht die Bezeichnung Kollaborateur? Der Schriftsteller Léon Werth, der, als Jude jeder Betätigungsmöglichkeit beraubt, vom Sommer 1940 bis zur Befreiung im Sommer 1944 Tag für Tag als Zeitungsleser und Radiohörer und Ohrenzeuge zahlloser Gespräche sowohl die politische Entwicklung als auch die Veränderungen im Verhalten der Zeitgenossen beobachtete, hat sich in seinen Aufzeichnungen immer wieder an der Definition des Phänomens Kollaboration versucht. Er ist dabei zu recht nuancierten Bestimmungen gelangt. In manchen Gaullisten steckten für ihn Kollaborateure, die lediglich vergessen hatten, daß sie Kollaborateure gewesen waren. Werth hat folgende Typologie skiziert:

»Versuch der Analyse.

Aufrichtiger Kollaborateur (ich nehme an, es gibt ihn). Er ist pazifistischer Metaphysiker; er stellt die Abstraktion des Friedens der Abstraktion des Krieges gegenüber. Von der Idee des Friedens geht er zur Idee der Kollaboration und dann zur Idee Europa über. Es ist allerdings anzunehmen, daß er keinerlei Berührung mit der Außenwelt hat, daß er nicht Radio hört, keine Zeitungen liest (die Zeitungslüge ist eine Quelle der Wahrheit für den mittleren Verstand), daß er mit niemandem spricht. Und es ist anzunehmen, daß er nie zum Bäcker oder zum Metzger geht, daß ihm die tägliche Nahrung von einem unsichtbaren und schweigsamen Engel gebracht wird.

Mittlerer Kollaborateur: Produkt der Propaganda. Seine Politik ist der Antikommunismus und der Antisemitismus. Er nährt sich von Legenden, die schon vor Hitler da waren: der Jude, als Financier ein einziger, als Zerstörer aber aufgeteilt. Dieser Kollaborateur ist unfähig, sich vom Kommunismus und seinen Varianten oder überhaupt von etwas eine Idee zu machen.«[9]

Es fehlt etwas in Werths Versuch der Analyse, und zwar die Bestimmung jener Kollaboration, die weder auf metaphysischen Grundlagen ruhte noch einem von Propaganda vollgestopften Kopf entsprang. Es gab auch die Technokraten der Kollaboration, die als Spitzenbeamte des Vichy-Regimes den Nazis am folgenreichsten zur Hand gegangen waren, deren Motive aber danach meistens im Dunkel blieben, weil viele von ihnen niemals öffentlich zur Rechenschaft gezogen wurden.

Der Begriff von Kollaboration, der sich aus den Abrechnungen und Verurteilungen »für Kollaboration mit dem Feind« nach der Befreiung ergibt, ist merkwürdig verzerrt. Der schändlichsten Kollaboration haben sich danach, abgesehen von Pétain, Laval und anderen führenden Politikern, einige

Schriftsteller schuldig gemacht. Gegen den politisch zweifellos naiven Jean Giono, der wie manch anderer in den »nationalen« Zeitschriften veröffentlichte, hatte sich am Ende der Okkupation eine solche Rancune angestaut, daß man ihn sogleich ins Gefängnis steckte; später fand sich jedoch kein Paragraph im Strafgesetzbuch, der eine Verurteilung Gionos ermöglicht hätte. Man muß nicht unbedingt bedauern, daß der antisemitische Hetzer Robert Brasillach im Januar 1945 hingerichtet wurde; das Todesurteil erscheint nur übertrieben, wenn es in Beziehung gesetzt wird zu der Nichtbestrafung etwa des stellvertretenden Polizeichefs von Vichy, René Bousquet, der die Massenfestnahme der Pariser Juden organisiert hatte, oder des Generalsekretärs der Präfektur von Bordeaux, Maurice Papon, der von der SS für besonders loyale Zusammenarbeit bei der Verfolgung von Juden gelobt worden war. Warum extrem strenge Maßstäbe gegenüber den hauptsächlich symbolischen Handlungen von Autoren und äußerste Großzügigkeit gegenüber den harten Taten von politischen Akteuren?

Vielleicht lag dieser Einäugigkeit die Vorstellung zugrunde, daß Kollaboration von Intellektuellen viel schwerer wiegt, weil ihr Beruf sie im Unterschied zu gewöhnlichen Sterblichen gewissermaßen zur Resistenz verpflichtet, dann aber handelt es sich um eine gegenüber den Verhältnissen im Vichy-Frankreich etwas realitätsferne Idee. Denn fast alle Schriftsteller, die bei der Befreiung als Repräsentanten die Zunft von Ehrlosen säuberten, hatten unter den Bedingungen der Zensur der Nazis und des Vichy-Regimes veröffentlicht und sich den Gegebenheiten angepaßt. Die französische Selbstzensur war sogar noch päpstlicher als der Papst gewesen, sie hatte Bücher von Paul Valéry und Léon-Paul Fargue zum Beispiel verbieten wollen, die dann die Nazis zur Veröffentlichung zuließen. Eine berühmte Schriftstellerin, die alle Welt nach der Lektüre ihres Buchs *Der Schmerz* als harte Widerstandskämpferin kennt, war vor ihrer Wendung zur Résistance Angestellte dieser Zensurinstanz gewesen, an der Seite kollaborierender Schriftsteller wie Ramon Fernandez und André Thérive.[10]

1 Wir Kollaborateure. Hrsg. von Cora Stephan. Reinbeck 1992, S. 7.

2 Der Schriftsteller Léon Werth gibt an, dem Wort »collaboration« im Sinn von Zusammenarbeit Unterdrückter mit den Unterdrückern zum ersten Mal 1923 in Indochina begegnet zu sein. Der Vietnamese Ngyen-An-Ninh sei dort zu drei Jahren Gefängnis verurteilt worden, weil er gesagt hatte: »Wir wollen schon Kollaboration, aber nicht die des Büffels und des Pflügers«. Léon Werth, Déposition. Journal 1940–1944. Paris 1992, S. 229.

3 Übersetzt nach dem Text des im Musée Carnavalet ausgestellten Plakats vom 30. 10. 1940.

4 Zitiert nach: Eberhard Jäckel, Frankreich in Hitlers Europa. Stuttgart 1966, S. 120.

5 Léon Werth gibt in seinen zwischen Niederlage und Befreiung niedergeschriebenen Aufzeichnungen eine Anekdote wieder, die einen wunderbaren Einblick in die konservative Mentalität vermittelt, deren kongenialer Ausdruck die Vichy-Ideologie gewesen ist. Suzanne Werth, seine Frau, hat während der deutschen Offensive 1940 im überfüllten Zug einen französischen Offizier angesprochen und ihn gefragt: »›Was geht hier eigentlich vor? … Ich verstehe das alles nicht …‹, worauf der Offizier antwortet: ›Hätten Sie nur nicht so gewählt‹. In seiner politischen Rage vergaß der Mann, daß die Frauen in Frankreich kein Wahlrecht hatten und daß beileibe nicht alle Männer ›rot‹ wählten. Man sieht, das Szenario von Vichy war schon fertig vorhanden.« Léon Werth, Déposition, a. a. O., S. 249.

6 Léon Werth berichtet von einer Dame, die der Besatzungsmacht gerade diese Vollbeschäftigung übelnahm, im Gegensatz zu dem Krieg der Nazis gegen die Résistance, die sie im Einklang mit der Vichy-Propaganda als »Terroristen«bezeichnet: »›Die Terroristen‹, sagt die alte Pariserin, ›diese Verbrecher … Zum Glück sind die deutschen Gendarmen gekommen. Man fühlt sich sicherer, wenn man sie nachts ihre Runden drehen hört. – Diese Verbrecher, die Züge entgleisen lassen, sie haben uns die Deutschen ins Land gebracht.‹ Ich frage sie, wie sie es fertigbringt, die Anwesenheit der Deutschen zu begrüßen und sich gleichzeitig über sie zu beklagen. Sie zögert einen Augenblick: ›Seit die Deutschen da sind, findet man keine Haushaltshilfe mehr, sie schnappen alle weg.‹« Ebenda, S. 547.

7 Zitiert nach: Robert O. Paxton, La France de Vichy. Paris 1973, S. 145.

8 »Der Leiter der landwirtschaftlichen Hochschule (Robbe-Grillet war Student der Agronomie, L.B.) trat persönlich vor die beiden aus diesem Anlaß in der großen Aula versammelten Jahrgänge,

um uns zum Gehen zu drängen. Ich erinnere mich an seine Schlußworte: ›Geht nach Deutschland, junge Leute, ihr werdet ein großes Land kennenlernen.‹ Bei der Befreiung war er seit langem im Widerstand und hat also problemlos seine Stelle behalten. Und ohne jede Verlegenheit hat er uns auch wieder mit einer Gelegenheitsrede in der Schule empfangen.« Der wiederkehrende Spiegel. Frankfurt am Main 1986, S. 136.

9 Léon Werth, Déposition, a. a. O., S. 637.

10 Cf. Pascal Fouché, L'Edition Française sous l'Occupation. Band 1 und 2, Paris 1987. Diese Dokumente über das französische Verlagswesen während der deutschen Okkupation enthält auch aufschlußreiche Informationen über die kulturpolitischen Maßnahmen der Nationalsozialisten in Frankreich.

Scheidung auf literarisch

Wenn es ein Wort gibt, das wie kein anderes den Sprecher als Bewohner der nun aufgehörten DDR kenntlich macht, ohne daß es sächsisch oder thüringisch ausgesprochen werden muß, dann ist es das Verb »einbringen«. Das ist ein zähes Wort, es hat den Untergang des ancien régime überlebt und überspringt gleichmütig die ideologischen und parteipolitischen Grenzen. Hans Modrow sprach als Ministerpräsident davon, daß die DDR neben allem anderen auch etwas »einzubringen« hat, nämlich »kulturelle und geistige Werte«, sein Nachfolger Lothar de Maizière wollte ins vereinte Deutschland ebenfalls dies und jenes eingebracht sehen, zum Beispiel den »solidarischen Umgang der DDR-Bürger miteinander« und ihre »Improvisationsgabe«. Von Gregor Gysi über die Bürgerbewegungen bis zu Künstlern und Schriftstellern wird »eingebracht« oder dieses zumindest versucht, und wenn man nach dem Objekt dieser Tätigkeit fragt, dann liegt die Antwort schon ein Stück weit in dem Gebrauch dieses Wortes parat, der auf etwas unverwechselbar Ostelbisches verweist, mag man es nun vollmundig DDR-Identität nennen oder sich mit bescheideneren Umschreibungen begnügen.

Pech für die östlichen Einbringungsfreunde, daß sie auf dem Weg ins einige Deutschland ein verbales Gefährt benutzen, das im Westen wegen akuter Verschleißerscheinungen inzwischen weithin aus dem Verkehr gezogen wurde und höchstens als Kuriosität noch hergezeigt wird. Pech auch insofern, als der inflationäre westliche Modegebrauch den Bedeutungshof zerstört hat, den das Verbum »einbringen« einmal besaß. Denn etwas Freudiges und Erwartungsvolles ist darin enthalten, es ruft das Bild der Ernte herauf, die in die Scheuer eingefahren wird, oder kündigt den Bund fürs Leben an, in den die Beteiligten, je nach

Sitte, Hab und Gut einbringen. So hat auch die DDR, nachdem die Vereinigung beschlossene Sache war, aufgezählt und vorgezeigt, was sie zum gemeinsamen Hausstand beizusteuern hat. Doch es häufen sich die Anzeichen dafür, daß die ganze Mitgift Mißfallen erregt, nicht nur die »ökonomischen Altlasten«, sondern auch das, was da »kulturelle und geistige Werte« genannt wurde. Der in einem beachteten westlichen Zeitungsfeuilleton gedruckte Satz, »die toten Seelen des Realsozialismus sollen bleiben, wo der Pfeffer wächst«, läßt auf den Grad der Vorfreude schließen, mit der westliche Seelen der Vereinigung entgegenfiebern.

Eine groteske Situation bahnt sich an. Die finanziellen Präliminarien der deutschen Vereinigung sind längst über die Bühne gegangen. Die standesamtliche Staatstrauung ist auf den 3. Oktober angesetzt. Der schwierigste, langwierigste, am wenigsten planbare, dafür aber spannendste Abschnitt des Vereinigungsprozesses steht noch bevor: das Entstehen einer neuen Gesellschaft, deren Form sich nicht vorausberechnen läßt, am wenigsten durch die Arithmetik der Addition. Gefragt sind daher Köpfe, die ihrem eigenen Selbstverständnis nach gerade mit dem Unbekannten vertrauten Umgang pflegen, deren Welt, die Welt der Literatur, sich durch antizipatorische Fähigkeiten empfiehlt: die Literatur als Seismograph, lautet die entsprechende Selbstanzeige. Glaubt man den neuesten Meldungen aus der literarischen Meßstation, dann steht gar nicht die Vereinigung zweier Gesellschaften, sondern ihre endgültige Trennung bevor.

Wie bei gewöhnlichen Trennungen ist das schwergewichtige Wort »Schuld« die bevorzugte Waffe, mit der in den vergangenen Monaten auf zahllosen Literaturseiten gefochten wurde. Der Partner soll endlich zugeben, daß er die ganze Schuld an der Misere trägt. Man ist ihm jetzt auf die Schliche gekommen. Mit besonders widerwärtigen Typen hat er es getrieben, dem Herrn Zensor und einem Sadisten namens SED-Staat, und sich dafür, Gipfel der Infamie, auch noch bezahlen lassen. Geahnt hat man es schon immer, aber dem häuslichen Frieden zuliebe den Mund gehalten. Aber jetzt ist die Schonzeit zu Ende. Es scheint bei dem Streit um die Literatur der verblichenen DDR wie bei einem Trennungsprozeß der in sein letztes Stadium getreten ist, nur noch darum zu gehen, den verhaßten Partner mit Schuldvorwürfen so weit kleinzukriegen, daß er freiwillig auf alle Ansprüche verzichtet. Von wegen einbringen …

In der aufgeladenen Atmosphäre des Trennungskrachs gedeiht nur eines erfahrungsgemäß ganz besonders schlecht: die Bereitschaft zur kritischen Auseinandersetzung mit sich selbst. Die Atmosphäre mit Angriffen anheizen und diese damit begründen, daß man bei den angegriffenen Autoren aus der DDR die Bereitschaft zur schonungslosen Selbstprüfung vermißt, das geht nicht zusammen. Kein Wunder, daß die Angegriffenen sich mit Gegenvorwürfen zur Wehr setzen, die an Grobheit ebenfalls nichts zu wünschen übriglassen, dem von Stefan Heym geäußerten Verdacht zum Beispiel, einer generalstabsmäßig gesteuerten Kampagne aus dem Westen ausgesetzt zu sein. Es ist auch nicht erstaunlich, daß der mit Schuldvorwürfen Überhäufte schließlich die Tür zuschlägt und zu der Familie zurückkehrt, von der er sich, allen früheren Differenzen zum Trotz, doch noch besser verstanden fühlt. So konnte man zusehen, wie sich der CDU-Kulturminister Herbert Schirmer aus de Maizières Kabinett schützend vor die aus dem Westen als »Staatsdichterin« attakierte Christa Wolf stellte und erklärte, die Bücher Christa Wolfs hätten seine »heutige Position mitgeprägt«. Eigenartige Koalitionen sind da entstanden, undenkbar vor Beginn des in den westdeutschen Feuilletons inszenierten literarischen Sommerstücks: Der in der DDR nicht gedruckte Lutz Rathenow sprach davon, daß der »Westen DDR-Erfahrung, in Form von Literatur, negieren will«, und befand sich damit in bester Gesellschaft mit Autoren wie Stephan Hermlin oder Hermann Kant, mit deren Ansichten ihn vorher gewiß nichts verbunden hätte.

Der literarische Auftakt zur Vereinigung auf der Ebene der Gesellschaft hätte nicht gründlicher mißraten können. Vor allem deshalb, weil sein aggressiver Ton etwas hat entstehen lassen, was die Bildung einer Gesellschaft als Assoziation von Individuen nachgerade sabotiert, nämlich falsche Kolletive, die sich defensiv voneinander abgrenzen. Günter de Bruyn sprach von der Gefahr, daß die abgerissene Mauer »in den Köpfen fortbesteht«. Hie pro und hie contra. Hier die selbsternannten Herolde der Wahrheit, des unzensierten Worts und der Dissidenz, dort die Vereinigung derer, die sich zu unrecht angegriffen fühlen. Wer dafür sorgt, daß sich nach dem Ende der Zweistaatlichkeit gleich wieder verfeindete Lager bilden, meint es mit einer künftigen Gesellschaft, die aus einer Vielzahl individueller Auseinandersetzungen und Annäherungen, nicht aber aus der Addition von Kollektiven hervorgehen kann, vielleicht gar nicht so gut. Vielleicht wollen diejenigen, die da etwas großmäulig den »deutschen Literaturstreit« ausgerufen haben, damit indirekt zu verstehen geben, daß sie eine sich vereinigende Gesellschaft gar nicht wünschen, weil sie ahnen, daß auch im liebgewonnenen Westen nichts so bleiben wird, wie es war.

Es ist ja nicht verboten, so zu denken, nur eines ist äußerst kurios dabei: Der literarische Trennungskrach, der parallel zu den politischen Einigungsverhandlungen das lesende Publikum unterhielt, ging von eben den Blättern und Magazinen aus, die nach der Öffnung der Mauer nichts Eiligeres zu tun hatten, als denen, die mit dem Ende der zwei deutschen Staaten und dem Abschied von einem wie auch immer demokratisch reformierten Sozialismus nur zögernd zurechtkamen, nachdrücklich die Leviten zu lesen. Das ganze Deutschland war nun an der Reihe, und die Autoren des DDR-Appells »Für unser Land« bekamen ihr Fett weg. Sie hatten dem Volk nicht aufs Maul geschaut, das damals allerdings, in der DDR, selbst noch nicht genau wußte, was es wollte, denn im Spiegel der Meinungsumfragen hat es Ende 1989 innerhalb weniger Wochen von »gegen die Vereinigung« auf »für die Vereinigung« umgepolt. Überhaupt das Volk, wie erregend war das, am Fernsehschirm, und wie schön lasen sich »Nation« und »Deutschland« auf dem Zeitungspapier. Jetzt allerdings, wo es ernst wird, wo die Realität der Vereinigung weniger fahnenschwenkend und feuchten Auges daherkommt, sondern die in der Bundesrepublik seit einigen Jahren vielstimmig besungene »zivile Gesellschaft« zu ergreifen beginnt, da rührt sich da und dort und auch in Zeitungsredaktionen der Trennungschmerz. Auch das ist nichts Ehrenrühriges, jedem sein Land, an dem er hängt. Warum das aber nicht offen sagen, besonders dann, wenn von aller Welt Ehrlichkeit verlangt wird, statt es auf dem Umweg über einen schiefen Literaturkrach auszudrücken, der genausogut unter der Überschrift »Für unser Land, die gute alte Bundesrepublik« hätte lauten können.

Diesem Land allerdings, um ein letztes dazu anzumerken, dem großen wie dem kleineren, hat der Literatenstreit einen denkbar schlechten Dienst erwiesen. Indem sich die Hamburger und Frankfurter Streithansel in völliger Verkennung der Lage auf Christa Wolf einschossen, haben sie nicht nur das Ziel verfehlt, das sie im Auge haben mochten, und damit im Osten eine neue verschworene Notgemeinschaft entstehen lassen; sie haben sich und damit die gesamte deutsche Literaturszene jenseits der Grenzen, in jenem Europa, das einem angeblich so nah und wichtig ist, der Lächerlichkeit preisgegeben.

Von *Le Monde* aus Paris mußten sie sich daran erinnern lassen, daß Christa Wolf kein deutsches Eigentum ist, auf dem man zu Hause unbeobachtet herumhacken darf, sondern daß die Autorin ebenso ihren zahlreichen Lesern im Ausland gehört, und daß sie ihre Reputation dort nicht irgendwelchen innerdeutschen Rücksichtnahmen verdankt, sondern »nichts anderem als ihren literarischen Qualitäten«. Und wenn Christa Wolf im September 1990 in Italien mit dem Mondello-Preis und in Frankreich mit dem hochoffiziellen Offiziersrang »des Arts et des Lettres« ausgezeichnet wurde, so muß jemand schon ein verdammt dickes Fell haben, um in den Auszeichnungen nicht die Ohrfeige zu spüren, die damit den Helden des »deutschen Literaturstreits« verabreicht wurde.

Eine merkwürdige Tendenzwende eröffnet diesen Literaturherbst, der mit der staatlichen Vereinigung zusammenfällt: Je größer das Land äußerlich wird, desto provinzieller nimmt sich sein literarisches Leben aus. Sosehr der Verfasser an der Literatur hängt, so sehr wünscht er sich in diesem Fall, daß Literatur und ihre Zeichen nichts bedeuten. Vor allem keinen Vorgriff auf das kulturelle Klima, das mit dem größeren Deutschland heraufzieht.

Abgedruckt in: Süddeutsche Zeitung, 2./3. Oktober 1990.

Nieder mit den Literaten!

Über neue Motive des alten Antiintellektualismus in Deutschland

Ein bizarres Schauspiel ist auf den Spielplan des öffentlichen Theaters in Deutschland gelangt: Während als Thema der Saison »Bonn ist nicht Weimar« festgelegt wurde, was heißen soll, daß die Allianz von Staat und kerzentragender Bevölkerung gegen Gewalt und Mord jeden Rückfall in frühere Zeiten der Barbarisierung ausschließt, geben sich verschiedene Darsteller am Rande der Aufführung alle Mühe, genau das Gegenteil zu beweisen. Sie *spielen* Weimarer Zustände, indem sie den Text nachsprechen, der von den heftigen Konfrontationen der zwanziger Jahre überliefert ist, ihn aber als zeitgenössische Vorlage deklamieren. So gerät ein zähnefletschender Literatenhaß, wie ihn seinerzeit der Literat Oswald Spengler predigte, leicht modernisiert ins deutsche Feuilleton; wie damals müssen sich Bücher an der großen »Tat«, diesem urdeutschen Mythos, messen lassen und werden als viel zu leicht befunden. Den auf den Literaturseiten gedruckten Anklageschriften zufolge sind die literarischen Intellektuellen einerseits an allem schuld, vor allem am Überleben unheilbringender Heilslehren, und sündigen andererseits durch fortdauerndes Nichtstun. Sie sollen sich sowohl dafür schämen, daß sie nur schreiben, als auch begreifen, daß Schreiben schon viel zuviel des schlechten Guten ist. Eigentlich sollen sie verschwinden, gibt ihnen die strenge Gardinenpredigt zu verstehen: daß sie von Leuten gehalten wird, die selbst nichts anderes gelernt haben, als recht und schlecht zu schreiben, gehört zum Charakter der unfreiwilligen Farce, die das Remake der Intellektuellenbeschimpfung aus Weimarer Tagen angenommen hat; was aber ist der aktuelle Anlaß, diese mäßig unterhaltende Kabarettveranstaltung aufs öffentliche Programm zu setzen?

Von einer deutschen »Intellektuellendebatte« zu sprechen,

wie es da und dort geschieht, ist jedenfalls ein Euphemismus: eine Debatte setzt voraus, daß unterschiedliche politische und intellektuelle Auffassungen zur Auseinandersetzung drängen und daß die Waffen, die dabei benutzt werden, die Form von Argumenten besitzen. Nun treten weder unterschiedliche Auffassungen gegeneinander an, noch werden Argumente ausgetauscht: die Redeform ist die Buß- und Strafpredigt, deren Wucht den Zuhörern nur die Wahl läßt, entweder protestantisch zerknirscht in sich zu gehen oder seelisch unergriffen hinauszugehen; ein in Fahrt geratener Bußprediger läßt sich durch Einwände rationaler Art nicht aufhalten. Zu sehr erregt ihn das Ausmaß des Unheils, das er angehäuft sieht; um so zielloser die Erregung, je mehr er sich selbst in dessen Anhäufung verstrickt weiß. Wenn die Literaten an allem schuld sind, und zwar dadurch, daß sie nichts und gleichzeitig viel zuviel getan haben, dann bleibt dem Literaten, der die Schuldfeststellung trifft, selbst nur noch die Flucht ins unartikulierte Schmähen übrig, was die Vorzüge des Redens und des Schweigens miteinander vereint. Gegen Schmähreden zu argumentieren macht keinen Sinn; es kann sich höchstens darum handeln, die Konfusion zu untersuchen, deren Symptom die derzeit auf der deutschen Bühne laufende Veranstaltung Intellektuellenbeschimpfung ist.

Ihr Auftakt wurde übrigens schon Ende 1989 gegeben; daß es sich dabei um einen Auftakt zu einem Dauerbrenner handelte und nicht nur um einen einmaligen Gefühlsausbruch, war damals allerdings noch nicht abzusehen. Gegen die Intellektuellen ging es gleich los, als nach der Öffnung der Berliner Mauer die am status quo der Teilung festgemachten Orientierungen durcheinandergerieten; zuverlässiger als die über Zweistaatlichkeit und Reformfähigkeit des DDR-Sozialismus räsonierende Intelligenz erschien der mit Fahnen am Fernsehen die Vereinigung herbeirufende Auschnitt DDR-Bevölkerung. Die Intellektuellen hätten sich »vom Volk entfernt«, lautete das selbst von Literaten, Martin Walser und Monika Maron, in Umlauf gebrachte und vielfältig wiederholte Verdikt; in Wirklichkeit hatte sich dieses Volk zunächst einmal von sich selbst entfernt, denn Ende 1989 hatte sich die Mehrheit der DDR-Bevölkerung innerhalb weniger Wochen dank westdeutscher Glücksversprechen in ihrer Einstellung zur Zweistaatlichkeit um 180 Grad gedreht. Diesen Schwenk von Volk Phase 1 zu Volk Phase 2 sogleich mitzuvollziehen, hatten zahlreiche Intellektuelle in Ost und West Probleme; sie begriffen nicht auf der Stelle, daß der Prozeß, der zur Vereinigung führte, sehr schnell unumkehrbar geworden war. Für diese Begriffsstutzigkeit mußten sie sich den seinerseits aus der stalinistischen Mottenkiste hervorgezogenen Vorwurf gefallen lassen, sie hätten sich »vom Volk entfernt«; drei Jahre später klingt der Vorwurf nur noch albern, denn der offenkundige Unwille der westdeutschen Mehrheit, die Vereinigung mit allen ihren ökonomischen und sozialen Konsequenzen zu ihrer Sache zu machen, gibt der damals geäußerten Skepsis gegenüber nationalem Überschwang eher recht. Außerdem hat allzu große Volksnähe ihren Charme verloren, seit nicht mehr zu übersehen war, daß jenes Volk, das damals in Rostock die deutschen Fahnen schwang, und das Volk, das mörderische Angriffe auf Asylsuchende mit Beifall bedachte, aus ein und denselben Personen bestand.

Doch ob mit oder ohne Volk, das einmal geweckte und mit medialem Bürgerrecht versehene antiintellektuelle Ressentiment lebt zäh weiter und verlangt nach Futter. Aus Mangel an frischem nimmt es mit Konserven vorlieb: deshalb der Rückgriff auf die schwere Kost der zwanziger Jahre. Was aber hält es überhaupt in Schwung und verschafft ihm Resonanz? Soweit es von Zeitungen wie der *FAZ* unterhalten wird, liegt der Antrieb offen zutage: eine altneue ideologische Vulgata soll durchgesetzt werden, die sich dadurch immun gegen Einspruch macht, daß sie Kritik von vorneherein diskreditiert; wer Zweifel an der seligmachenden Omnipotenz der Marktdynamik und der bestehenden Welthandelsordnung hegt, wird als unbelehrbarer Irrläufer des untergegangenen Realsozialismus ausgesondert. »Intellektueller ist inzwischen wieder ein Schimpfwort geworden«, sagt Hans Mayer, der sich von der in Deutschland aufgekommenen gereizten Stimmung an frühere schlechtere Zeiten erinnert fühlt.

Doch gerade der Vergleich mit früheren Kampagnen gegen die Intellektuellen gibt Rätsel auf. Als in den sechziger Jahren von der bundesdeutschen Regierungsbank aus Schriftsteller als »Pinscher« abgekanzelt wurden und die Gruppe 47 den diffamierenden Beinamen »geheime Reichsschrifttumskammer« erhielt, war ein wirklicher Kampf im Gang: er galt dem unübersehbaren Einfluß, den literarische Intellektuelle in der Öffentlichkeit gewonnen hatten. Weil dieser Einfluß es der herrschenden Politik erschwerte, ihre Doktrin der Nichtanerkennung der Nachkriegsrealitäten, von der Dauerhaftigkeit der polnischen Westgrenze bis zur Existenz des zweiten deutschen Staats, als Gebot der Vernunft durchzusetzen, wurden alle Anstrengungen unternommen, den intervenierenden Intellektuellen die Glaubwürdigkeit zu entziehen, indem man sie entweder als fünfte Kolonne Moskaus oder als Wiedergänger der Nazis beschimpfte; wie lächerlich die Formen auch ausfielen, derer sich die letzten Endes erfolglose Kampagne gegen die Intellektuellen bediente, so war sie selbst doch insofern nicht nur abstrus, als sie die Anerkennung des realen öffentlichen Einflusses einschloß, den die verschiedenen Interventionen von Intellektuellen erreicht hatten. Selbst der später von konservativer Seite an die Adresse der Kritischen Theorie Adornos und Horkheimers gerichtete absurde Vorwurf, ihr Einfluß trage die Schuld am Entstehen der bewaffneten Stadtguerilla, enthielt in all seiner Paranoia noch ein Körnchen Wahrheit: der Kritischen Theorie wurde auf diese Weise bescheinigt, daß sie eine kulturelle Macht gewonnen hatte, an die ideologische Politik nicht herankam.

Von spürbarem Einfluß oder gar intellektueller Macht kann Anfang der neunziger Jahre in Deutschland jedoch keine Rede mehr sein. Selbst der in den Medien nachrückende Nachwuchs stochert im Nebel herum, wenn er mit aggressiver Geste antritt, um seine Vorgänger beiseite zu räumen; hat er einmal ein Mäuslein getroffen, setzt er eine kampferhitzte Miene auf, um glauben zu machen, er habe soeben eine ganze Drachenbrut niedergekämpft. Das ganze Feuilleton der *FAZ* lebt von solchem Chimärenschlachten: der seit Ende der achtziger Jahre amtierende Literaturblattchef Frank Schirrmacher imaginiert ständig riesige gegnerische Streitmachten, denen er sich dann schreibend heroisch entgegenwirft. Seit er erklärt hat, daß sein politisches Gedächtnis nicht weiter zurückreicht als bis 1988, ist er gewissermaßen wegen Geistesabwesenheit entschuldigt: er hat dann keine andere Wahl, als die Welt seines Feuilletons mit den Phantasiegestalten zu bevölkern, die ihm gerade in den geschichtslosen Sinn kommen. Eine solche Entschuldigung können viele der Akteure allerdings nicht in Anspruch nehmen, die sich derzeit an der antiintellektuellen Kampagne in Deutschland beteiligen: sie schreiben, da länger auf der Welt als etwa der *FAZ*-Nachwuchs, wider besseres Wissen; sie schreiben nicht ignorant an der Geschichte des intellektuellen Engagements vorbei, sie schreiben sie um. Was sie dazu treibt, mit affektgeladenenen Strafpredigten gegen Intellektuelle die öffentliche Sphäre zu verpesten, ist nicht leicht zu erkennen; sie können schlecht geltend machen, daß es ihnen nur darum gehe, mit allen Mitteln einflußreiche Vorgänger beiseite zu boxen, da sie selbst seit langem Sitz und Stimme in der bundesdeutschen Öffentlichkeit haben.

Um eine klassische Rechts-Links-Abrechnung handelt es sich offensichtlich nicht. Die häufigsten Wortmeldungen stammen von Leuten, die in der radikalen Linken großgeworden sind: Cora Stephan, Peter Schneider, Klaus Hartung, Thomas Schmid, Claus Leggewie, und eine Reihe anderer. Etwas von dem missionarischen Eifer, der einstmals in studentischen Milieus gedieh, die sich dem Arbeiterkult an den Hals geworfen hatten, lebt in ihren flammenden Zeitungsbeiträgen von heute fort: so als müsse die Menschheit zu dem Licht der Erkenntnis hingeprügelt werden, von der sich die Autorinnen und Autoren erleuchtet fühlen. Von seinem Schein überstrahlt werden soll dabei das Grau in Grau der eigenen politischen Lebensgeschichte, die von einem Gegenstand des selbstkritischen Nachdenkens in einen Gegenstand der Verleugnung verwandelt wird: *dabei* waren immer nur die anderen, die nun als Schuldige die Köpfe ducken sollen. Aber die linksradikalen Biographien scheinen für ihre Verleugnung Revanche zu nehmen, indem sie ihre Inhaberinnen und Inhaber mit dem Zwang bestrafen, auch im gewendeten outfit immer wieder zum Ausgangspunkt und zum pädagogisch erregten Ton der linksradikalen Anfänge zurückkehren zu müssen. Der ehemalige Maoist, der seinerzeit, den Blick in den Fernen Osten gerichtet, die Sowjetunion als das größte Hindernis auf dem Weg zur proletarischen Revolution verfluchte, kommt nach wie vor nicht von seiner Fixierung auf den sowjetischen Satan los; nun wühlt er in den Eingeweiden des verblichenen Monsters und zieht triumphierend einen schrecklichen Fund nach dem anderen heraus; in mancher Tätigkeit als Ostexperte findet sich die Schwundstufe früherer maoistischer Besessenheit. »Wer hat uns verraten – Sozialdemokraten«, diese vergessene Demonstrationsparole von 1968, animiert nach wie vor den Geist von Cora Stephan und Thomas Schmid, die nun die deutschen Sozialdemokraten beschuldigen, statt linksradikaler Studenten gleich die ganze Nation verraten zu haben: durch ihre Entspannungspolitik gegenüber der DDR hätte die SPD die Vereinigung viel zu lange verhindert. Die verstrichenen Jahrzehnte unbeschädigt überlebt hat vor allem die trübste Begleiterscheinung des früheren proletkultischen Aktionismus, der antiintellektuelle Affekt: da die genannten ehemaligen Linksradikalen inzwischen selbst Intellektuelle geworden sind, nimmt er die besonders bösartige Form des unterdrückten Selbsthasses an, der sich unkontrolliert nach außen entlädt.

Zuerst hat er sich gegen die Intellektuellen der ehemaligen DDR ausgetobt, die allesamt in den Orkus der realsozialistischen Kollaboration geschickt wurden; dann konnten die Schrecken des Kriegs auf dem Balkan gar nicht schrecklich genug sein, um nicht auch noch das antiintellektuelle Ressentiment anzulocken. In Artikeln der *taz* dienen die Greuel in Bosnien dazu, kritischem Nachdenken den moralischen Garaus zu machen; gegenüber der erlösenden Mannestat, die dabei an die Wand gemalt wird, sind Gedanken und Bücher keinen Pfifferling wert. Claus Leggewie, sonst als Politikprofessor und vielgefragter Fernsehexperte bekannt, spielt auf einmal den Mann der Tat, den »akademisches Debattieren« und »bücherfüllendes Schwadronieren«, also seine eigene emsig betriebene Berufstätigkeit, anekelt; irgendein Kampf schwebt ihm vor, in dessen Namen bücherschreibende Zeitgenossen abgekanzelt werden, aber der Kampf selbst bleibt eine Chimäre: so wie sich um 1930 herum in Deutschland die Redensart verbreitete: »Ich bin entschlossen«, aber keiner sagen konnte, wozu er denn entschlossen sei. Der Krieg auf dem Balkan ist schließlich für sie auch nur eine Idee; in den Händen der neuen Antiintellektuellen wird sie zum Knüppel, mit dem man auf alles einprügelt, was einem nicht paßt. Selbst der Historikerstreit von 1986 wird nun vor dem Hintergrund des Kriegs unterschiedslos gegen alle gewendet, die sich an ihm beteiligten: eine »Pose« und eine »Simulation«, wie in der *taz* zu lesen stand, weiter nichts. Wie argumentiert wird, ist in dieser Sicht völlig gleichgültig: allein die Tatsache des Debattierens spricht gegen die Intellektuellen.

Niemand hat die freigesetzten antiintellektuellen Affekte in jüngster Zeit machtvoller auf sich gezogen als der Schriftsteller Günter Grass: die Liste der gegen Grass heruntergebeteten Anklagen ergibt einen eindrucksvollen Überblick über das Ausmaß der sozialen Pathologie, der seine verschiedenen Ankläger zum Opfer gefallen sind. Die *FAZ*-Paranoia hat ihn zum Oberbefehlshaber der imaginären Streitmacht erhoben, deren Umzingelungsmanöver es zu vereiteln gälte; das liegt ganz auf der beschriebenen Linie. Nun bietet er sich auch noch als Zielscheibe für das umformulierte Ressentiment ehemaliger Linksradikaler dar; alles, was Grass tut und getan hat, wird gegen ihn verwandt. Wurde er um 1968 herum bekämpft, weil er zum einen die Rolle des Schriftstellers nicht zugunsten der des Aktivisten aufgeben wollte und weil er zum anderen, als er sich politisch engagierte, sich auf die Seite der verhaßten Sozialdemokraten schlug, so werden die alten Vorwürfe, zeitgemäß umgebaut, wieder gegen ihn erhoben; was Grass als Lyriker, Prosaautor und als bildender Künstler macht, ist heute wie damals ohnehin gleichgültig, wahrgenommen wird nur die politische Intervention; der werden nun alle Torheiten aufgehalst, die sich die ehemaligen Linksradikalen selbst ankreiden müßten, hätten sie die Verleugnung ihrer Biographien nicht zum treibenden Motiv ihrer Kampagne gemacht. Daß Grass es war, der frühzeitig zugunsten osteuropäischer Dissidenten intervenierte und zusammen mit tschechoslowakischen Emigranten eine Literaturzeitschrift gründete, ist vergessen oder nie zur Kenntnis genommen worden; was zählt, ist seine Nähe zur Sozialdemokratie, und die erhält nun im Zusammenhang mit der umgedeuteten Rolle der SPD den Ruch des Vaterlandsverrats. Grass hat zwar vor kurzem wegen der anpasserischen Asylpolitik der SPD öffentlichkeitswirksam mit der Partei gebrochen; aber auch das gerät zum Anklagepunkt gegen ihn: immer noch viel zuviel intellektuelles Engagement. In der Welt, die sich das antiintellektuelle Ressentiment zurechtlegt, hat er eigentlich nichts mehr zu suchen.

Als »Überbliebener aus der Ära des intellektuellen Heroismus« wird Grass (neben dem Philosophen Jürgen Habermas) in der Wochenzeitung *Die Zeit* in einer Glosse zum Parteiaustritt bezeichnet: ein »Überbliebener«, das will sagen, ein Fossil, das in der Brave New World der für innerlich befriedet, pluralistisch, sich selbst gegenüber völlig transparent und deshalb für intellektuell nicht mehr kritisierbar erklärten deutschen Gesellschaft nichts mehr verloren hat. Der Autor des Kommentars, der Feuilletonchef Ulrich Greiner, ist ein Liberaler, kein ehemaliger Linksradikaler, deshalb spukt in seinem Geist nicht die große Tat herum, für deren Verhinderung die Intellektuellen haftbar gemacht werden. Etwas anderes haben Intellektuelle wie Grass seiner Meinung nach an der Entfaltung gehindert: die Literatur. So begrüßt er Grassens Parteiaustritt als Morgendämmerung einer verheißungsvollen Ära: »Der Schriftsteller, ehemals Universalagent des wahren gesellschaftlichen Interesses, darf sich nun konzentrieren auf sein Eigentliches, auf die Literatur ... Kann sie nicht mehr als alle Leitartikel zusammen?« Greiners These könnte sich sogar auf Engels berufen, der Balzacs Romane allen Geschichtsbüchern vorzog; nur steht sie heute mit ihrem Plädoyer statt vor einem Balzac vor dem Nichts. Die Literatur, derzuliebe das Engagement stillhalten soll, ist eine ebenso chimärische Idee wie die Tat um der Tat willen; je größer sie aufgebläht wird, desto mehr laufen die wenigen gegenwärtig geschriebenen interessanten literarischen Bücher Gefahr, vom gewaltigen Volumen der ideologischen Idee Literatur, zusätzlich zu dem Gewicht des Marktes, erdrückt zu werden. Sie müssen sich von der Literaturkritik vorwerfen lassen, nur den enttäuschenden Anblick flacher Endmoränen zu bieten, wo doch ein literarisches Alpenmassiv auf dem Programm steht: doch im Schatten dieses Ideengebirges muß jedes einzelne Buch verkümmern. Der Antiintellektualismus, der mit der Liebe zur Dichtung hausieren geht, verramscht letzten Endes auch die Literatur.

Doch was bedeutet das alles, die wilden Rundumschläge, der Ausbruch von Intellektuellenhaß, der dem intellektuellen Selbsthaß entspringt, kurz, die Renaissance der Spenglerschen Literatenschmäh, gerade zu diesem Zeitpunkt? Daß Intellektuelle unterschiedlich konfus auf einen gesellschaftlichen Prozeß antworten, der ihre Spielräume einengt, ist kein spezifisch deutsches Phänomen; von einer Krise der Intellektuellen, was auch immer darunter konkret zu verstehen ist, wird in vielen westlichen Ländern gesprochen. Der Soziologe Pierre Bourdieu, dessen Werk die Verschiebungen des kulturellen Machtgefüges in Frankreich untersucht, sieht ein Kennzeichen dieser Krise darin, daß in den intellektuellen und politischen Auseinandersetzungen ein Vakuum entstanden ist, in dem sich »Denker ohne Gedanken (und häufig ohne Werke)« emsig breitmachen und »modische Gemeinplätze« in Umlauf bringen. Aber nur im geglückt-mißlungen vereinigten Deutschland zieht das Vakuum derart bösartig-zerstörerische Affekte an; nur hier entlädt sich der Unwille, einem gesellschaftlichen Prozeß ins Auge zu sehen, im unartikulierten Wüten gegen als Schuldige herausgegriffene Personen und Gruppen; nirgendwo sonst sind Reden vom »Versagen der Intellektuellen« so preiswert zu haben, ohne daß sich die Ankläger fragen lassen müssen, was sie im Kontrast zum »Versagen« als geglücktes Funktionieren unter den gegenwärtigen Bedingungen angeben könnten. Der ausgebrochene Furor macht in jedem Fall blind für die einfache Erkenntnis, daß die antiintellektuelle Attacke am Ende auch die Substanz derer angreift, die als Sieger aus dem Scharmützel hervorgehen wollen. Eine grausige Farce nimmt ihren Lauf: die Darsteller der Intellektuellen, die sich anschicken, Vorgängern und Konkurrenten die knapper werdenden Plätze streitig zu machen, rüsten sich zum Kampf, indem sie sich erst einmal selbst verstümmeln.

Abgedruck in: Wochenzeitung, Zürich, 21. Januar 1993.

Kein Gauck für Hellas

Eine europäische Fußnote

Im Spätsommer 1989, während auf ungarischen Feldwegen die Zweitaktautos mit DDR-Kennzeichen zu verwaisen begannen, Vorzeichen noch ungeahnter kommender Entwicklungen, inzwischen international bekanntgeworden unter der Bezeichnung *downfall of the wall*, etwa Ende August 1989 also erhielt ich einen Brief aus Paris, geschrieben von Aris Fakinos, einem seit 1967, dem Beginn der Obristendiktatur in seinem griechischen Heimatland, im französischen Exil lebenden Schriftsteller und Musikologen, einen Brief der Erbitterung und Empörung, die ich damals zur Kenntnis nahm, aber vielleicht nicht vollständig nachzuvollziehen in der Lage war, denn die Blicke waren um diese Jahreszeit auf die von ihren Insassen verlassenen Trabis und Wartburgs geheftet, die dort an den Ufern des Plattensees kommender Dinge harrten.

Der Grund für die Empörung des griechischen Schriftstellers Aris Fakinos hätte mir zwar nicht ganz verborgen bleiben können, denn die eine oder andere Zeitung hatte darüber berichtet, allerdings irgendwo ganz hinten auf der letzten Seite, unter den vermischten Nachrichten, wo gewöhnlich über die erfolgreiche Verpflanzung eines Ohrläppchens oder den jüngsten Rekord im Joghurtessen berichtet wird, dazu überstrahlt von den ausführlichen Reportagen über den wirklich erstaunlichen Freiheitswillen der DDR-Deutschen, die da, ihre Haustiere und Autos im Stich lassend, der Freiheit zuliebe stundenlange Fußmärsche und äußerst unbequeme Nachtlager in Kauf nahmen, der Grund für Aris Fakinos' Erbitterung war also folgender:

Ende August 1989 hatte die griechische Regierung damit begonnen, unter Beteiligung des nationalen Fernsehens alle Akten zu verbrennen, die Polizei und Geheimdienste zwischen 1940 und 1980 angelegt und gesammelt hatten, die Rede war von zwölf Millionen Stück, angelegt und gesammelt über griechische Bürger, die zuerst unter der Nazibesatzung unangenehm aufgefallen waren, dann während des Bürgerkriegs von 1947 bis 1949, und dann noch einmal ganz besonders unter der Militärdiktatur von 1967 bis 1974, wobei Aris Fakinos hinzufügte, daß Polizei und Geheimdienste auch in den Zwischenzeiten nicht untätig geblieben waren, Ende August/Anfang September 1989 also waren diese Akten öffentlich verbrannt worden, der »Versöhnung unter den Griechen zuliebe und um die Spuren des Bürgerkrieges auszulöschen«, wie die griechische Regierung erklärte, und es hatte nichts genutzt, daß, wie Aris Fakinos in seinem erbitterten Brief anmerkte, die kommunistische Opposition und zahlreiche Intellektuelle verzweifelt gegen das Autodafé protestiert und sogar einen Prozeß dagegen angestrengt hatten. Versuche, außerhalb Griechenlands Unterstützung für den Protest zu finden, seien allesamt fehlgeschlagen, ja es sei leichter, schrieb Aris Fakinos in seiner bildhaften Sprache, »eine Ziege zum Singen zu bringen«, als andere Europäer für die Aktenverbrennung zu interessieren, die der 1967 der Militärdiktatur entflohene Schriftsteller die »Verbrennung der Erinnerung des griechischen Volkes« nannte.

1947 war ein Schiff in Marseille angekommen, an Bord viele kluge Köpfe aus der Universität von Athen, im Bürgerkrieg als Nest des Terrors und der Subversion ausgemacht und entsprechend gesäubert, und hatte seine Ladung an Land gespuckt, darunter die Philosophen Cornelius Castoriadis und Kostas Axelos, wobei diese noch Glück gehabt hatten, denn andere hatten nicht mehr rechtzeitig entkommen können und waren in Lager gesperrt worden, wo eine unbekannte Zahl von Häftlingen zu Tode gefoltert wurde. Manche der Überlebenden von damals hätten gern gewußt, schrieb Aris Fakinos Anfang September 1989, was inzwischen aus den Folterern der vierziger und der sechziger Jahre geworden ist, wer die Anweisungen zu Folter und Liquidierung gegeben hat, aus welchen Quellen die Beschuldigungen stammten, falls es überhaupt welche gegeben hat außer dem Generalverdacht, es mit den Kommunisten zu halten, ja was denn überhaupt in den zwölf Millionen Akten von Polizei und Geheimdienst geschrieben steht und wie es in die Akten hineingeriet, doch wer das wissen will, sagte 1989 die griechische Regierung, sei ein schlechter griechischer Bürger, denn er wolle nur »die Leidenschaften der Vergangenheit wiederbeleben«.

Der Herbst 1989 ging danach in das Land, das seine Grenzen öffnete, was den Musikologen Aris Fakinos über seine Erbitterung insofern hinwegtröstete, als er sich nun den alten Traum wahrzumachen gedachte, den Geburtsort Eisenach des von ihm so sehr geliebten Johann Sebastian Bach zu besuchen, dazu die Wirkungsstätten Weimar, Mühlhausen und Leipzig, zwar schob er dann die Reise auf, verfolgte aber aufmerksam die weiteren Geschehnisse in der sich abschaffenden Deutschen Demokratischen Republik, wobei sich sein Augenmerk besonders auf das Schicksal der Akten des Staatssicherheitsdienstes richtete, die bekanntlich unter lebhafter Anteilnahme der Öffentlichkeit in Sicherheit gebracht, geordnet, einer gesetzlichen Regelung unterworfen und dann einer eigenen Behörde anvertraut wurden. Dabei fielen Aris Fakinos gelegentlich die zwölf Millionen in Piräus verbrannter Polizei- und Geheimdienstakten aus vierzig Jahren jüngerer griechische Geschichte ein, noch einmal regte sich die alte Erbitterung, und er wurde ein wenig neidisch auf dieses Deutschland, nicht nur weil es Johann Sebastian Bach hervorgebracht hatte, sondern auch weil es, ganz anders als Griechenland, niemals alleingelassen ist in seiner Not.

Längere Zeit hörte ich nichts mehr von Aris Fakinos, es war nur zu erfahren, daß er entweder irgendwo in den griechischen Bergen zu Recherchen unterwegs sei oder sich zum Schreiben zurückgezogen habe, bis dann, Ende August, Anfang September 1992, genau drei Jahre nach dem erwähnten erbitterten Brief, wieder eine Nachricht von ihm kam, und zwar gleich ein ganzes Buch, in wörtlicher Übersetzung »Die Zitadelle der Erinnerung« überschrieben, ein Roman, der nicht nur von der Belagerung und Zerstörung der kleinen griechischen Bergstadt

Paliokastro durch die osmanische Armee im Frühling des Jahres 1789 erzählt, sondern auch zugleich eine Huldigung an die schriftliche Überlieferung darbringt, da die Geschichte der einfallsreichen, wenn auch letzten Endes erfolglosen Verteidigung des Bergstädtchens Paliokastro, bei der sich besonders Frauen hervortaten, nur deshalb der Nachwelt übermittelt werden konnte, weil in einem benachbarten Kloster ein Mönch mit Namen Isidor an den Rand seines Neuen Testaments eine Chronik der laufenden Ereignisse gekritzelt hatte, zumindest behauptet das die Rahmenhandlung von »Die Zitadelle der Erinnerung« (erschienen in französischer Übersetzung als *La citadelle de la mémoire* im Verlag Fayard).

Rein literarisch betrachtet, hat die Verbrennung von plus minus zwölf Millionen Akten der Polizei und des Geheimdienstes in Griechenland insofern ihr Gutes gehabt, als die Erbitterung, die sie bei Aris Fakinos hervorrief, in den Antrieb zum Schreiben eines spannenden, in eine ereignisreiche Geschichtsepoche zurückführenden Romans umgesetzt wurde (ich darf hier anmerken, daß ein früherer Roman von Aris Fakinos, der am Mikrokosmos eines mazedonischen Dorfes die Verheerungen des Bürgerkriegs von 1947 bis 1949 aufzeigt, unter dem reißerischen, schlecht übersetzten Titel *Die Legion der Verfemten* 1974 im Verlag Kurt Desch auf deutsch erschienen ist), während die Konservierung und geordnete Öffnung der Archive des ostdeutschen Staatssicherheitsdienstes unter Aufsicht des Pfarrers Gauck, wiederum rein literarisch betrachtet, etwas zweifelhafte Wirkungen hervorgebracht hat, denn sie hat eine Reihe von Schriftstellern dazu verführt, statt ihre Phantasie anzustrengen, Bücher dadurch zustande zu bringen, daß sie einfach viele Seiten aus Akten abschreiben, was auf Leser wie mich leicht einschläfernde Wirkung hat.

Abgedruckt in: Kiesstraße zwanzig Uhr.
Huss'sche Universitätsbuchhandlung 1983–1993. Hrsg. von Jürgen Lentes. Frankfurt am Main, 1993.

Es zieht im Haus Literatur

Die 1984 in Paris von Antonin Liehm gegründete Literaturzeitschrift *La Lettre Internationale* erscheint mittlerweile in neun Sprachen, darunter, seit 1988, der deutschen. Im gleichen Augenblick, in dem in Prag unter vorstellbar schwierigen Bedingungen die erste tschechische Ausgabe herauskommt, nachdem eine russische und eine ungarische vorangegangen sind, teilt die deutsche *Lettre* mit, daß sie in große Schwierigkeiten geraten ist. Nicht Mangel an Leserinteresse hat sie in die Bredouille gebracht, sondern das Ausbleiben von Zuschüssen, ohne die eine internationale Literaturzeitschrift, die erhebliche Übersetzungskosten zu tragen hat, auf dem Markt nicht bestehen kann. Mit ihren 14 000 in Deutschland verkauften Exemplaren behauptet die Zeitschrift dort einen sehr respektablen Platz.

»Es geht hier um ein europäisches Projekt, das bewiesen hat, daß es sinnvoll ist«, sagt der Herausgeber Liehm in einem Gespräch mit den *Frankfurter Heften / Neue Gesellschaft*. »Und dafür findet man in Deutschland nicht einmal 200 000 DM. Das kann ich nicht begreifen.« In Budapest, Prag, Moskau und Belgrad ist es möglich, das Geld für die Herausgabe dieser Literaturzeitschrift zusammenzukratzen, in der vergleichsweise sorgenfreien, jedenfalls reichen Bundesrepublik ist keines verfügbar, um sie nach ihrer Einführung am Leben zu erhalten. Was Liehm dabei unbegreiflich findet, reicht über den anekdotischen Fall *Lettre* weit hinaus: der offenkundige Widersinn dieser Situation ist symptomatisch für die Verzerrungen, die sich in der Bundesrepublik im Verhältnis von Öffentlichkeit und Literatur eingenistet haben. Was öffentlich als Literatur anerkannt, in Feierstunden hochgehalten und auf die eine oder andere Weise auch finanziell gefördert wird, entfernt sich immer weiter von der konkreten Existenz der Literatur in der Gesellschaft.

Ist es ein plötzlich mit Nachdruck durchgesetztes liberales Dogma, das es verbietet, mit Subventionen in ein Marktgeschehen einzugreifen? Das wäre lächerlich, denn die Kulturpolitik verstößt täglich gegen das Dogma der Nichtintervention. Die sogenannten Gestehungskosten einer Opernaufführung, einer Theaterpremiere, einer Museumseinrichtung oder einer Reihe von Filmproduktionen werden niemals durch entsprechende Einnahmen gedeckt, die öffentlichen Kassen begleichen die stattlichen Differenzen. In sehr viel bescheidenerem Rahmen beteiligen sich öffentliche Geldgeber auch an den Herstellungskosten von Literatur: eine Anzahl literarischer Bücher kann nur deshalb zu marktüblichen Preisen angeboten werden, weil Honorare, die den Arbeitsaufwand der Autoren nicht im entferntesten decken, um Stipendien aufgestockt werden. Daran ist nicht das geringste auszusetzen; allein die vergleichsweise minimalen Beträge solcher Subventionen sind, im Vergleich zum gesamten Kulturvolumen, nicht der Rede wert. Kulturpolitiker und Sponsoren meinen auch ganz etwas anderes, wenn sie von der Literatur reden, deren großzügige Förderung, solchen Reden zufolge, Pflicht und Ehre einer Kulturnation sei.

Was ist es, das am Beispiel der bedrohten *Lettre* in seltener Eindeutigkeit zum Vorschein kommt? Antonin Liehm hat recht, wenn er die fehlenden 200 000 Mark ein »Almosen« nennt; sie machen einen Bruchteil der jährlichen Miete aus, die Frankfurt am Main für sein Literaturhaus springen läßt. Von den Summen, die für ein internationales Kolloquium ausgegeben werden, auf dem zwei Tage lang vor einem kaum vorhandenen Publikum weitgereiste und folglich teure Referenten flüchtige Paraphrasen ihrer früheren Kolloquiumsbeiträge vortragen, könnte Liehms Zeitschrift zwei Jahre lang leben. »An eine Zeitschrift kann man diese Gelder nicht geben«, wurde Liehm geantwortet, als er vorschlug, zugunsten des Überlebens der *Lettre* einmal eines der kostspieligen Kolloquien ausfallen zu lassen, von denen die Öffentlichkeit höchstens in flüchtigen Feuilletonnotizen etwas erfährt.

Zeitschrift heißt in diesem Fall Tausende von Lesern, die

sich dafür interessieren, was in Bratislava, in London, in Bukarest, in Stockholm an Prosa geschrieben wird, welchen Blick Autoren in New York, Beirut, Paris, Warschau auf die laufenden Ereignisse werfen. Nutznießer des Kolloquiums sind dagegen in erster Linie Fluggesellschaften, Hoteliers, Gastwirte und ein paar Prominente, die sich mit dem Honorar ihr Professorengehalt aufbessern, also ein eher literaturfernes Ensemble. Ginge es darum, dort unterstützend einzugreifen, wo Literatur entsteht, wo sie über Kulturgrenzen hinweg vermittelt wird, wo sie Interessenten gefunden hat, aber ein bißchen Kapital fehlt, dann dürfte der öffentlichen Literaturförderung die Wahl nicht schwerfallen. Daß sie anders wählt, und zwar strukturell anders, weit jenseits der aktuellen *Lettre*-Geschichte, läßt sich rational nicht begründen. Was für ein merkwürdiger Reflex sorgt dafür, daß die Wörter »Literaturhaus« und »Literaturkolloquium« den pekuniären Speichel fließen lassen, sich gegenüber der gedruckten Literaturvermittlung aber die Mienen verfinstern, und die Drüsen austrocknen?

Es gibt eine schöne Idee von Literatur, von Kulturdezernenten spielerisch gehandhabt, gelegentlich in farbenfroher Aufmachung über die Fernsehschirme huschend, von Wortstylisten geschmackvoll hergerichtet, so daß sie zu den anderen schönen Ideen paßt, die sich hinter dem exportfähigen Wort »Kulturgesellschaft« versammeln, und es gibt die Realität der Literatur, die sich aus ein bißchen Glanz und viel Depression, aus Neugier und aus Gleichgültigkeit, aus der Euphorie der Kreation und dem Bleigewicht der Ökonomie, aus unerwartet hervorbrechenden Stimmen und aus trägem Konformismus zusammensetzt. Wenn die zeitgenössische Literatur als das Medium gelten kann, in dem eine demokratisch verfaßte Gesellschaft jenseits ihrer nach außen gerichteten Werbesprüche über sich selbst reflektiert, was sagt dann der Zustand des Mediums Literatur in der Bundesrepublik über die Selbstreflexion ihrer Gesellschaft aus? Darauf läßt sich, wenn nicht gleich wieder Werbeslogans produziert werden sollen, nur negativ antworten: ganz bestimmt nicht das, was die Animateure der subventionierten und gesponserten »Kulturgesellschaft« im Kopf haben, wenn sie an Sonn- und Feiertagen das literarische Fähnlein aufziehen.

In jedem deutschen Bücherherbst wird die alljährliche Inflation von Bilanzen und Diagnosen, von Globalvisionen und Therapievorschlägen über uns hereinbrechen. Wohin treibt die deutsche Literatur? Gibt es sie überhaupt? Schon wieder kein epochales Werk in Sicht! Das Ende der Lesekultur und andere Ereignisse aus dem Kulturleben. Über alle Gegensätze hinweg ist allen diesen Überfliegertexten gemeinsam, daß sie, von ein paar wechselnden Autorennamen abgesehen, von Jahr zu Jahr nur gering variieren und daß sie nichts für die einheimische Situation Spezifisches aussagen, mögen sich ihre Verfasser auch noch so sehr in den deutschen Sonderfall verbeißen: in Paris und in New York wird alljährlich das gleiche Lied gesungen, Agonie des Romans, keine literarische Bewegung mehr, nur ein paar versprengte Veteranen, finis modernitatis, das einzige, was fortschreitet, ist die Verlagskonzentration. »Die Literatur ist im Begriff zu sterben. Nicht daß es ihr an Talenten noch an gutem Willen fehlte; aber sie hat in der zeitgenössischen Gesellschaft nichts mehr zu suchen.« Dixit Jean-Paul Sartre im Jahr 1947 in *Was ist Literatur?*. Also nichts Neues und nichts Deutsches in den neuen deutschen Herbstbilanzen?

Und doch ist etwas anders geworden, seit Sartre vor bald einem halben Jahrhundert feststellte, daß sich »das Publikum auflöst und verschwindet«. Die Schriftsteller heute laufen weit mehr Gefahr als damals, sich komfortabel über ihre eigene Bedeutung zu täuschen, weil man ihnen inzwischen eine Scheinwelt aufgebaut hat, in der sie von den Bewegungen des Publikums abgeschirmt sind wie seinerzeit die Monarchen. Wie sehr hat man sich im Westen Deutschlands über das »Leseland DDR« mokiert, dieses Produkt aus staatlicher Subvention, Mangel an Alternativen und Zensur; die Bundesrepublik macht es inzwischen selbst nicht besser, nur anders und mit anderen Wirkungen: mit den Festen ihrer künstlich beatmeten »Kulturgesellschaft« bringt sie zwar Leute auf die Beine, aber nicht zum Lesen, die Schriftsteller wiederum werden in heitere

Trance versetzt, die sie die traurige Realität der unauffindbaren Leser vergessen läßt. Bevor eine bürgerliche Öffentlichkeit über Wohl und Wehe des Ruhms entschied, konnten Autoren sich für berühmt halten, sobald sie an den Tisch des Monarchen gebeten wurden; eine merkwürdige Re-Feudalisierung der Verhältnisse erspart heute wieder den lehrreichen Umweg über das Publikum: der Autor kann sich für erfolgreich halten, sobald er unter den Lüstern des Fernsehens, dieses Monarchen der Demokratie, Platz nehmen darf. Einen Tag lang ein Star, dann verschmerzt es sich leichter, daß der ganze Glamour ein reales Äquivalent von gerade tausend verkauften Büchern besitzt.

Nicht die Subvention selbst ist daran schuld, sondern ihre Verwendung: im Zweifelsfall für den Rummel und für die beherbergende Immobilie. Was als Literatur in dieser Gesellschaft trotz allem immer noch lebt, jenseits der Herbstnovitäten und Fernsehauftritte, was seinen Abdruck etwa in Literaturzeitschriften hinterläßt und dort neu in Gang gebracht wird, entzieht sich den öffentlichen und privaten Förderungskriterien. Die Literatur hat Probleme? Kein Problem, dann wird ein internationales Kolloquium über Ästhetik und Literarizität veranstaltet, aus Los Angeles, Kyoto und Paris liegen bereits Zusagen vor, und die Million dafür ist auch schon beisammen. Das Kolloquium oder das zeitgenössische Ritual der Geisterbannung.

Das Haus Literatur befindet sich in einem merkwürdigem Zustand. Ein paar seiner Räume sind prachtvoll hergerichtet, mit Klimaanlagen, Kabinen für Simultandolmetscher und Schalldämpfung ausgestattet, im großen Salon werden rauschende Feste gefeiert. Im Treppenhaus jedoch fehlen die Scheiben, so daß ein scharfer Luftzug durch die Flure pfeift. Wer von draußen kommt, wundert sich nicht, weil er weiß, daß der Literatur in der Realität ein kalter Wind entgegenbläst. In den abgedichteten Räumen, in denen die Kulturgesellschaft tagt, will das niemand glauben.

Abgedruckt in: Süddeutsche Zeitung, München, 15. September 1992.

III

Fehlstart ins bürgerliche Zeitalter

Über Johann Heinrich Merck

An das Ritual der Veranstaltung, das vorsieht, sich mit dem Namenspatron des zu vergebenden Preises zu befassen, halte ich mich heute um so bedenkenloser, als ich seinem sanften Zwang die überraschende Begegnung mit einem mir bis dahin weitgehend unbekannten Schriftsteller zu verdanken habe. Dabei hat sich der als Randfigur der germanistisch zur Goethezeit verkleisterten Übergangsperiode beiseite geschobene Johann Heinrich Merck als ein überaus hellhöriger Zeitgenosse zu erkennen gegeben, dessen disparates Werk Zeugnis ablegt von der Anstrengung, den rasanten Wechsel von hochfliegenden Hoffnungen und lähmenden Enttäuschungen auszuhalten. Mercks Geschichte erscheint mir deshalb von neuem erzählenswert, weil in ihr das, was einmal war, nicht davon zu trennen ist, wie sich einer geschlagen hat, unter beengten Verhältnissen und mit entsprechend beschränkten Mitteln. Sie lenkt den Blick in die Gegenwart zurück, da das Wissenwollen, wie andere zu anderen Zeiten sich geschlagen haben, nicht allein in historischer Neugier aufgeht, sondern auch von gegenwärtiger Ratlosigkeit spricht.

Lassen Sie mich die Geschichte mit einer friedlichen und freundlichen Szene beginnen, die Merck im Kreis von Freunden in einem Darmstädter Garten zeigt, Anfang der siebziger Jahre des 18. Jahrhunderts. Die Verhältnisse, scheint es, haben auf einmal den Druck gelockert, den sie auf die Individuen ausüben, lassen ihnen Bewegungsfreiheit. Etwas wie die Zuversicht, daß nicht alles beim alten bleibt, vereint den Darmstädter Zirkel und setzt auf verschiedenen Gebieten produktive Energien frei: im Gedicht, im Drama, in der Prosa, in der literarischen Kritik, in der Zeichenkunst, in der wissenschaftlichen Forschung. Merck, umgeben von Goethe, Herder, Schlosser und anderen, prescht in den *Frankfurter Gelehrten Anzeigen* literaturkritisch weit nach vorn. Forster reist um die Welt, und Herder nimmt sich die ganze Welt zum Gegenstand, denkt sie weiter in die Zukunft. »Je mehr wir Europäer Mittel und Werkzeuge erfinden, euch andern Weltteile zu unterjochen, zu betrügen und zu plündern – vielleicht ist es eben einst an euch, zu triumphieren ...« So heißt es in dem Fragment *Auch eine Philosophie der Geschichte,* das Herder 1774 veröffentlicht. Schwer vorstellbar, daß solche Gedanken ganz unabhängig von dem Gesprächsstoff in dem Darmstädter Kreis zustande kommen, den Herder kurz zuvor verlassen hat. 1774 legt Goethe nach *Götz* und *Clavigo* den *Werther* vor; Lenz veröffentlicht in diesem Jahr den *Hofmeister* und hat nichts dagegen, daß man Goethe für den Verfasser hält; Wieland läßt die *Abderiten* drucken und Schubart *Die deutsche Chronik.*

Doch im Jahr darauf ist die produktive Euphorie verflogen. Die Runde löst sich auf, jeder geht seiner Wege. Was ist passiert? Mitte der siebziger Jahre, schreibt die verläßliche Cornelia-Goethe- und Lenz-Biographin Sigrid Damm, verliert sich die schöne Illusion von einer raschen Veränderbarkeit der Welt, brechen Schaffens- und Lebenskrisen auf. Ab 1777 muß Schubart seine Vorstöße mit der Haft auf dem Hohen Asperg büßen.

Einmal von den Freunden verlassen, kommt die Darmstädter Residenz, die eben noch dem Aufbruch Unterschlupf bot, dem allein zurückgebliebenen Merck doppelt unbeweglich und trostlos vor. In einem Brief an Wieland spricht er von der »elenden Lage unseres lieben Örtgens«, wo man »nichts als dummes Zeug sieht und hört«. Merck singt nicht nur das übliche Klagelied über die Lethargie, die der dumpf lastende Kleinstaatsdespotismus verbreitet. Er nimmt eine Veränderung in den persönlichen Beziehungen wahr, die auf die entstehende, sich über den Tausch herausbildende bürgerliche Gesellschaft vorausweist. »Es ist leyder nun nicht anders«, schreibt er im Januar 1779 an Wieland, »daß wir nun durch Geld zusammenhängen, wie die ganze Welt.«

Johann Heinrich Merck ist kein Feingeist, der den Umgang mit Geld verabscheut. Täglich hat er damit zu tun, als Kriegszahlmeister und Ankäufer von Kunstwerken in fürstlichem Auftrag. Das Geld, von dem er Wieland gegenüber spricht, ist ein Stoff anderer Art, er färbt unmerklich die Beziehungen zwischen den Personen ein. Als Konkurrenten treten sich nun die Schriftsteller gegenüber, aber nicht auf einem freien, sondern einem verzerrten Markt, denn der Wettbewerb gilt nicht allein dem Geld, sondern auch der Beteiligung an der Gunst von oben, an Einfluß, an Macht. Er modelliert allmählich die Personen und gibt seine Verzerrung an die Modellierung weiter. Merck hat ein feines Gespür dafür, da er an der Enttäuschung leidet, die ihm die Wiederbegegnung mit ehemaligen Darmstädter Sangesbrüdern bereitet. »Bei seiner Ministerschaft in Weimar«, schreibt er 1780 der Herzoginmutter Anna Amalia, »ist er (Goethe) mir vergangenen Sommer oft mit einer Trockenheit und Kälte begegnet, als ob ich aus seinem alten Freunde ein subalterner Diener oder Supplicant geworden wäre.«

Aus der Not seiner Darmstädter Isolierung heraus wird Merck zu einem doppelt aufmerksamen Beobachter gesellschaftlichen Verhaltens. Er spürt, wie sich die kommende Versachlichung der Verhältnisse im überraschend robusten Auftreten der Individuen ankündigt. Kaum die Schäfchen ins trockene gebracht nach den wilden Aufbruchszeiten, wird man zum verantwortlichen Hausvater, der ernste Dinge zu verteidigen hat. Die neue Robustheit, die dem herumirrenden Lenz in Weimar die Tür weist, geht dabei eine eigenartige Verbindung mit gesteigerter Empfindlichkeit ein. Die ehemaligen »Darmstädter Empfindsamen« sind jetzt besonders leicht gekränkt. Unter dem Namen Genie tritt ein Zwitterwesen auf, halb Halbgott und halb Geschäftsmann, das sich Kritik als Rufschädigung verbittet und für sich selbst als Neid des Zukurzgekommenen auf schöpferische Größe rationalisiert. Fast beschwörend ruft Merck seinem Freund Wieland zu: Laßt uns treu aneinander halten und nicht gar so empfindlich sein, aber auch in Wieland gewinnt zeitweise der sogenannte verantwortliche Redakteur die Oberhand, der auf eigene und fremde Empfindlichkeiten Rücksicht nimmt. In ihnen setzt sich die amtliche und kirchenamtliche Zensur nach innen fort. Mercks kritische Ästhetik gelangt nur fragmentarisch zum Druck, bleibt zu ergänzen durch die Überlegungen, die er, wie alle unter Zensurbedingungen schreibenden Zeitgenossen, in Briefen niedergelegt. Herder, schreibt er in der Korrespondenz mit dem holländischen Anatom Petrus Camper, ist »einer der besten Köpfe Europas«, ihm fehle es jedoch, da stets von seiner Einbildungskraft überwältigt, an jener Klarheit, die notwendig sei, um sich im Ausland verständlich zu machen. Merck schätzt durchaus den Werther, verliert dabei aber die handwerkliche Seite nicht aus dem Auge, spricht also aus, daß selbst der Werther stellenweise mit Wasserfarben gemalt ist, nicht nur mit lauterem Gold. Der Geniekult schätzt dieses kritische Handwerk nicht, das zwischen Intention und Ausdruck, zwischen geistiger Potenz und Form unterscheidet, verdreht es zur destruktiven Neinsagerei, gar zur Beschmutzung der deutschen Nester. Merck macht in der Tat die Mode nicht mit, das Deutsche in den Himmel zu heben, damit die Misere leichter übersehen werde. Als Kritiker denkt er über die Grenzen hinaus, nicht nur über die engen des Hessen-Darmstädter Ländchens, zieht Vergleiche. Was er über die *Irrwege deutscher Schriftsteller* zu Papier bringt, wird zu seinen Lebzeiten nicht gedruckt. Statt darüber zu jammern, daß das Ausland so wenig Notiz von den deutschen Geniestreichen nimmt, solle man begrüßen, heißt es in diesem immer noch zitierenswerten Pamphlet, daß »von uns als Nation betrachtet Nichts bekannt und übersetzt wurde, was bey allen den aufeinanderfolgenden poetischen Epidemien nach und nach erschienen und schon vergessen ist ...« Nicht nur die provinzielle Beschränktheit des literarischen Getriebes verstört den belesenen Merck, der aus dem Englischen übersetzt und in französischer Sprache korrespondiert. Er leidet auch an den Beschränkungen, die er, auferlegt durch Trennung von Kopf- und Handarbeit, in sich selbst erkennt. Warum, fragt er sich, werden wir nie wahre Idyllen haben im Verstande Theokrits? Weil wir nur »gähnen, alles zum Zeitvertreibe thun, müßige Zuschauer sind, nie Hand anlegen, nie schwitzen ...« Verglichen mit der heutigen Erscheinung des Literaten, wirkt dieser Literat des 18. Jahrhunderts geradezu wie die Verkörperung des Ideals vom »homme total«; Schriftsteller und Übersetzer, Redakteur und Verleger, Kunstkenner und Marktexperte, Naturforscher und Fossiliensammler, Reisediplomat und Rechnungsführer, Weinbergbesitzer und Mitglied einer wissenschaftlichen Akademie. Und dabei zur Existenz im Dienst eines ebenso operettenhaften wie bedrückenden Staats verurteilt, dessen Oberhaupt Landgraf Georg den Tag damit verbringt, sich Marschmelodien auszudenken, und der unter Weltläufigkeit versteht, seine Mätressen aus Paris zu beziehen und nicht aus Heppenheim. Lange Zeit hat Merck nach Weimar geschielt, traut aber dem Frieden nicht mehr ganz, dessen Preislied die Gäste des Musenhofs singen. Er kann nicht vergessen, daß auch dort »der große Herr«, wie er schreibt, »seine Gesellschaft sammt u. sonder zum Teufel schicken könne, wenn's ihm gefällt«, daß er die klugen Denkschriften, die man für seinen Rat verfaßt, jederzeit »auf den Abtritt tragen« kann. Solche Kritik an der feudalen Gesellschaft geht bei den Weimarer Redakteuren nicht durch, bleibt ungedruckt.

Verständlicherweise regt sich der Wunsch nach Unabhängigkeit. Sich als Schriftsteller selbständig machen ist um diese Zeit nahezu ausgeschlossen, Lenz hat es probiert und ist auf die Nase gefallen. Merck probiert es mit dem Unternehmertum, will gut aufgeklärt Ökonomie und Philanthropie miteinander koppeln. In dem geplanten Textilunternehmen sollen hessische Bauern eine Absatzmöglichkeit und Waisenkinder Lohn und Brot finden. Doch Merck hat die Rechnung ohne den im Hintergrund lauernden Wirt gemacht, der sich Kapitalismus nennt und ganz anders kalkuliert, als ein landgräflicher Kriegszahlmeister es gelernt hat. Weil Kursschwankungen nicht zum Pensum der ärarischen Rechenkunst gehören, schaut Merck fassungslos zu, wie der Wert es teuer eingekauften Warenlagers fast über Nacht zusammenschmilzt. Er hat es noch nicht bezahlt, und schon ist es nichts mehr wert. Merck sieht sich gezwungen, bei den Herren in Darmstadt und in Weimar betteln zu gehen. Eine doppelte Niederlage, als Unternehmer und als Kritiker des Despoten. Fehlstart ins bürgerliche Zeitalter, das robuste Naturen verlangt, die auch mit Verlusten noch zu spekulieren verstehen. Der Darmstädter Empfindsame kriecht in sich selbst zurück, »mit der Menschennatur brouillirt«, wie er sich ausdrückt. Die Aufspaltung in den sachlich denkenden Bourgeois und in die sich Empfindungen leistende Privatperson gelingt ihm nicht.

Im Jahr nach dieser Niederlage ist in Frankreich Revolution, hält auch deutsche Zeitgenossen in Atem. Während Goethe in Weimar mit diesem »Franztum« hadert, das »ruhige Bildung zurückdrängt«, reiht sich der fast zehn Jahre ältere Merck unter die Revolutionsreisenden ein. Anfang 1791 ist er in Paris, wird vom Maler David in den Jakobinerclub eingeführt, besucht die Nationalversammlung, erlebt im Theater den Sturm auf die Bastille noch einmal mit. Er schreibt sogleich einen Bericht für Wielands *Teutschen Merkur*, der trotz sklavensprachlicher Einkleidung ahnen läßt, wie sehr die französische Umwälzung wieder die Lebensgeister weckt. Unter den Jakobinern von 1791 fühlt er sich »wie in einer großen Familie«, läßt sich von ihnen beauftragen, nach der Rückkehr für ihre Ideen zu werben.

In Darmstadt aber weht ihm der Wind ins Gesicht. Am Hof treiben sich von der Revolution verscheuchte Aristokraten herum, sinnen auf Revanche, schwadronieren von einem bevorstehenden gegenrevolutionären Feldzug. Der Canaille werden wir es zeigen – so oder ähnlich wird da getönt worden sein. Merck, stelle ich mir vor, zuckt unter solchen Reden zusammen. Glaubt ihnen allzuschnell aufs Wort. Sieht das Palais-Royal mit seinem bunten Treiben schon in ein ödes Soldatenquartier verwandelt. Sieht das Papier der neuen Verfassung zerrissen, von der er eben noch geschrieben hat, sie sei unumstößlich. Aus der Traum von der frei versammelten Gesellschaft, die kein Despot nach Lust und Laune auseinanderjagen kann.

Diese Niederlage wird er, so stelle ich mir Mercks Verfassung im Frühjahr 1791 vor, kurz nach der anderen nicht mehr verkraften. Hat sich mit zuviel Enttäuschungen abfinden müssen, um sich ein weiteres Mal abfinden zu können, jetzt, nachdem er gesehen hat, daß eine wirkliche Alternative möglich ist. Die Kompromißformel »aufgeklärter Absolutismus«, die unter den Brüdern in der deutschen Misere die Runde macht, dürfte Merck kaum überzeugt haben, erwartet er davon doch nicht mehr als die unheilvolle Verschwisterung der alten Gewalt mit dem neuen Furor der Nützlichkeit. Den hat er bereits fürchten gelernt, denn er kündigt die Herrschaft der arbeitsteiligen Eindimensionalität an, die keinen »homme total« braucht, die Ausbildung vielseitiger Fähigkeiten als Vergeudung verwertbarer Arbeitskraft sanktioniert. Es fehlt ihm die Geduld, auf eine Wendung der Geschichte zu warten, die den verstellten Horizont aufreißt. Man braucht, denke ich, keine psychiatrischen Kategorien bemühen, um Mercks Entschluß, seinem Leben ein Ende zu setzen, erklärbar zu finden. Das Weimarer Wort vom »grillenkranken« Merck trägt die Spuren der neuen Robustheit, vor der es dem lebenlang Empfindsamen graut. Erst eine spätere Generation wird sich in ein Bewußtsein hineinversetzen können, in dem sich Weltlauf und Seelenalchimie berühren. »Le soleil noir de la mélancholie« sieht Gérard de Nerval in dem Sonnett *El Desdichado* über dem Horizont aufgehen. Diese »schwarze Sonne der Melancholie«, stelle ich mir vor, hat im Sommer 1791 in Mercks Augen das Tageslicht düster und unwiderstehlich überstrahlt. *El Desdichado* – der Unglückliche – ist übrigens 1853 entstanden, nicht lange nach dem Staatsstreich Napoleons des Dritten, der die Republik in ihrem zweiten Anlauf abwürgt.

Vielleicht wäre aus dem in Sachen der Kunst so handwerklich nüchternen Merck, hätte er Geduld behalten, ein Romantiker ganz eigener Art geworden. Das Zeug zur abstrakten Schwärmerei, die sich mangels Objekt ans Nationale oder ans Göttliche hält, hat er nicht gehabt. Romantisch an seiner Gestalt erscheint mir nicht nur der Sinn für die Ironie – von der er einmal sagt, sie gedeihe in Deutschland so schlecht wie die Teestaude in Schweden –, sondern auch die Verweigerung des pausbäckigen Realismus, der sich über die großen Enttäuschungen mit dem Gedanken hinwegrettet, daß die kleinen Schweinereien, die der Kompromiß mit dem Bestehenden verlangt, im Gang des Allgemeinen nicht wiegen und deshalb bald vergessen sind. In diesem Sinn erzählt Merck eine nicht nur historisch bemerkenswerte Geschichte. Ferngerückt, aber nicht fremd geworden, bedarf sie keiner krampfhaften Aktualisierung. Sie erinnert vor allem an den heute weithin zerrissenen Zusammenhang von Kunst- und Gesellschaftskritik. Merck hinterläßt für mich das Beispiel einer Kritik, die nicht im Sitzen stattfindet, die sich nicht damit begnügt, die kulturellen Veranstaltungen fröhlich oder stirnrunzelnd zu rezensieren. Sie bückt sich zwischendurch nach dem Boden, auf dem sich das alles abspielt, und stößt dort auf den Teppich, der sich unter den Füßen der Tanzenden und Spielenden wegziehen läßt. Die ausgelassene Kulturgesellschaft steht derzeit ja hoch im Kurs, aber Kurse können auch wieder fallen, und der Teufel, zu dem sie sich schicken läßt, hockt im Hintergrund und grinst sich eins. Sie lebt nicht aus eigener Kraft, sondern immer noch von höheren Gnaden, auch wenn diese den Purpurmantel abgelegt haben und in der zivilen Erscheinung des Sponsors auftreten. Kritik allerdings steht selten auf seinem Förderprogramm, was sich verstehen läßt, da eine Kritik, die ihre Sache ernst nimmt, vor dem geförderten Betrieb selbst nicht haltmachen kann. Aber die Sache hat zwei Seiten, denn wenn links liegengelassene Kritik davor bewahrt wird, sich ganz in den Schmiermitteln des Betriebs aufzulösen, so droht ihr gleichzeitig die Versuchung, sich schmollend auf einem verlorenen Posten einzurichten – und verlorene Posten sind selten verläßliche Beobachtungsstationen gewesen.

Ich danke der Deutschen Akademie für Sprache und Dichtung und ihrer Jury für diese Auszeichnung. Ich verstehe sie nicht nur als persönliche Anerkennung, sondern auch als eine öffentliche Geste, die das Bürgerrecht der nicht im Rezensionswesen aufgehenden Kritik hervorhebt. Ich nehme sie als Ermutigung an, die gefährdete, aber überlebensnotwendige Balance zwischen Beteiligung und Distanz aufrechtzuerhalten.

Dankrede zur Verleihung des Johann Heinrich Merck Preises für literarische Kritik der Deutschen Akademie für Sprache und Dichtung am 21. 10. 1989. Abgedruckt im Jahrbuch der Deutschen Akademie für Sprache und Dichtung 1989, Darmstadt 1990.

Ein Berliner in Paris

Der Frankreichkorrespondent Kurt Tucholsky

»Hier ist es hübsch. Hier kann ich ruhig träumen. / Hier bin ich Mensch – und nicht nur Zivilist. / Hier darf ich links gehn. Unter grünen Bäumen / sagt keine Tafel, was verboten ist ...«[1] *Park Monceau* heißt das kleine Gedicht, mit dem Kurt Tucholsky eine erste Huldigung an Paris darbrachte. Die liberale *Vossische Zeitung* und die *Weltbühne* hatten Tucholsky im Jahr 1924 mit Korrespondenzaufträgen ermöglicht, sich in Frankreich niederzulassen. Ein sich befreit Fühlender stöhnt erleichtert auf: hinter sich gelassen hat er den lästigen Broterwerb als Jurist in einer Berliner Bank und das verkrampfte, inflationsgeschüttelte Deutschland. Tucholsky hat seinen euphorischen Ankunftsgefühlen nicht nur in solchen hübschen Versen freien Lauf gelassen. Auch die erste aus Frankreich nach Berlin übermittelte journalistische Prosa scheint vom frischen frankophilen Schwung beflügelt gewesen zu sein. Im Gegensatz zum Gedicht *Park Monceau* blieb sie ungedruckt, der *Weltbühne*-Herausgeber Siegfried Jacobsohn lehnte ihre Veröffentlichung[2] rundheraus ab: zum Glück, räumte ihr Verfasser später ein, als er Distanz zu seinen eigenen Gefühlsausbrüchen gewonnen hatte. 1928 zog Tucholsky in einem Artikel für die *Vossische Zeitung* eine Zwischenbilanz seiner Arbeit als Korrespondent:

»Ich sitze jetzt bald vier Jahre in Frankreich. In den ersten acht Tagen ging ich im Taumel umher, die eisernen Ketten der Inflation waren gefallen, und mir war mein Schwergewicht abhanden gekommen. Nach zwei Monaten verstand ich alles – hätte mich jemand gebeten, ihm eine Monographie über Frankreich zu schreiben, ich hätte angenommen; aber zum Glück hat mich keiner gebeten. Nach einem halben Jahr begann sich das Bild langsam zu verdunkeln, die Fäden liefen wirr, da waren Widersprüche, die ich nicht zu lösen vermochte ... Nach drei Jahren verstand ich gar nichts mehr.«[3]

Ein Korrespondent, der im Geschäft bleiben will, darf niemals zu erkennen geben, daß er etwas Neues und Fremdes nicht versteht. Das Land, aus dem er berichtet, hat ihn nicht mit Widersprüchen zu verwirren. Vom ersten Tag seiner Anwesenheit an liegt es vor ihm wie ein abgegriffenes Buch, dessen Inhalt er bereits auswendig kennt und aus dem er nur noch zu zitieren braucht. Tucholskys Pariser Korrespondententätigkeit verlief in diesem Sinn ganz kontraproduktiv. Der Ehrgeiz, Objektivität vorzutäuschen, war ihr fremd. Der Berichterstatter Tucholsky stiehlt sich nicht aus dem Bild davon, das er von den Zuständen im anderen Land entwirft, sondern bleibt in ihm präsent mit seinen besonderen Vorlieben, mit seiner Neugier, aber auch mit seinen Abneigungen und seinen Wissenslücken. Gelegentlich hat er die Bedingungen der Berichterstattung selbst zum Gegenstand des Nachdenkens gemacht und dabei den journalistischen Auftrag, mit dem die Korrespondenten hinausgeschickt wurden, einer beißenden Kritik unterzogen, einer Kritik, die auch und gerade im Zeitalter der elektronischen Medien nichts von ihrer Berechtigung verloren hat:

»Die deutschen Verleger verlangen von ihren Auslandskorrespondenten zunächst diesen wüsten Haufen von Nachrichten mit dem ganzen Anhängsel der Pressestimmen; sie verlangen ferner etwas, das sie für besonders lebendig und instruktiv halten: unpolitische faits divers. Auch diese faits divers sind in den allerseltensten Fällen vom Berichtenden selbst beobachtet; sie sind wiederum aus Zeitungen abgeschrieben und geben, Kopie einer Imitation, blasse, schiefe, unrichtige Bilder. Diese Sensation war gar keine Sensation, das Tagesgespräch war ein Feuilleton, und die Wahrheit sieht ganz anders aus. Die faits divers sind auch schuld daran, daß die eine Nation die andre für einen Haufen tobsüchtig gewordener, ewig ehebrechender, halbirrer, sonderlinghafter, unter völlig desperaten Umständen lebender und mit Revolvern herumfuchtelnder Menschen hält.«[4]

Ein Blick auf die Auswahl der Meldungen, die in der Rubrik »Aus aller Welt« auftauchen, zeigt, daß die zeitgenössische Welt nach wie vor als Monströsitätenkabinett vorgeführt wird, in dem lauter Amokschützen, Mörder kleiner Mädchen, Verursacher bizarrer Unfälle und drogensüchtige Stars ihr Unwesen treiben. Im Zeitalter verschärfter Medienkonkurrenz zählt nur der Unterhaltungswert der Auslandsnachrichten, die auf den Markt geworfen werden, nicht ihre politische, gesellschaftliche, kulturelle Bedeutung: andere Länder sind folglich nur dann der Beachtung wert, wenn sie häufig spektakuläre Vorfälle produzieren. Eine Nation darf die andere mit noch mehr Recht als zu Tucholskys Zeit für eine Ansammlung gewalttätiger Irrer und rekordsüchtiger Sonderlinge halten, nur fragt es sich, ob es zur Übermittlung der entsprechenden faits divers der Einrichtung des Auslandskorrespondenten überhaupt noch bedarf: denn die internationalen Nachrichtenagenturen bedienen den Markt der vermischten Meldungen schnell und umfassend. Der Schriftsteller Niklaus Meienberg, der als Korrespondent Schweizer Zeitungen viele Jahre in Frankreich verbrachte und dabei die Arbeit seiner Kollegen beobachten konnte, hat einmal sarkastisch für die Abschaffung der teuren Auslandsposten, etwa in Paris, plädiert: da der Durchschnittskorrespondent seine Meldungen ohnehin aus Fernsehinformationen und der Lektüre der großen Zeitungen zusammenstückelt, kann er das, nach Meienberg, auch in der heimischen Redaktion erledigen, vorausgesetzt, man installiert ihm dort die notwendigen Anschlüsse und versorgt ihn per Express mit den gewohnten Zeitungen. Eine andere Möglichkeit wäre: »Die Korrespondenten verlassen, turnusgemäß, ihre feinen Wohnungen und lassen sich eine ganz andere Luft um die Nase streichen.«[5]

Tucholsky hat seinerzeit nicht extra aufgefordert werden müssen, aus den vier Wänden seiner gewiß nicht ärmlichen Wohnungen herauszugehen. Das lag aber nicht nur an seiner Neugier, sondern auch an dem Konkurrenzdruck, der unter den nach Paris entsandten Berichterstattern herrschte. Über dreißig deutsche Zeitungskorrespondenten arbeiteten vor 1933 in der französischen Hauptstadt, darunter ausgewiesene Schriftsteller wie Walter Mehring, Walter Hasenclever, Friedrich Sieburg. Mit dem nachlässigen Zusammenstoppeln politischer Korrespondenzen war es im Angesicht solch qualifizierter Konkurrenz nicht getan. Tucholsky sollte gemäß dem Auftrag, mit dem er nach Paris geschickt worden war, auch keine schnellen politischen Lagebeurteilungen verfassen, sondern über das gesellschaftliche und kulturelle Leben des Nachbarlandes berichten.

Unter »Kultur« verstanden Tucholsky und seine Auftraggeber etwas anderes als das, was heute unter den Strich des Feuilletons gesetzt zu werden pflegt. Berichte von Galapremieren der Comédie Française und von mondänen Vernissagen wurden nicht erwartet und nicht geliefert. Dafür ging der Berichterstatter in den Zirkus und führte mit den Brüdern Fratellini in der Garderobe ein langes Gespräch, suchte die unscheinbaren Theater auf, in denen populäre Komödien gespielt wurden, um herauszufinden, was den Lachnerv des kleinbürgerlichen Publikums reizt, sah sich in der Ausstellung malender Eisenbahner um. Und »Gesellschaft« wurde nicht nur bei offiziellen Empfängen und in teuren Restaurants, sondern auch bei einer gastronomischen Ausstellung in Dijon, bei der Wallfahrt nach Lourdes, im Gespräch mit dem Vorsitzenden der Liga für Menschenrechte, in Vorortzügen und Arbeiterkneipen beobachtet.

»Mittags lange Unterhaltung mit dem Kneipenwirt. Locarno? Die französischen Schulden in Amerika? Die neue Poesie? Nein, aber die Katze war lungenkrank, denken Sie nur, und da kenne ich aus dem Kriege einen Stabsarzt, der verkehrt hier im Lokal, und der hat mir diese kleinen gelben Pillen gegeben, hier, sehen Sie? Und davon ist die Katze gesund geworden. Die Gäste, die mit der Lunge nicht in Ordnung sind, nehmen die Pillen jetzt auch, und seitdem essen sie viel mehr. Die Katze liegt unterdessen auf dem ›Zinc‹, dem Schanktisch, und schnurrt mit halbgeschlossenen Augen. Sie ist geheilt und hat den Arzt längst vergessen.«[6]

Die freundliche kleine Skizze, mit leichter Hand hingetuscht, verrät etwas von dem Aufatmen des Autors, der sich, in Frankreich »vom Vaterland« und den Scharmützeln mit Politik und Justiz ausruhend, Alltagsbegebenheiten widmen kann. Doch auch am Pariser Tresen hebt Tucholsky ein wenig den Zeigefinger in Richtung deutsche Leser und weist sie sanft zurecht: Ihr seid im Irrtum, wenn Ihr glaubt, die Franzosen unterschieden sich dadurch von den Deutschen, daß sie unentwegt politisieren. Es ist eines der Merkmale dieser Berichterstattung, daß sie auch die unscheinbarste Gelegenheit dazu nutzt, Lesern die Stereotypen auszureden, die über die Franzosen in Umlauf waren. Sie porträtiert die »leichten Romanen« als Menschen, die schwerer miteinander ins Gespräch kommen als die deutschen Reisenden im Zug zwischen Berlin und Halle. Wenn die Stereotypen zur Seite weichen, kommt nicht das große Einerlei zum Vorschein, es schälen sich vielmehr die vielen feinen Unterschiede heraus, die Denken und Verhalten bestimmen. »Es ist alles so anders«, heißt der häufig wiederkehrende Refrain der an die Berliner Redaktionen geschickten Artikel. Können zwei Nachbarvölker, über so viele Differenzen in den vorherrschenden Lebensgewohnheiten und Auffassungen hinweg, friedlich miteinander auskommen? lautet Tucholskys explizit und implizit immer wieder gestellte Frage.

Die Stimmung zwischen Frankreich und Deutschland war angespannt, als Tucholsky im April 1924 in Paris eintraf. Gerade erst war die französische Besetzung des Ruhrgebiets aufgehoben worden, die bürgerkriegsähnliche Zustände heraufbeschworen und die kaum vernarbten Wunden des Weltkriegs wieder hatte aufbrechen lassen. Auf beiden Seiten war das Massensterben an Maas und Somme noch in frischer Erinnerung. Auftritte des französischen Regierungschefs Raymond Poincaré, des Kriegspräsidenten, der die Deutschen erklärtermaßen nicht ausstehen konnte, hatten jenseits des Rheins den Eindruck hervorgerufen, ganz Frankreich bebe vor Deutschenhaß. Nun wurde Poincaré gerade im Jahr 1924 abgewählt und durch den Linksliberalen Edouard Herriot ersetzt, und die Leser der *Vossischen Zeitung* durften einem Artikel des Pariser Korrespondenten Kurt Tucholsky die dick unterstrichene Versicherung entnehmen: »Der Franzose haßt den Deutschen nicht.«

»Strecken wir die Hände aus: sie würden ergriffen werden.

Nur wissen wir nichts voneinander, sind uns fremd und so weit voneinander entfernt. Sähe der Franzose die Hand: er ergriffe sie. In den Schulen und auf den Universitäten, in Gesellschaft und auf der Straße: ich bin viel Gleichgültigkeit, dumpfer Unaufgeklärtheit, Unwissenheit und politischer Unkenntnis begegnet. Haß nicht. Man sollte ihn auch in Deutschland abbauen.«[7]

Tucholsky schrieb nicht nur gegen deutsche Ressentiments an, sondern gab sich auch Mühe, in seinem Gastland Unkenntnis über die Nachbarn abzubauen und um Verständnis für die bedrängte Situation kritischer Geister im Weimarer Deutschland zu werben. Als ehemaliger Schüler des Französischen Gymnasiums in Berlin beherrschte er die Sprache ausreichend, um mündlich und schriftlich in Frankreich intervenieren zu können. In der nach dem Ersten Weltkrieg gegründeten Monatszeitschrift *Europe* stieß er auf einen Artikel von André Suarès, dessen Deutschlandbild er für völlig veraltet hielt, und schickte eine Replik an die Redaktion der heute noch existierenden Zeitschrift:

»Wir sind dort, in einer Republik ohne Republikaner, in einer Demokratie ohne Demokraten, in der Minderheit, verharren unschlüssig, isoliert am Rand der Nation. Was uns nottut, sind keine verstaubten, aus dem Jahr 1913 stammenden Abhandlungen, es ist die tatkräftige Hilfe unserer französischen Freunde. Was uns nottut, ist der Beistand unserer Kameraden und eine einsichtsvolle Sympathie, die die Gefahren und den Schicksalsweg unserer Epoche erfaßt. Was wir mit Nachdruck wünschen, ist Europa, und zwar ein Europa über allen Fahnen, au-dessus de la mêlée, außerhalb der Bücher und jenseits der einen oder anderen ›Barrière‹.«[8]

Tucholskys ungewöhnlich feierlich vorgetragene Beschwörung Europas stammt aus dem Jahr 1925. Im Jahr darauf begann das politische Eis zwischen Frankreich und Deutschland zu brechen: die beiden Außenminister Aristide Briand und Gustav Stresemann setzten gegen erhebliche Widerstände in ihren Ländern die Annäherung zwischen Paris und Berlin durch und wurden dafür mit dem Friedensnobelpreis ausgezeichnet. Tucholsky traute dem Frieden nicht ganz, der da aus heiterem Himmel ausgebrochen war, nannte die deutsch-französische Annäherung gar eine »fade Salonangelegenheit«. Als wenig später Alfred Kerr und Thomas Mann mit großem Pomp an der Seine empfangen wurden, erlag der Berichterstatter Tucholsky nicht dem allgemeinen Versöhnungstaumel, sondern fragte nüchtern nach dem Nutzeffekt repräsentativer Begegnungen. Er schätzte ihn eher gering ein, weil dabei zu sehr darauf geachtet werde, daß kein »unvorsichtiges Wort« über die Lippen kommt, während es doch nur die unvorsichtigen Worte sind, wie er anmerkte, die »etwas zuwege bringen«. Thomas Manns Auftritt in Paris sorgte immerhin dafür, daß die fünfundzwanzig Jahre lang unübersetzt gebliebenen *Buddenbrooks* alsbald in französischer Übersetzung erschienen, 1929, im Jahr der Nobelpreisverleihung an Thomas Mann.

Beim Überblick über die Kommentare, die Tucholsky im Lauf seiner Pariser Jahre zur Entwicklung der Stimmungslage zwischen Frankreich und Deutschland verfaßte, fällt eine allmähliche Ernüchterung des Blicks und Verdüsterung des Tons auf. Zwar blieb er seiner großen Zuneigung zur französischen Lebensart treu, aber die frankophile Leichtigkeit der Anfangszeit wich zunehmend der Skepsis gegenüber den Chancen einer umfassenden Verständigung. Im Juli 1928, vier Jahre nach der Ankunft in Frankreich, zog Tucholsky in der *Weltbühne* diese Zwischenbilanz:

»Die Kluft zwischen diesen beiden Völkern ist sehr, sehr groß. Sie ist zu überwinden. Aber um sie zu überwinden, muß man den Mut haben, ihre Existenz anzuerkennen. Es gibt keine Therapie ohne eine saubere Diagnose. Ich habe in den ersten Jahren meines französischen Aufenthalts geglaubt, daß sich diese beiden Völker ergänzen. Das ist theoretisch richtig, aber sie werden es niemals tun, weil sich Öl und Wasser eben nicht vermischen. Wahrscheinlich können wir nur sehr schwer zusammenarbeiten. Aber das ist kein Grund, sich gegenseitig mit Kieferschüssen zu beweisen, wer recht hat. Hier gibt es kein ›Recht‹ – hier kann es nur Aufhebung der absoluten Souveränität geben, liebevolles Versenken in das Wesen des anderen und eine gesunde Selbstkritik.«[9]

Der zehnmonatige Zwischenaufenthalt in Berlin im Jahr 1927, den Tucholsky einlegte, um die Nachfolge des verstorbenen Siegfried Jacobsohn als Herausgeber der *Weltbühne* anzutreten und dann die Geschäfte an Carl v. Ossietzky zu übergeben, hat in den späteren Berichten aus Paris Spuren hinterlassen. Die unbeschwerten kleinen Skizzen sind seltener geworden. Tucholsky sah für die Weimarer Republik zunehmend schwarz, und entsprechend überschattet erschien ihm die Zukunft der deutsch-französischen Nachbarschaft. Doch die Betonung der Kluft, die beide Völker trennt, ist nicht frei von der Ambivalenz, die bis heute das grenzüberschreitende Verhältnis kennzeichnet. Auf der einen Seite die Klage über den großen trennenden Abstand, auf der anderen Seite das Festhalten am Abstand als einer Quelle anregender Auseinandersetzungen: »Wie spannungsreich, aber wie fruchtbar auch war beispielsweise in der Vergangenheit der Konflikt deutscher und französischer Wissenskulturen, die Konkurrenz deutscher und französischer Geistesarbeiter!« schreibt der Soziologe Wolf Lepenies. »Wieviel ginge verloren, wenn auf einmal die romanische Wertschätzung sozialer und geistiger Formen nicht mehr eine Sehnsucht deutscher Intellektueller, wenn deutsch-romantische Vernunftkritik nicht mehr ein Refugium französischer Cartesianer wäre!«[10]

Schon Heines deutsch-französische Bilder leben von dem Schwanken zwischen der Befürchtung, die wechselseitige Unkenntnis könne »blutige Folgen« haben, und der Scheu vor einer die belebenden Unterschiede löschenden allzu erfolgreichen Annäherung. Zum Alptraum wird die Annäherung, wenn sie, wie *Deutschland, ein Wintermärchen* es ausmalt, in Form der Germanisierung der Franzosen stattfindet: »Sie philosophieren und sprechen jetzt / von Kant, von Fichte und Hegel, / sie rauchen Tabak, sie trinken Bier, / und manche schieben auch Kegel. / Sie werden Philister ganz wie wir / Und treiben es endlich noch ärger; / sie sind keine Voltairianer mehr, / Sie werden Hengstenberger.« Tucholsky hat sich, in Prosa und ohne mildernde Ironie, fast hundert Jahre später im schwedischen Exil ganz ähnlich ausgedrückt, wobei die Rolle des protestantischen Theologen Hengstenberg, von Heine als »schwarzer Pfaffe« tituliert, an Heidegger übergegangen ist: »Das, was die Franzosen heute machen, ist eine Sünde am Geist: sie tragen Brillen und germanisieren. Es gibt keinen noch so blöden, philosophischen deutschen Schwindel, der dort nicht schwer begeisterte Adepten fände. Heidegger! Ein Philosoph, der nur aus Pflaumenmus besteht ...«[11]

Eine Germanisierung ganz anderer Dimensionen hat Tucholsky dann nicht mehr mitansehen müssen: sein geliebtes Paris überschwemmt von uniformierten »couillons«, wie er die Deutschen von Schweden aus zu umschreiben pflegte, um sie nicht beim Namen nennen zu müssen, und sein Korrespondentenkollege Friedrich Sieburg, mit dem er freundschaftlich umgegangen war, als Propagandaredner im Dienst der nationalsozialistischen Okkupanten. Während Sieburg, unter gnädiger Ausklammerung seiner Periode als »Kämpfer und Nationalsozialist«, wie er sich im besetzten Paris beim Publikum vorstellte, posthum zum Klassiker der deutschen Frankreichkunde erhoben wurde, steht die Anerkennung Kurt Tucholskys als eines unersetzbaren deutschen Chronisten der französischen zwanziger Jahre noch aus.

Ihre außerordentliche dokumentarische Bedeutung verdankt diese Berichterstattung paradoxerweise nicht nur der scharfen Beobachtung, sondern auch einigen ausgeprägten blinden Flecken in der Optik ihres Urhebers. Daß in den zwanziger Jahren in Frankreich in den bildenden Künsten, im Film und in der Literatur Umwälzungen stattgefunden haben, deren Wirkungen weit über die Landes- und Epochengrenzen hinausreichten, ist seiner Korrespondenz kaum zu entnehmen. Der Begriff Surrealismus zum Beispiel taucht nirgendwo auf, die Namen Aragon, Artaud und Breton sucht man in den Kulturberichten vergebens. In Deutschland hatte Tucholsky mit den dadaistischen und anderen Avantgarden nichts anfangen können und nahm sein Desinteresse an den aktuellen Kunstentwicklungen unbesehen nach Paris mit. Erst durch die Autorität des von ihm geschätzten Romanisten Ernst Robert Curtius ließ er sich davon überzeugen, daß es sich lohnte, einmal einen Blick in die Bücher Prousts, Valérys und Gides zu werfen. Einen bedeutenden Platz haben Frankreichs große Schriftsteller in Tucholskys literarischem Pantheon niemals eingenommen.

Solche Lücken lassen sich heute jedoch verschmerzen, denn das Frankreich Prousts, Valérys und der Surrealisten ist längst keine terra incognita mehr. Es herrscht auch kein Mangel an ausschweifenden, von hohen Standpunkten aus unternommenen Betrachtungen über den französischen und den deutschen Geist. Aber wie sich das, was man gern als »politische Kultur« hochhält, im Frankreich der zwanziger Jahre von weiter unten gesehen ausnahm, darüber ist bei Sieburg und Co. wenig zu erfahren. Um so mehr allerdings bei Tucholsky. Was er sich an Gide-Lektüre und an Besuchen avantgardistischer Galerien gespart hat, das hat er als unermüdlich aufnehmender und mit den heimischen Verhältnissen vergleichender Zeitgenosse wettgemacht. Wieviel herrliche, nicht nur amüsante, sondern auch bezeichende Anekdoten aus dem Leben der französischen Gesellschaft sind auf diese Weise dem Vergessen entrissen und den Nachgeborenen als Anschauungsunterricht in Sachen Moral und Zivilisation zur Verfügung gestellt!

Da gab es beispielsweise in Paris einen Minister, der seinen Spaß daran hatte, sich einmal die Woche in einem speziellen Etablissement von jungen Mädchen gegen Bezahlung durchprügeln zu lassen. Das Hobby des Ministers blieb der Presse nicht verborgen, besonders das Organ der extremen Rechten, die *Action Française*, machte einen großen Skandal daraus, in der Hoffnung, der Regierung insgesamt eins auszwischen zu können. Es passierte aber nichts, nachdem sich die öffentliche Aufregung gelegt hatte: der Minister blieb ihm Amt und in der Académie Française, und der deutsche Chronist Tucholsky fand das richtig so, denn niemand hat dem Minister nachweisen können, daß seine masochistischen Neigungen der Amtsführung geschadet hatten. In Deutschland hingegen, in Preußen zumal, hat zur gleichen Zeit eine sittlich entrüstete Denunziation genügt, um einen Minister zu Fall zu bringen. Der sozialdemokratische Innenminister Grzesinski hatte seinen Hut nehmen müssen, weil an die Öffentlichkeit kam, daß er mit einer Frau zusammenlebte, mit der er nicht verheiratet war. »Das öffentliche Leben Frankreichs ist keineswegs hehrer als das deutsche«, bemerkt Tucholsky unter Hinweis auf die bei Politikern üblichen Korruption, aber es ist nicht so verlogen. Das öffentliche Deutschland ist im Vergleich dazu ein »Fibelland, ein Land ohne Humor, ein Land für Kinder, für die Dummen, angefüllt mit Unwahrheit bis oben hin«[12]. Es steht zu fürchten, daß alle inzwischen über dieses Land hinweggezogene Modernisierung und Verwestlichung der moralischen deutschen Kinderkrankheit noch nicht ganz Herr geworden ist.

Tucholskys Frankreichberichterstattung hält Szenen aus einer schon ferngerückten Vergangenheit fest, auf eine Weise jedoch, die ihre Verknüpfung mit der Gegenwart außerordentlich erleichtert. Weil sie weder an die Tagesaktualität fixiert war noch ihr Heil in der welthistorischen Spekulation suchte, ist sie leicht lesbar und nachprüfbar geblieben. Sie erlaubt es den nachgeborenen Lesern, den langwierigen Prozeß der Annäherung an eine andersartige gesellschaftliche Realität mitzuvollziehen und von ihrer Gegenwart her zu beurteilen, inwieweit ihr Verfasser langwelligen, bis in unsere Tage beobachtbaren unterschiedlichen Entwicklungen auf die Spur gekommen ist und worin seine Einschätzungen dem geschichtlichen Augenblick verhaftet blieben und ihre Geltung eingebüßt haben.

»Sage mir, wie ein Land mit seinen schlimmsten politischen Gegnern umgeht, und ich will dir sagen, was für einen Kulturstandard es hat«, war eine von Tucholskys oft wiederholten politischen Maximen. In seiner Berichterstattung aus Frankreich hat er daraus ein intellektuelles Verfahren gemacht, das beispielhaft geblieben ist. Statt daß sich der linke Schriftsteller Tucholsky vorwiegend unter Gleichgesinnten aufhielt und umtat, besah er sich besonders die radikal rechte und nationalistische Szene in Frankreich. Wer wissen will, mit welchen schmutzigen Tricks, aber auch mit welcher Intelligenz die antiparlamentarischen Nationalisten der Action Française damals vorgingen, der kann sich bei Tucholsky aus erster Quelle unterrichten. Die Leser der *Weltbühne* und der *Vossischen Zeitung* wurden damals nachdrücklich davor gewarnt, die intellektuelle Qualität der extremen Rechten in Frankreich zu unterschätzen und dabei ihren Einfluß zu überschätzen. Solange ein besorgniserregender »französischer Nationalismus« ein Lieblingsthema gehobener deutscher Stammtische ist, die vor Selbstgerechtigkeit bersten, und daneben eine intelligente Neue Rechte weitgehend unbeachtet ihren geistigen Einfluß verbreitert und ihre Fäden knüpft, bleibt Tucholskys Warnung aktuell.

1 Kurt Tucholsky, Park Monceau. In: Tucholsky, Gesammelte Werke. Band 1–10, Reinbek 1975, Band 3, S. 378.
2 »Ja, gewiß möchte ich lieber im Pantheon begraben liegen, als Dich zum Pariser Korrespondenten haben«, schrieb Jacobson am 1. 5. 1924 an Tucholsky. In: Briefe an Tucholsky. München – Hamburg 1989, S. 166.
3 Kurt Tucholsky, Der Ruf auf der Straße. In: Gesammelte Werke. Band 6, S. 166.
4 Kurt Tucholsky, Auslandsberichte. In: Gesammelte Werke. Band 4, S. 120.
5 Niklaus Meienberg, Das Schmettern des gallischen Hahns. Reportagen aus Frankreich. Darmstadt und Neuwied 1976, S. 14.
6 Kurt Tucholsky, Republik wider Willen. In: Gesammelte Werke. Ergänzungsband 2. Reinbek 1989, S. 307.
7 Kurt Tucholsky, Deutsches Tempo. In: Gesammelte Werke. Ergänzungsband 1911–1932. Reinbek 1985, S. 502 f.
8 Kurt Tucholsky, D'une autre barrière. In: *Europe,* Nr. 28, April 1925, S. 503 ff. [Übersetzung – L.D.].
9 Kurt Tucholsky, In: Gesammelte Werke. Band 9, S. 117 f.
10 Wolf Lepenies, Fall und Aufstieg der Intellektuellen in Europa. In: Die Neue Rundschau, Nr. 1, Frankfurt am Main 1991, S. 17.
11 Kurt Tucholsky, *Die Q-Tagebücher. 1934–1935.* Reinbek 1985, S. 256.
12 Kurt Tucholsky, Bettschnüffler. In: Gesammelte Werke. Band 8, S. 68.

»Die zarte Haltung«

Der schreibende Leser Jean Améry

Nichts hat sich erledigt. Nicht weil das, wogegen Améry angeschrieben hat, immer noch so ist oder genau wieder so ist wie vor Jahrzehnten. Sondern weil die Warnung, daß das Eis dünner sei, als die darauf Tanzenden es wahrhaben wollen, neuartige Aktualität erhalten hat. Als Améry in den späten sechziger und den siebziger Jahren zahlreiche Leser im Westen Deutschlands fand, als er in Rundfunkstudios und Akademien eingeladen wurde, mochte er sich selbst gelegentlich vorsagen, daß unter der ihn abstoßenden Oberfläche von Produktivität und Reichtum ein trotz allem verläßlicher Widerspruchsgeist kräftige Wurzeln geschlagen hatte. Von Brüssel aus hatte er zunächst mißtrauisch in das Land hinübergeschaut, in dem sich ein opulenter Literaturbetrieb entfaltete, und sein Mißtrauen auf leidvolle Erinnerungen gegründet: »Da sie einst den Feuchtwanger mit einem Tritt hinausbefördert hatten und mit ihm einen potentiellen Bücherschreiber, der seinen Namen trug (Hans Mayer, L. B.), blicktest du scheel auch auf ihre Grass, Johnson und Walser.«[1] Heinrich Mann, der nicht nur wegen französischer Affinitäten von ihm geschätzte Schriftsteller, wurde aus dem Westen postum in die DDR abgeschoben, aber dieser Zufluchtsort war Améry auch nicht geheuer. Doch dann schienen sich die Dinge geradezu zu überstürzen. »Der Hase war schneller als der Igel. Sie waren da, und ich sah nachdenklich, tumb, wie ehedem, da ich den deutschen Wald durchstreift hatte, in meine leeren Hände. Sie machten alles besser und geschwinder.«[2] Améry hat seine gerade erst gefundenen westdeutschen Zuhörer »linkes, bestreitendes Weltbewußtsein lehren wollen«, wie er sich in den *Unmeisterlichen Wanderjahren* ausdrückte, da waren diese bereits ein paar Lektionen weiter. »Er stand irgendwo in der Umgebung von Heinrich Mann. Sie aber waren –

Tempo und Effikazität auch hier – an der Wiederentdeckung Walter Benjamins, dessen er sich aus seinen Vorkriegstagen dunkel und undeutlich erinnerte.«[3]

Solche im Jahr 1971 veröffentlichten Worte konnten damals nur mißverstanden werden. Améry selbst traute seinem bitteren Scharfblick nicht ganz, redete sich selbst ein, daß bei alledem die guten Seiten überwögen. »Genugtuung mancher Art drängte sich ins Befremden. Es war ja entschieden hier eine Wandlung vor sich gegangen, zu der jeder Gutgesinnte sich nur beglückwünschen konnte.«[4] Aber etwas an dieser Wandlung kam ihm etwas zu patent, etwas zu gewaltsam und etwas zu selbstsicher vor. Mag sein, daß er selbst mit dem Walter Benjamin, nach dem das von rebellischen Studenten besetzte germanistische Seminar der Universität Frankfurt vorübergehend benannt wurde, nie sehr viel hat anfangen können und deshalb dieser Wiederentdeckung gegenüber skeptisch blieb; aber er hat das Ephemere solcher Eroberungen und Besetzungen gespürt. Walter Benjamin ist gerade im hundersten Jahr seiner Geburt in Deutschland auf opulente Weise totgefeiert worden. Heinrich Mann ist schon lange abgetan. Und Feuchtwanger wurde zum zweiten Mal »mit einem Tritt hinausbefördert«, diesmal aus einem neuen Deutschland, das sich als das geschichtslose Paradies der Unschuldigen und der Gerechten vorkommt und den Emigranten, der an seinem Moskauer Zufluchtsort seinen sowjetischen Gastgebern nicht gleich heroisch ins Wort fiel, als Komplizen von Verbrechern ausstößt.

In Amérys »Befremden«, das sich gegen soviel eigene freundliche Genugtuung zu behaupten hatte und deshalb selbst auf freundliche Weise zum Vorschein kam, sprach sich nicht Idiosynkrasie aus, sondern Hellsicht. Gewiß war Améry kein Prophet; so wenig wie irgend jemand anders hat er den unbemerkt nahenden Kollaps des sowjetischen Imperiums vorausgesehen. Er setzte in diesem Punkt auf eine allmähliche Liberalisierung der Diktatur, wie auf der anderen Seite auf eine Fundamentalreform im Sinn eines demokratischen Sozialismus. Für die lebenden Hunde, die schon immer klüger gewesen sind als die toten Löwen, gilt diese Haltung heute als schändlicher Verrat. Man frage lieber nicht, was diese Neunmalklugen selbst vor Tische von sich gegeben haben. Nein, Améry hat es nicht besser gewußt, aber er hat ein scharfes Auge gehabt für die Verläßlichkeit und die Widerstandsfähigkeit damals oppositionell auftrumpfender Bewegungen und Tendenzen. Und diese Skepsis hat inzwischen nur allzuoft recht bekommen, nicht nur in Hinsicht auf Feuchtwanger und Heinrich Mann.

Lassen Sie mich das anhand eines Beispiels zeigen, das mir deshalb besonders deutlich im Gedächtnis haftengeblieben ist, weil ich der Episode die erste und einzige persönliche Begegnung mit Jean Améry zu verdanken habe. 1976 gab der schwedische Schriftsteller Lars Gustafsson einen Band der Reihe *Tintenfisch* des Wagenbach Verlages heraus, gewidmet dem Thema »Regionalismus«. Améry besprach diesen Band in der *Frankfurter Rundschau*, skeptisch und kritisch, aber den Enthusiasmus der verschiedenen Autoren für den regionalistischen Protest in Teilen Europas nicht von oben herab abfertigend. Er fragte nur vorsichtig, vorgewarnt aufgrund eigener Erfahrungen mit der Feier von Brauchtum und Folklore, ob der emanzipatorische Anteil des regionalen Aufbegehrens tatsächlich so authentisch sei, wie seine Anhänger behaupteten. »Rede ich also von ›Stämmen und Landschaften‹, um es mit dem Germanisten Josef Nadler zu sagen«, schrieb Améry, »dann weiß ich, um was es sich handelt, mache mir nichts vor, verschleiere mir aber auch nichts.«[5] In diesem Artikel aus dem Jahr 1977, der in keinem der postum erschienenen Sammelbände enthalten ist und auf den ich mir deshalb etwas ausführlicher einzugehen erlaube, kommt Améry auch auf das Problem der nichtrussischen Sowjetvölker zu sprechen. Es ist in Anbetracht der Aktualität dieser Frage angebracht, denke ich, Amérys damalige Überlegungen zu zitieren:

»Es gibt das brennende Problem, sage ich, bekenne aber sofort auch meine große Unsicherheit hinsichtlich möglicher Lösungen ein. Ist es gut, ist es richtig, ist es real aussichtsreich, den politischen Protest gegen Moskau zu verklammern mit nationalistisch-regionalistischen Forderungen? Verlieren die Sowjetvölker, die da russifiziert werden, indem, wie der Autor des Aufsatzes sagt, ›ein spezifisch russisches Raster über die Kulturen der Minderheiten‹ gelegt wird – oder gewinnen sie durch die Einschmelzung in die großartige russische Hochkultur? Persönlich würde ich meinen, daß ich, wäre ich ein usbekischer Sowjetbürger, nichts dagegen hätte, in der Kultur der Gontscharow, Puschkin, Turgenjew, Tolstoj, Dostojewski usw. aufzugehen und solcherart eine neue entschieden stimulierende Identität zu finden!«

Die Wirklichkeit hat anders entschieden, überall blühen die Partikularismen; Beispiele gibt es zuhauf: das an der Ostsee mit nationaler Inbrunst hochgehaltene trachtengeschmückte russophobe Estentum, die bewaffnete Selbstbehauptung der Kaukasusvölker gegenüber Rußland. Améry hat dadurch nicht unrecht bekommen, denn er hatte damals nicht recht haben wollen, hat seine »Unsicherheit« unterstrichen; nur die Generosität, die sich in seiner Option fürs Universelle ausdrückt, sie hat eine Niederlage erlitten und erleidet sie täglich weiter. Auf diese zweifelnde Generosität als eines Wesenszugs im Schreiben und Argumentieren Jean Amérys kommt es mir an.

Améry glaubte nicht an die politische und kulturelle Substanz des Regionalismus in Westeuropa, den »neuen Regionalismus«, den der Herausgeber Lars Gustafsson auf die Fahnen schrieb, sah er als eine »Intellektuellen-Ideologie« an. »Die Linke Westeuropas«, schrieb er am Ende des langen Artikels, der zeigt, wieviel Mühe er sich mit der Sache gegeben hat, »Die Linke Westeuropas hat seit Jahrzehnten lauter Ersatzrevolutionen gesucht: die sowjetische, die chinesische, die kubanische, die kambodschanische, die palästinensische – und so manche noch. Es wäre historischer Zeit- und Energieverlust, wollte sie sich jetzt die regionalistische vornehmen. Deren Chancen sind gering bis an die Nullgrenze: die Gefahren sind dennoch erheblich.«

Ich selbst hatte für den Regionalismus-Band einen Beitrag

geschrieben und wollte diese Kritik weniger ernst nehmen, als ich den Kritiker ernst nahm. Wenig später, und zwar während der Buchmesse 1977, mitten in jenem »deutschen Herbst«, als der Staat der Bundesrepublik in der Lage war, einiger ermordeter und von Mord bedrohter Einheimischer wegen seinen gesamten Polizeiapparat in Daueralarm zu halten, im Herbst 1977 also hatte ich Gelegenheit, mit dem Kritiker Améry zusammenzutreffen. Anstelle eines heftigen Streitgesprächs kam eine freundliche Unterhaltung zustande. Améry hörte sich aufmerksam an, was ich zur Verteidigung der regionalen Autonomie als einer Form radikaler Demokratie vorzubringen hatte, ließ sich seine Einwände selbstverständlich nicht ausreden, zog sich aber niemals auf den Hochsitz des überlegenen Besserwissens zurück. Meine regionalistische Option geriet ebensowenig ins Wanken, aber die kurze Begegnung mit dem nachsichtigen Widerpart Jean Améry ist mir angenehm im Gedächtnis haftengeblieben.

Seine Diagnose hat natürlich besser gesehen. Der demokratische Protest der regionalen Bewegungen war ein kurzes Strohfeuer, dessen Funken allerdings von anderen Interessen am Glimmen erhalten werden. Auf der einen Seite hat man die hohle Formel vom »Europa der Regionen« erfunden, um nostalgisch gestimmten Zauderern das Aufgehen im ecu-gewürzten Euro-Eintopf schmackhaft zu machen. Auf der anderen Seite aber wird die regionale Fahne von Kräften hochgehalten, die mit der Idee von Gleichberechtigung und Solidarität, Motiv der regionalistischen Protestbewegungen der siebziger Jahre, auf Kriegsfuß stehen. Der Vormarsch der Lega Lombarda und anderer Ligen in Norditalien annonciert den Triumph des nackten ökonomischen Egoismus: man will den Reichtum, der in einer produktiven Region mit Hilfe und auf Kosten anderer Regionen akkumuliert wurde, mit niemandem mehr teilen. Regionale Farben und bestimmte kulturhistorische Würden sind nun willkommen, weil sich mit ihnen die häßliche Blöße der ökonomischen Raffgier verdecken läßt. Der hochgestimmte emanzipatorische Regionalismus der siebziger Jahre hat einem real existierenden Regionalismus Platz gemacht, der nur ein anderer Name für Egoismus und Ausgrenzung ist.

Was hat Améry damals instand gesetzt, so viel klarer zu sehen als unsereins? Die größere Erfahrung mit Illusionen, die von Enttäuschungen gewitzte Klugheit? Dies alles und noch mehr, gewiß, aber da ist noch etwas anderes, was in einem Nachgespräch hätte zur Sprache kommen müssen. Amérys freundliche Skepsis kam nicht ganz ohne Begleitung daher, sie hielt sich an einer ihrerseits in die Jahre gekommenen Gewißheit fest. Améry hat in seinem Artikel von 1977 durchaus eingeräumt, daß die ökologischen Probleme, die den regionalistischen Protest mit verstärkten, jenseits aller sentimentalen Naturidolatrie als objektive Probleme fortbestehen; er hielt sie aber für prinzipiell lösbar, und zwar durch die Naturwissenschaft, die, wie er schrieb, »uns für die nächsten zwei Jahrzehnte die praktische Durchführung der alle Energiefragen bewältigenden Kernverschmelzung verspricht«. Nun sind Dreiviertel der zwei Jahrzehnte verstrichen, das Kernfusionskraftwerk existiert noch nicht einmal, wenn ich richtig informiert bin, auf dem Papier. Das Vertrauen in großtechnologische Wunderlösungen hat spürbar abgenommen; im Jahr 1977 galten Demonstranten, die sich dem Bau eines Schnellen Brüters in Kalkar am Niederrhein widersetzten, als technikfeindliche Spinner. Die Spinner stehen in der Zwischenzeit als die Vernünftigen da, denn die Industrie selbst hat die Brütertechnologie wegen mangelnder technischer Beherrschbarkeit und Unrentabilität aufgegeben. Ich erwähne das nicht, um nachträglich auch ein bißchen recht haben zu können, sondern um etwas Allgemeineres hervorzuheben: offenbar gibt es keine Klarsicht ohne Umrandung durch blinde Flecken. Mir scheint, Améry hat das gewußt, jedenfalls hat etwas ihn instand gesetzt, der Gefahr der Rechthaberei zu entgehen. Die Entschiedenheit, mit der er seine Auffassung vertrat, kam nicht im Gewand der Ausschließlichkeit daher; sie gab den Schwerpunkt an, negierte aber nicht andere Möglichkeiten. Deshalb, denke ich, ist so viel von Amérys kritischem Denken lebendig geblieben und regt auch dann noch zur Auseinandersetzung an, wenn die eine oder andere Voraussetzung nicht mehr zutrifft. Solche Lebendigkeit, scheint mir, verdankt Amérys Denkweise auch dem lebenslangen Umgang mit der Literatur. Und zwar seinem spezifischen Leben mit der Literatur, was nicht mit einem Leben in der Welt der Literatur zu verwechseln ist. Sie hat zwar auch zu seiner Existenz als freier Autor gehört, hat in Gestalt von Verwertungszwängen und Auftragslagen ohne Zweifel einen gewissen Einfluß ausgeübt, aber prägend ist eine lange vor jedem Kontakt mit dem Betrieb gefaßte Liebe zur Literatur gewesen. Das möchte ich wenigstens behaupten und, auf Umwegen zum angekündigten Gegenstand meines Referats zurückkehrend, anhand von Beobachtungen zu Amérys Lektüren zu zeigen versuchen.

Alle Schriftsteller sind auch Leser, das ist eine banale Feststellung. Aber nicht alle Schriftsteller lesen auf gleiche Weise: nicht nur, weil sich ihre Vorlieben und Leseinteressen unterscheiden, sondern auch, weil Lesen, je nach Temperament und je nach Arbeitsphase, ganz Verschiedenes bedeuten kann. »Jetzt, während ich ein neues Buch schreibe, verwildert meine Lektüre«, heißt es in einem Essay von Dieter Wellershoff. »Die Bücher, die ich aufschlage, zerfallen in Einzelheiten und gehen neue flüchtige Verbindungen miteinander ein. An jedem interessiert mich etwas anderes, einzelne Abschnitte, Szenen, Dialoge oder technische Einzelheiten ...«[6] Es mag auch bei Améry solche Phasen technisch-eklektischen Lesens gegeben haben, Spuren davon sind für mich jedoch nirgendwo erkennbar. Améry sprach im Zusammenhang mit Thomas Mann von der »zarten Haltung«: das Wort scheint mir für seine eigene Art der Lektüre kennzeichnend zu sein. Sie läßt das Ganze unangetastet, umkreist es, notiert Beobachtungen unter wechselnder Beleuchtung, holt da und dort ein Detail heran, versucht aber niemals, durch gewaltsame Schnitte hinter das Geheimnis der Form zu kommen. In dem zum hundertsten Geburtstag Thomas Manns 1975 verfaßten Aufsatz »Bergwanderung« hat Améry den Charakter seiner Intervention folgendermaßen benannt:

»Das Wort ganz einfach eines Lesers, der das zaubrische Gebirge seit fünfundvierzig Jahren zu durchwandern nicht müde wurde, der ganze Absätze der Thomas-Mann-Prosa auswendig weiß, so daß sie längst Teil seiner inneren Welt sind. Soll er sich kritische Distanz angelegen sein lassen, wie dies ihm von freundschaftlicher und höchst berufener Seite dringend nahegelegt wurde, auf daß er nicht einstimme in den monotonen Chorgesang der laudationes, der sich allenthalben erhebt? Aber er stellt ja keinen Anspruch auf Neuartigkeit seiner Rede, und darum würde er ganz in die Fehlhalde geraten, wenn er sich eine Haltung abzwänge, welche die seinige nicht ist, er würde sich im eigentlichen Wortsinne entfremden.«[7]

»Aufsätze und Kritiken eines Lesers« hat Helmut Heißenbüttel als Untertitel auf den Band *Der integrale Humanismus* gesetzt, in dem »Bergwanderung« wieder abgedruckt ist, und damit Amérys Intention die Treue gehalten. »Wort eines Lesers«, nicht eines Eingeweihten, der kraft seines eigenen Schreibens einen privilegierten Zugang beansprucht. Eines Lesers, der »ganze Absätze der Thomas-Mann-Prosa auswendig weiß« – auf französisch sagt man, »savoir par cœur«, was etwa heißt ›mit dem Herzen wissen‹ –, der mit ihnen gelebt hat und mit ihnen lebt. Der Leser Améry lädt andere Leser dazu ein, ihn auf dem Gang durch das Thomas-Mannsche Gebirge zu begleiten und sich dabei die Stellen zeigen zu lassen, die dem Liebhaber dieser Landschaft seit vielen Jahren vertraut sind. Er behauptet nicht, eine aus Satellitendistanz hergestellte Panoramaaufnahme zu bieten oder eine geologische Expertise. Er hebt nur zwischendurch einen Stein auf und zeigt ihn herum und bemerkt dazu, daß dieser Stein für ihn etwas von der Eigenart des ganzen Massivs enthält. In bezug auf die Sprache Thomas Manns heißt es in der »Bergwanderung«: »Sie scheint mir von großer Unsicherheit zu sein mit ihren häufig bis zum Grotesken gehenden adjektivischen Koppelungen, mit ihrer furchtsamen Ausführlichkeit: Diskurs des ›Sowohl-als-auch‹.«[8] Mit Ausdrücken wie »Unsicherheit« und »furchtsam« bezeichnet Améry nichts Negatives, und das Sowohl-als-auch meint nicht die Bequemlichkeit unentschiedener Äquilibristik, sondern die Anstrengung des Offenhaltens für den Zweifel. Der frühzeitig gelesene und verschlungene Thomas Mann hat sich Améry nicht nur in Form auswendig gelernter Absätze dauerhaft eingeprägt, sondern auch, scheint mir, in Form der Haltung, die ihr Verfasser seinen Gedanken, seiner Sprache und seinen Romanfiguren gegenüber einnimmt. Selbst die *Betrachtungen eines Unpolitischen*, die dem politisch entschieden der Seite Heinrich Manns zuneigenden Améry alles andere als geheuer gewesen sind, sieht er in einem milderen, gleichsam von Thomas Mann selbst ausgeborgten Licht. Sie nähmen sich schon zurück auf ihren letzten Seiten, heißt es in der »Bergwanderung« weiter, und dann folgt ein Satz, der mir fast programmatisch erscheint in bezug auf Amérys eigene »zarte Haltung«: »Menschen und Dinge sind in der Sprache Thomas Manns, die zwar kennzeichnende Adjektive stets wiederholt wie musikalische oder tänzerische Figuren, doch alleweilen so präsentiert, daß sie uns stets im Zweifel lassen; nicht im methodischen freilich, sondern nur in einem träumerisch-nachgiebigen.«[9]

Nicht im »methodischen Zweifel« heißt, es gilt nicht die absolute Relativität bis zur Herausarbeitung einer durch alle Zweifelsprüfungen hindurchgegangenen letzten Gewißheit: diese metaphysische Dimension des cartesianischen Zweifels hatte in Amérys säkularem Denken keinen Platz. »Im Zweifel lassen« heißt für ihn, wie er an der Behandlung verschiedener Figuren durch Thomas Manns Sprache zeigt, jemanden nicht abschreiben, wie komisch ihn die Szene auch dastehen läßt. Zu seinen Lieblingsfiguren, schreibt Améry, zählt der von den anderen Bewohnern des *Zauberbergs* belächelte Detlev Spinell: ein Schlechtweggekommener, dessen Tolpatschigkeit zum Lachen ist, der aber nicht lächerlich gemacht wird, was der Autor Thomas Mann dadurch erreicht, daß er ihm auf dem Umweg über die sprachliche Feinzeichnung Gerechtigkeit widerfahren läßt. Vielleicht hat Amérys Motiv, das Buch *Charles Bovary, Landarzt* zu schreiben, mit dem Versuch zu tun, solche Gerechtigkeit wiederherzustellen, die Flaubert dem in der Geschichte schlecht weggekommenen Charles auch sprachlich verweigerte. Aber das ist nur eine Vermutung, der ich in diesem Zusammenhang nicht weiter nachgehen will.

»Zarte Haltung« und »träumerisch-nachgiebiger Zweifel« als bestimmte Art des Lesens und Schreibens über das Lesen: nirgendwo im Werk Amérys kann man besser verfolgen, wie sich das entwickelt und schließlich bewährt, als in der Aufsatzfolge *Bücher aus der Jugend unseres Jahrhunderts*. Wie so oft im Leben des freien Autors Améry, ist es eine Rundfunkredaktion, in diesem Fall die Redaktion Ulrich Gembardts im Westdeutsche Rundfunk gewesen, die den Anstoß zum Abfassen der sechzehn Einzelkapitel gab, die dann 1981 von Gisela Lindemann in Buchform herausgegeben wurden. Im Gedenken an Musils Satz: »Er war gescheit, er war logisch, er wußte viel; aber ist das mehr als Barbarei?« möchte ich mich nicht lange bei Ausrufen des neidischen Erstaunens über Umfang und Vielfalt der literarischen Bildung aufhalten, die in diesem Band zum Vorschein kommt. Knut Hamsun, Hermann Hesse, John Galsworthy, André Gide, Julien Green, Theodore Dreiser, Arnold Zweig, Roger Martin du Gard, Hermann Bang, Henrik Pontoppidan und viele andere Romanautoren zählen zu Amérys früherworbenem Fundus. »Ein Leben ohne Proust ist ein Leben des Mangels«, schrieb Améry einmal an anderer Stelle, und eben darin liegt für mich das Geheimnis der Améryschen Aufzeichnung seiner eigenen Lesegeschichte, das die Musilsche Bildungsbarbarei verscheucht: statt den Lesern durch einschüchternde Wissensfülle das Maul zu stopfen, gelingt es dem schreibenden Leser Améry, unversehens dort ein Bedürfnis zu erzeugen, wo es sich selbst nicht vermutet hat. Auf einmal scheint etwas Wichtiges zu fehlen, weil etwa Ernst Glaesers Roman *Jahrgang 1902* ungelesen liegenblieb, oder weil das alte Vorhaben, Romain Rollands *Jean Christophe* einmal wieder in die Hand zu nehmen, nicht in die Tat umgesetzt wurde. Was Améry gelingt, ist ein Akt der Verführung zum Lesen, die sich keiner großartigen kulturellen Inszenierungen bedienen muß.

Verführung zum Lesen oder Wiederlesen von Arnold Zweigs Romanzyklus *Der große Krieg der weißen Männer* zum Beispiel. Nichts von ihrer Zeitangemessenheit verloren hat in diesen Jahren des ost-westlichen Großreinemachens und damit des Spurenverwischens in Deutschland Amérys fünfzehn Jahre alte einleitende Erinnerung: »Tatsächlich ist dieser Arnold Zweig, den junge Deutsche von heute allenfalls als einen Staatsdichter der DDR kennen mögen, der große Epiker, um nicht zu sagen: der Enzyklopädist des Ersten Weltkriegs.«[10] Diesem Satz habe ich nichts hinzuzufügen außer, der Aktualität zuliebe, diesen kleinen Hinweis: wer die Wurzeln der Konflikte verstehen will, die heute das östliche Europa zwischen Lemberg, Vilnius und Tallinn erschüttern, und die Furcht vor einer deutschen Hegemonie in diesen Regionen nicht nur als Hysterie abtun will, der sollte neben Zweigs *Der Streit um den Sergeanten Grischa* auch den Roman *Einsetzung eines Königs* lesen, diese burlesk erzählte Geschichte von der letztlich durch die Folgen der Oktoberrevolution vereitelten Einverleibung des Baltikum unter einer württembergischen Krone. Nicht widersprechen möchte ich Amérys Vorschlag, Arnold Zweig literarisch und zeitdokumentarisch den Vorzug zu geben vor dem heute ungleich bekannteren und in manchen Ländern geradezu kultisch verehrten mährischen Namensvetter Stefan Zweig.

Am Beginn des Kapitels über Stefan Zweig und Jakob Wassermann, überschrieben »Glanz und Elend der Schriftsteller-Stars«, stellt Améry Überlegungen zum Problem der Geltung literarischer Werturteile an, die ich etwas ausführlicher zitieren möchte, weil sie mir von programmatischer Bedeutung zu sein scheinen für Amérys Auffassung von literarischer Kritik:

»Wenn Autoren zu ihrer Zeit höchste Ehren genossen und später vergessen oder verleugnet werden, stellt dies allerwegen das Problem: Wer hatte da eigentlich recht? Ihre Zeitgenossenschaft, die sie umjubelte, oder die Geschichte, die sie verwarf? Die Zeitgenossenschaft kann sich selbst noch nicht begriffen haben, das ist sicher. Aber andererseits muß die späte Einsicht nicht unbedingt auch die richtigere sein, denn auch sie bewegt sich im unerforschlichen Spiegelkabinett der Subjektivitäten, die, aufsummiert, noch immer keine klare Objektivität ergeben. Ich glaube, das ganze Problem ist falsch gestellt, da es von der logisch unhaltbaren Prämisse ausgeht, daß ›gut‹ und ›schlecht‹, also Werturteile, den gleichen Anspruch haben wie Sachaussagen. Sie haben ihn nicht. Sie sind, geschichtlich gefroren oder zeitgenössisch strömend, stets nur Aussagen über die Beziehung eines Betrachtenden zu seinem Gegenstand, nicht aber Urteile, die im Gegenstande selbst begründet wären.« Und Améry kennzeichnet dann sein eigenes Verfahren im Rahmen dieser Prämissen mit folgenden Worten: »Ich kann mich nur bemühen, innerhalb meiner Subjektivität gerecht zu bleiben, will sagen: mich nicht bloßen Affekten hinzugeben.«[11]

In *Bücher aus der Jugend unseres Jahrhunderts* läßt sich von Kapitel zu Kapitel verfolgen, wie immer wieder von neuem Gerechtigkeit gesucht wird innerhalb der Grenzen dargelegter Subjektivität. Auf Knut Hamsun zurückblickend, erschrickt Améry förmlich noch einmal im Angesicht des nationalsozialistischen Credos des Norwegers, redet es nicht weg als Nebenprodukt eines »schwachen, verstörten Kopfes«, sondern stellt fest: »... er hat Schlimmes angerichtet durch seine starre pronazistische Haltung, in seiner Geburts-Heimat sowie im Vaterland seiner Wirkung, in Deutschland.« Doch er läßt sich von dem erneuerten Entsetzen nicht daran hindern, die Erzählsprache Hamsuns, deren Faszination schon der Sechzehnjährige gespürt hatte, sine ira et studio nachzulesen und, so viele leidgeprüfte Jahrzehnte später, diese Einschätzung niederschreiben: »Mit diesem Gedanken des Andeutens, des Offenlassens, des Zweifels, der Undeutlichkeit, vor allem: der Mitarbeit des Lesers am Werk steht Hamsun als ein moderner Autor vor uns, moderner als Thomas Mann in Deutschland und Martin du Gard in Frankreich.«[12] Worüber sich wiederum streiten ließe – im Geist der Prämisse, daß es in der Literatur ein objektives Rechthaben nicht geben kann.

Jean Améry hat sich nicht nur zu Büchern der Vergangenheit, sondern auch zu Neuerscheinungen geäußert, was sein

Programm des Gerechtseins innerhalb der Subjektivität auf neue Proben stellen mußte. Sie sind, möchte ich behaupten, fast ausnahmslos glänzend gemeistert worden. Man lese einmal nach, nicht nur was, sondern auch wie Améry unter der Überschrift *Morbus Austriacus* über Thomas Bernhard geschrieben hat, einen Schriftsteller, der ihm von seiner erzählerischen Monomanie her recht fremd gewesen sein dürfte. Oder die Besprechung von Alfred Anderschs letztem großen Roman *Winterspelt*, die ganz aus dem Rahmen des üblichen Besprechungsgeschäfts fällt, denn Améry nimmt sich darin die Freiheit heraus, mit den Romanfiguren in einen Dialog zu treten und sich ihre Lebenswege jenseits der letzten Buchseite auszumalen, also die Wand zwischen Literatur und Leben einzureißen, aber nicht im bornierten Geist des »Wahrscheinlichkeitskritikers«, wie Roland Barthes den Typus des realitätstüchtig kalkulierenden Buchprüfers einmal treffend benannt hat, sondern aus dem Bewußtsein heraus, Gefährten seiner eigenen Zeit zu begegnen. Zu zitieren blieben Artikel über die Autoren des nouveau roman, über Elias Canetti und andere – viele der Rezensionen, die Améry verfaßt hat, haben in die Sammelbände keinen Einlaß gefunden. Zu ihnen gehört ein Artikel aus der *Frankfurter Rundschau*, den ich, auch aus persönlichen Gründen, ganz besonders in Ehren gehalten habe: er gilt dem französischen Schriftsteller Paul Nizan, einem meiner Lieblingsautoren. Es gab damals, Anfang der siebziger Jahre, keinen in der Bundesrepublik publizierenden Kritiker, der so informiert, klug und einfühlsam über diesen in Deutschland unbekannten, von seinen ehemaligen kommunistischen Freunden postum brutal verstoßenen Romancier und Essayisten hätte schreiben können wie Jean Améry.

Welche Wirkung die »zarte Haltung« des Kritikers Améry auf Leser gehabt hat, darüber vermag ich nur zu spekulieren; ich könnte mir aber vorstellen, daß sich manche von ihr auf Dauer mehr haben beeinflussen lassen als von einem flott hingeknallten Urteil. Sicher jedoch scheint mir, daß Améry eben dadurch im Betrieb der Literatur vielfach als Störenfried galt.

Als Rezensent entsprach er so gar nicht dem Erscheinungsbild des Kritikers, der in den Literaturblättern den Ton angibt und sich den entsprechenden Nachwuchs heranzieht und den Kurt Tucholsky – einer von Amérys skeptisch geachteten intellektuellen Weggenossen – auf unübertreffliche Weise einmal so porträtiert hat:

»Es ist bei den meisten eine Art Geltungstrieb, der sich da bemerkbar macht. Fast jeder Kritiker hält sich in der Viertelstunde, wo er seine Kritik aufpinselt, für einen kleinen Herrgott. Ein besonders übles Exemplar dieser Gattung hat einmal gesagt: ›Ich wollte ja die Buchkritik längst aufgeben. Aber‹ – er sprach Dialekt –, ›aber man gibt doch nicht gern 's Peitscherl aus der Hand.‹ Es ist der Machttrieb. Ich habe ihn nie begriffen. Was ist denn das für einen Cäsarentum, das sich darin sonnt, wie hundert junge Autoren angelaufen kommen und um eine Besprechung bitten; wie sie den großen Meister, dessen Werke man so bewundere, anflehen … und die ganze türkische Musik. Und dann also setzt sich jener hin und verleiht kleine Nobelpreise, sehr von oben herunter – er nennt das ›fördern‹.«[13]

Tucholsky ist denn auch postum von einem besonderen Prachtexemplar dieses kritischen Cäsarengeschlechts in den Orkus geschickt worden, angeblich wegen moralischer Schwächeanfälle – man sollte jedoch vermuten, aus Rache dafür, daß Tucholsky das Porträt des rezensierenden Herrgotts schon fix und fertig hatte, bevor der sich angesprochen Fühlende in es hineinwachsen konnte. Den Kritiker Améry hat, glaube ich, der herrschende Literaturbetrieb ebenfalls spüren lassen, daß man sich nicht ungestraft seinem Spiel mit Macht und Eitelkeit entzieht. Die »zarte Haltung«, das Bemühen um »Gerechtsein innerhalb der Subjektivität«, das alles ist eine einzige Herausforderung gegenüber einem Umgang mit Literatur, der nur in Kategorien des Rangs und der Macht verhandeln kann und dessen Verwalter deshalb lauter kleine Komplicen in Sachen Machttrieb um sich scharen – wer da nicht mittun will, wer also durch Distanzierung den Machttrieb in seiner ganzen Häßlichkeit erkennbar werden läßt, wird weggedrängt und abgestraft. Anders kann ich jedenfalls mir nicht erklären, weshalb Jean Améry, als Verfasser des Romanessays *Lefeu oder der Abbruch*, Opfer eines der gemeinsten Zeitungsartikel geworden ist, der mir je unter die Augen gekommen ist. Auch er hat seinen Platz, allerdings keinen honorablen, in meiner Améry-Mappe.

Da dieses Symposion im Zeichen der Erinnerung steht, erlaube ich mir, auch an diese Spitzenleistung literaturkritischen Cäsarenwahns zu erinnern, die sich finster drohend von Amérys eigener kritischer Haltung abhebt. Es kann selbstverständlich nicht darum gehen, dem Kritiker und damaligen Literaturblattchef der *F.A.Z.*, Marcel Reich-Ranicki, das Recht zu bestreiten, mit *Lefeu* nichts anfangen zu können; der Romanessay ist gewiß ein kompliziertes Buch, das niemandem den Zugang leichtmacht. Ein verantwortungsbewußter Redakteur hätte an dieser Stelle bereits eine Pause eingelegt und das Buch jemand anderem überlassen, so wie Tucholsky es sich selbst empfohlen hat: »Ließe man mich auf André Gide, auf Paul Claudel, auf Robert Musil los: das gäbe ein rechtschaffenes Unglück. Ich verstehe sie nicht ... Also habe ich zu schweigen, wenn von ihnen die Rede ist, und nicht etwa zu glauben, dadurch, daß ich eine Meinung über sie abgebe, hätte ich sie schon verdaut.«[14] Soweit Tucholsky. Dem ersten Verstoß des *Lefeu*-Kritikers gegen das kritische savoir-faire folgt fast unvermeidlich ein zweiter: da es nicht um das Buch geht, das für ihn stumm bleibt, geht es um den Mann. Ad hominem zielen die unsäglichen Bemerkungen über das »zerfurchte Gesicht« und den weißen Rollkragenpullover, »der sich bald, wie Uwe Johnsons Lederjoppe, als Markenzeichen erweisen sollte«: was dieser Autor bisher geschrieben hat, interessiert den Rezensenten nicht, ja es wird sogar zum Inhalt eines bloßen Gerüchts heruntergestuft, wie dieser Konditionalsatz erkennen läßt: »Wenn es zutrifft, daß es Améry in seinen Essays gelungen ist, die Auseinandersetzung des einzelnen mit der geistigen Situation unserer Zeit zu artikulieren – dies wird ihm jedenfalls von seinen Bewunderern bescheinigt, die eine auffallende Vorliebe für große Worte haben –, dann kann das neue Buch als direkte Fortsetzung seiner Vorgänger gelten.« Zitat Ende. Mit anderen Worten: da die Vorgänger schon, wie der geneigte Leser begriffen haben wird, nur qua Gerücht von Bewunderern existieren, hat auch die Fortsetzung von vornherein nicht die geringste Existenzberechtigung. Es ist die Logik des auf Stimmenfang gehenden rezensierenden Populisten, die sich hier ausspricht, keine Spur von argumentierender Kritik.

Deshalb wimmelt es von »wenns« und »es mag sein« und von »kann«, von Elementen einer desinformierenden Nebelsprache, die das kommende Unheil schon ankündigt: »Diese späte Anerkennung mag Jean Améry ermuntert und ermutigt haben, im Alter von über sechzig Jahren endlich zu verwirklichen, wovon er, wie er selber gesteht, schon in seiner Jugend geträumt hatte.« »Wie er selber gesteht«, schreibt der Rezensent, der nun zur vollen Statur des hoch oben thronenden Richters heranwächst, damit andeutend, daß der Autor für ihn in einer Verhörsituation steckt: der Ermittlungsrichter hat ihn ausgequetscht, den frechen Delinquenten, der sich unberechtigt im Terrain der Literatur herumtreibt, und ihm das Geständnis entlockt: ja, ich habe das Delikt schon lange geplant. Um so schlimmer also für den Verdächtigen, der damit den strafverschärfenden Umstand auf sich lädt, sogar mit Vorsatz gehandelt zu haben. Da kommen die Affekte des Literaturrichters erst recht in Wallung. Zu wissen braucht man in diesem Beruf offenbar gar nichts, etwa die Tatsache, daß Améry in seiner Jugend nicht nur von einem Roman träumte, sondern ihn auch geschrieben hat: Ressentiment genügt, und die Gesetze, nach denen verurteilt wird, erläßt man praktischerweise jeweils gleich selber.

Da es zu dem Buch nichts zu sagen gibt, wird die Gelegenheit benutzt, die ganze sattsam bekannte Sprechblasenästhetik herunterzubeten, die ihre Herkunft aus den verblichenen Traktaten des sogenannten sozialistischen Realismus nicht verleugnen kann und sich, da dieser keine Differenzierungen kennt, unterschiedslos auf alles und jedes anwenden läßt. Es lohnt sich nicht, Kostproben davon noch einmal aufzutischen. Doch erscheint es mir angebracht, den Wortlaut des abschließenden Verdikts wieder in Erinnerung zu rufen, das sich, da es sonst nichts zu sagen gibt, an Amérys »Warum und Wie« überschriebenem Nachwort festkrallt: »So liefert Jean Améry gleich die Gebrauchsanweisung, die dem Leser und dem Kritiker die Lektüre erleichtern soll. Das ist menschenfreundlich. Aber wenn sich etwas nicht gebrauchen läßt, ist auch die Gebrauchsanweisung überflüssig.«[15] Läßt sich nicht gebrauchen – Sprache der Cäsarenarroganz, die die Freiheit der Lesebürger negiert, selbst über die Brauchbarkeit ihres Buchs zu entscheiden, denn jeder hat ein anderes. Wir sind bei den Antipoden der »zarten Haltung« und des »Gerechtseins innerhalb der Subjektivität« angekommen, im Reich der kleinen Herrgötter, die abwechselnd und herrscherwillkürlich ihre kleinen Nobelpreise und ihre Todesurteile verteilen.

Der zitierte Kritiker, der zwar als Redakteur in Pension gegangen ist, 's Peitscherl aber offenbar nicht so schnell aus der Hand geben mag und deshalb im Fernsehen ab und zu seinen kleinen kritischen Zoo vorführt, Marcel Reich-Ranicki also hat dort kürzlich bekannt, daß er sich einer Tat in seinem Leben ganz besonders schäme: nämlich des seinerzeitigen Eintritts in die Kommunistische Partei. Im stillen hatte ich schon gehofft, er spräche von diesem oder jenem Exzeß seiner literarischen Cäsarenherrschaft. Ich für meinen Teil finde es nämlich keineswegs unverzeihlich, daß ein junger Mensch, der 1945 in Warschau mit dem Leben davongekommen war, in die Partei derer eintrat, die er notwendigerweise für seinen Retter halten mußte. Es erschiene mir hingegen weit weniger verständlich, wenn sich jemand in dieser Situation etwa der katholischen Kirche Polens an den Hals geworfen hätte, diesem Obdach so vieler Antisemiten. Es zeugt von keiner besonderen Bereitschaft zur Selbstkritik, sich heute im Einklang mit dem Konformismus der westlichen Siegerstimmung wegen einer lange zurückliegenden KP-Mitgliedschaft selbstanklagend an die Brust zu schlagen. Respekt hingegen hätte mir abgenötigt, wenn dort im

Fernsehen zu hören gewesen wäre: Wie er damals etwa mit Jean Améry verfahren sei, das verzeihe er sich heute selbst nicht mehr, und er wolle die jüngeren Kollegen dazu aufrufen, sich negativ an einem solchen Beispiel zu orientieren. Liegenlassen, womit man nichts anfangen kann, auf keinen Fall die Armee der Affekte aufmarschieren lassen, wenn der lesende Verstand nicht greift, und vor allem den Versuchungen des Cäsarenwahns widerstehen, die einen leicht befallen, wenn man am Redakteurstisch die Mittel in der Hand hat, gegenüber Leuten, die einem aus irgendwelchen Gründen nicht in den Kram passen, den strafenden Gott zu spielen. Es wäre so schön gewesen …

Nichts hat sich erledigt. Etwas von dem, was Amérys Kritik des schreibenden Lesers repräsentiert, paßt nach wie vor nicht in den Kram. Man muß, glaube ich, ringsum mit dem status quo einverstanden sein, um die Rolle des richtenden und strafenden Kleinmachthabers spielen zu können, sonst hätte man ja auch Sinnvolleres zu tun. Améry war einfach zu kritisch gegenüber den Verhältnissen, um den Kritiker nach herrschendem Muster abgeben zu können. Da nichts den Enragierten noch mehr in Rage bringt als die Sanftmut dessen, der ihm gegenübertritt, hat die »zarte Haltung« des Kritikers Améry so viel Ressentiment auf sich gezogen. Sie ist für mich mehr denn je beispielhaft. In ihr verbindet sich der Sinn für Höflichkeit im Sinn der Franzosen, eine in Deutschland nie recht heimisch gewordene, da mit Mangel an aufrecht protestantischer Wahrheitsliebe verwechselte, Umgangsform mit der Erfahrung von Verletzbarkeit, Schmerz und Todesnähe. Beides kommt in dem zusammen, was die germanische Ernsthaftigkeit gern als »französische Leichtigkeit« abtut: Humor ist nichts anderes als die Höflichkeit der Verzweiflung, heißt eine Redensart, die nur jenseits des Rheins hat Fuß fassen können. Améry hat, scheint mir, auch Thomas Mann mit ein wenig französischen Augen gelesen, wenn er, auf der Suche nach dem Geheimnis der »zarten Haltung«, zu der Erkenntnis gelangt: »Womit wir es bei Thomas Mann zu tun haben, das ist die Omnipräsenz von

Krankheit und Tod, gegen deren Erkenntnis kein soziales Kraut gewachsen ist, das Leiden und Mit-Leiden mit dem Bündel Kreatur.« Der »zarten Haltung« ist die Verletzbarkeit der Menschen stets gegenwärtig, und ihre Abwehr hat vielleicht damit zu tun, daß hinter dem Gedanken an die Verletzbarkeit das Bewußtsein der Sterblichkeit, ganz in Übereinstimmung mit dem zeitgenössischen Ewigkeitswahn, weggeschoben werden soll.

Lassen Sie mich mit einem Wort Jean Amérys zu Ende kommen, einem Wort, das mir in dieser Nach-Jalta-Zeit, in der das Wort »Revision« als Etikett für jede Art von Verleugnung und Umschreiben der Geschichte sein Unwesen treibt, von großer Aktualität zu sein scheint, weil es am Beispiel des literarischen Revidierens einen Aufruf zu zarter Selbstkritik enthält, der einerseits zum Nachlesen auffordert und andererseits zum Nach-Denken seiner selbst, einem weiteren Lieblingswort Amérys neben seiner »Revision in Permanenz«. Es heißt am Beginn des Kapitels über John Galsworthy und D. H. Lawrence:

»Der eigentümliche Reiz des Wiederlesens alter Bücher, die man vor Jahrzehnten durchgegangen ist und beurteilt hat und die nunmehr in neuem Lichte und gleichsam von der ›anderen Person‹, zu der man wurde, neu aufgenommen werden – dieser Reiz hat vielfältigen Charakter. Die Zeitperspektiven verschieben sich. Das einstens Unerhörte ist längst zum Überdruß an Gehörtheit geworden. Das Ich, das man vor, sagen wir, vier Jahrzehnten war, wird als etwas ganz Fremdes empfunden, wenn man sich manchmal die Frage stellt: wie hat mir dies und das gefallen können? und wie war es möglich, daß ich jenes so schlecht begriff? Die alten Bücher werden zu unserem Spiegel, die Autoren der Vergangenheit zu Unbekannten, wie gut wir sie einstens zu kennen meinten. Dies kann dahin führen, daß man beim Wiederlesen nicht nur Bücher und Schriftsteller, sondern auch sich selbst neu einschätzen muß, was manchmal recht peinigend ist.«[16]

1 Jean Améry, Unmeisterliche Wanderjahre. Stuttgart 1971, S. 108.
2 Ebenda.
3 Ebenda, S. 112.
4 Ebenda.
5 Frankfurter Rundschau, 23. 7. 1977.
6 Dieter Wellershoff, Literatur und Veränderung. Versuch einer Metakritik der Literatur. Köln 1969, S. 97.
7 Jean Améry, Der integrale Humanismus. Aufsätze und Kritiken einer Lesers 1966–1978. Hrsg. v. Helmut Heißenbüttel. Stuttgart 1985, S. 123.
8 Ebenda.
9 Ebenda.
10 Ebenda, S. 148.
11 Jean Améry, Bücher aus der Jugend unseres Jahrhunderts. Stuttgart 1981, S. 162 f.
12 Ebenda, S. 32.
13 Kurt Tucholsky, Kritik als Berufsstörung (1931). In: Tucholsky, Gesammelte Werke. Band 9, Reinbek 1975, S. 314.
14 Kurt Tucholsky, Die Aussortierten. Ebenda, S. 113.
15 Marcel Reich-Ranicki, Schrecklich ist die Verführung zum Roman. In: Frankfurter Allgemeine Zeitung, 1. 6. 1974.
16 Améry, Bücher aus der Jugend unseres Jahrhunderts, S. 95.

Beim Jean-Améry-Symposion in Wien am 24. 10. 1992 gehaltener Redebeitrag. Abgedruck in: Wespennest, Nr. 89, Wien 1993.

Jenseits von Gewinn und Verlust

Über Christoph Heins Roman *Das Napoleon-Spiel*

Gegenüber der Literatur regt sich immer deutlicher eine fordernde Ungeduld, die nicht nur sofort das Buch zum Film, sondern auch zum Ereignis haben will, sonst wird sie böse und erhebt den Vorwurf des Eskapismus. Unbeeindruckt von all den Realismusdebatten vergangener Jahrzehnte hält sich offenbar zäh die Ansicht, daß der Roman ohne weiteres von der laufenden Gegenwart erzählen kann, sofern sein Autor nur den rechten Willen dazu hat: ganz in den Geist des 19. Jahrhunderts abgeschoben ist Dostojewskis Zurückschrecken vor dem Stoff Gegenwart, der den Schriftsteller, wie er befand, in die Falle des Ratens und Irrens lockt. Von seinem Zeitgenossen Tolstoj hat niemand verlangt, zum Krimkrieg auf der Stelle das entsprechende Epos abzuliefern: man war glücklich über *Krieg und Frieden*, und niemand kam auf die Idee, seinem Verfasser anzukreiden, daß er darin zu dem ein halbes Jahrhundert zurückliegenden napoleonischen Krieg zurückgekehrt war. Solche Gelassenheit gegenüber der Aktualität scheint unserer Gegenwart gänzlich fremd geworden zu sein: sie gilt allenfalls als Ausdruck russischer Gemächlichkeit, und die hat nach dem Desaster des Realsozialismus eine besonders schlechte Presse.

Noch deutlicher als andere bekommen die Schriftsteller der ehemaligen DDR diese konsumkonforme und literaturfremde Ungeduld zu spüren. Sie stecken nach wie vor in einer Falle: waren ihre Bücher vor Zeiten weniger gelesen als nach versteckten Hinweisen auf regimekritische Einstellungen abgesucht worden, so lastet jetzt auf ihnen die Hypothek der Erwartung, daß sie, wollen sie ihrem Renommee gerecht werden, nun auf umwerfende Weise das unzensierte Gesicht der untergegangenen DDR zu enthüllen und den Prozeß der Vereinigung als von Stellungnahmen begleitetes packendes Gesellschaftsdrama zu erzählen haben. Jurek Beckers *Amanda herzlos* verweigerte sich dem Ansinnen und ist dafür entsprechend gescholten worden; von Fritz Rudolf Fries hat man sich offenbar den großen pikaresken Roman über das Innenleben der Treuhandanstalt gewünscht und ihn dann schmerzlich vermißt. Dem einstmaligen »DDR-Bonus« entspricht eine Art neuer Ost-Malus; wie auf sozialpolitischem Gebiet ist man auch literaturkritisch von Tarifgleichheit zwischen Ost und West noch weit entfernt. Nun ist Christoph Heins neuer, vier Jahre nach dem *Tangospieler* erschienener Roman mit dem Titel *Das Napoleon-Spiel* den Gespenstern der Ungeduld zum Fraß vorgeworfen, und es bleibt abzuwarten, ob sie ihn schlucken.

Mit dem Spiel hat er es allem Anschein nach, der Erzähler und Stückeschreiber Hein, daran hat sich seit dem *Tangospieler* und dem im Frühjahr 1989 in Dresden uraufgeführten, mit dem Personal der Artus-und Parzivalmythen und der Erosion des Ostblocks spielenden Stück *Die Ritter der Tafelrunde* nichts geändert. Da er es mit dem Spiel hat, hat er es als Autor auch mit dessen schillernden Bedeutungen zu tun. Das Spiel jenes Tangospielers Dallow hatte er als ein bloßes Spiel inszeniert, hatte den Helden die Rolle des Staatsfeinds, der dann ins Gefängnis gesteckt wurde, nur widerwillig, eher aus Nachlässigkeit, übernehmen lassen: das prekäre Tangospiel war nicht ernst gemeint, auch wenn es im Ernst bestraft wurde. Nun läßt Hein wieder einen Spieler auftreten, einen Spieler jedoch, der in diesem Sinn nie spielt, eben weil er nichts anderes als ein Spieler ist. Dieser Spieler meint es immer ernst, weil sein Spielfeld keine dem Spielen vorbehaltene abgezirkelte Enklave ist, sondern weil es für ihn mit der gesamten gesellschaftlichen Welt zusammenfällt. Nicht die Person dieses Spielers selbst steht im Zentrum des Erzählerinteresses – vom Autor dadurch unterstrichen, daß er ausschließlich den Spieler selbst zu Wort kommen läßt, wodurch die Aufmerksamkeit von der Figur weggelenkt wird –, sondern die Frage, wie sich die Welt verwandelt, wenn sie ausschließlich mit Spieleraugen wahrgenommen wird. Da die Welt des *Napoleon-Spiels* das Aussehen

Deutschlands zwischen Kriegsende und dem Ende der Zweistaatlichkeit erhalten hat, lädt der Roman nebenbei zur Reise durch eine zunächst vertraut erscheinende, doch dann zusehends verfremdete zeitgeschichtliche Landschaft ein: bis dahin hat er dem Leser beigebracht, daß aus der Perspektive eines ernsthaften Spielers Ereignisse wie der Bau oder der Fall der Berliner Mauer nicht viel mehr als Geräusche im Hintergrund bedeuten, die auf den Verlauf einer ernsthaften Spielergeschichte ohne nennenswerten Einfluß sind. Der Leser ist dann als Mitspieler gewonnen, wenn ihm selbst allmählich einzuleuchten beginnt, daß diese deutsche Geschichte, in die so mancher gern eingehen will, möglicherweise eine fürchterlich überschätzte Story ist.

Erzählstrategisch äußerst geschickt hat Hein zu Beginn seines Romans die Köder einer Krimigeschichte ausgelegt. Ein gewisser Bernhard Bagnall ist ermordet worden, und die Stimme, die den Erzählmonolog spricht, gehört dem in Untersuchungshaft sitzenden und mit seinem Verteidiger korrespondierenden Täter. Umstände und Motiv der Tat liegen zwar noch im Dunkel, doch es wird rasch deutlich, daß dieser Täter weder ein armes Schwein ist, das um Gnade winselt, noch ein abgebrühter Profi, der noch vor dem Gericht seinen Anwalt von seiner Unschuld zu überzeugen versucht. In seinem an den Advokaten gerichteten Schreiben steht der Täter, selbst ein forensisch erfahrener Jurist, durchaus zu seiner Tat, versucht seinem Anwaltskollegen aber klarzumachen, daß dieser Mord weder strafrechtlich noch moralisch als Mord zu werten ist, nicht einmal als Totschlag. Es handelt sich auch nicht um einen *acte gratuit* aus Abenteuerlust, wie André Gides Lafcadio ihn begeht, sondern um eine im Sinn des Täters völlig logische Operation, vergleichbar einem napoleonischen Feldzug im Kleinformat und wie dieser von einem Denken inspiriert, das sich jenseits aller Nützlichkeitserwägungen bewegt. Wenn niemand dem strategischen Spieler Napoleon übelnimmt, daß er auf dem Weg nach Moskau und retour Hunderttausende seiner Soldaten sinnlos in den Tod geschickt hat, mit welchem Recht will man ihm, argumentiert der Spieler, aus dem Tod eines einzigen Menschen einen Strick drehen? Obgleich er immer wieder auf Napoleon zu sprechen kommt, weist der Täter den Verdacht weit von sich, irgend etwas mit einem megalomanen Psychopathen gemein zu haben. Er hält sich lediglich für einen überdurchschnittlich talentierten Menschen, der seit der Entdeckung seiner Spielernatur im frühen Alter stets damit beschäftigt ist, abgegraste Spielfelder hinter sich zu lassen und neue Spielkonstellationen zu erproben.

Das Schreiben an den Verteidiger ist deshalb zur Romanlänge geraten, weil der in seinem Selbstverständnis nichtkriminelle Täter sich die schwierige Aufgabe gestellt hat, auf streng logische Weise zu erklären, warum ihm, dem aus Stettin stammenden Fabrikantensohn Wörle, der seine ersten Geschäftserfahrungen als halbwüchsiger illegaler Briefmarkenhändler im Nachkriegsthüringen sammelte, bevor er in den Westen ging, schließlich im Angesicht der dort rasend schnell ausgeschöpften Möglichkeiten spielerischen Aufstiegs und Kapitalanhäufens keine andere Wahl mehr geblieben war, als zur Abwendung der Gefahr tötender Langeweile einen wildfremden Menschen umzubringen – wobei dieser vom Täter als »unerläßliche Tötung« bezeichnete Mord nur ein anderes Spiel eröffnet, bei dem es darum geht, die Konstellationen innerhalb des Gerichts so geschickt zu beeinflussen, daß es sich trotz eindeutiger Sachlage mit einiger Wahrscheinlichkeit zu einem Freispruch gezwungen sieht. Was am Ende auch so kommt, den Verteidiger innerlich entsetzt, den Spieler Wörle aber nicht zufriedenstellt, sondern über eine weitere Steigerung seiner – im übrigen am Billardtisch im Kampener Zweitwohnsitz konzipierten – Realspiele nachdenken läßt.

Die kombinatorische Phantasie, die Hein bei der Konstruktion all dieser Spielanordnungen an den Tag legt, ist von staunenswerter Präzision: vielleicht ist dem Autor zu Hilfe gekommen, daß er seinerzeit in Leipzig ein Studium der Logik absolvierte, bevor er an der Ostberliner Volksbühne das Theaterhandwerk erlernte. Doch trocken kommt die Logik der Spielerargumentation nicht daher, ihre Züge sind von allerlei bissigen Sarkasmen und boshaften Reflexionen über Gott und die Welt begleitet, die die Lektüre des Spielermonologs zu einem nie stockenden intellektuellen Vergnügen machen. Aus der Perspektive dieses Spielers, für den es in der Gesellschaft keine soliden, respektgebietenden Bauwerke gibt, sondern nur Kulissen, die sich beiseite räumen lassen, erscheint alles Ernstgemeinte rührend und lächerlich. Der wahre Spieler, läßt der Autor seine Spielfigur Wörle erklären, setzt nichts ein, er setzt ganz einfach um des Setzens willen, er ist ein Anhänger des existentiellen l'art pour l'art, deshalb blickt er verwundert auf alle Engagierten, Helfer der Menschheit und Helden herab, die sich immer mit ihrer ganzen Person für etwas einsetzen wollen. Aber auch die im Geschäft und in der Politik Erfolgreichen nötigen ihm keinen Respekt ab, weil sie in seinen Augen Spiel mit Buchhaltung verwechseln und auf Nummer Sicher gehen: Politiker vom Spielerschlag Napoleons wurden durch »Beamte der Politik« ersetzt, heißt es, durch »genügsame Menschen, die wenig vom Leben verlangen und die man bereits mit Geld zufriedenstellen kann« (das Skandalöse an den heutigen sogenannten Affären bestünde dieser Betrachtungsweise zufolge nicht darin, daß der eine oder andere Politiker Geld genommen hat, sondern darin, daß er *nur* Geld genommen hat). Kurz gesagt, in Heins *Napoleon-Spiel* erwartet den Leser neben dem Kitzel der Krimigeschichte ein Feuerwerk belebender Geistesbosheiten, das den trüben Alltag eine ganze Weile überstrahlen kann.

Es erwartet ihn aber auch ein literarisches Vergnügen zweiten Grades, weil der Autor gleichzeitig diskret mit Spielerfiguren spielt, wie sie, um nur das Beispiel Dostojewski zu nennen, immer wieder die Schriftsteller faszinierten. Als Geschichte von Geschichten lockt *Das Napoleon-Spiel* in einen Raum hinein, in dem sich allerlei nähere und fernere Echos vernehmen lassen. Besonders auffällig erscheinen dabei Parallelen mit der Figurenkonstellation eines einmal berühmt gewordenen, heute aber weithin in Vergessenheit geratenen Buchs, an Albert Camus' Roman *Der Fall*. Auch dort hält ein Anwalt eine buchlange Ansprache an einen anderen Anwalt, der, wie nun bei Hein, häufig mit »Verehrtester« angesprochen wird, auch dort ist dem Reden eine mysteriöse Tat vorausgegangen, die den Ich-Erzähler dazu nötigt, einem Zuhörer den Platz der fatalen Spielleidenschaft in seinem Leben zu erklären. Ob nun als gewollte Replik auf den *Fall* angelegt oder nicht, Heins *Napoleon-Spiel* liefert eine viel radikalere Version der Spielergeschichte als Camus' kurzer Roman. An des Spielers Wörle Kategorien gemessen, wäre Camus' Jean-Baptiste Clamence als falscher Spieler zu bezeichnen, weil dieser vor den Konsequenzen immer wieder zurückzuckt, die er aus seinem zwischendurch auch wieder bedauerten und zu Selbstanklagen führenden Amoralismus zu ziehen hätte. Zwar hat auch diese Figur allerlei dreiste, den durchschnittlichen abendländischen Humanismus schockierende Aussprüche auf Lager, redet von der natürlichen menschlichen Neigung zum Verbrechen, hält sich für durchaus fähig, einen Menschen zu töten, aber es bleibt immer beim, zwischen Rhetorik und Beichte schwankenden, Reden, und geredet werden kann in der erzählten Rede viel. Hein dagegen ist viel weiter gegangen, er hat eine Handlungskonstellation bereitgestellt, innerhalb derer die von seinem Spieler beredete Tat auch begangen werden kann, ohne den Rahmen der einmal erzählend gesetzten Plausibilität zu sprengen. Der Vergleich mit dem zweifellos bedeutenden und immer noch lesenswerten Roman *Der Fall* läßt erkennen, welche außerordentlich umsichtige literarische Konstruktionsarbeit hinter Heins hervorragendem neuem Roman *Das Napoleon-Spiel* steckt. Er läßt dabei aber auch den ungeheuren Epochenabstand spüren, der das heutige Bewußtsein von dem der fünfziger Jahre trennt.

Die Spielbegriffe »Gewinnen« und »Verlieren« sind in der Zwischenzeit in die Alltagssprache eingegangen und dienen einer oberflächlichen Oppositionshaltung als Ersatz für kritische Kategorien. *Das Napoleon-Spiel* erhebt auf diskrete Weise Einspruch gegen solchen einfachen Manichäismus. Es schlägt eine

Perspektive vor, von der aus gesehen die *winner* und die *looser* im gleichen schäbigen Boot sitzen. Nur der Spieler, so wie der Roman ihn versteht, ist zu radikaler Gesellschaftskritik in der Lage, eben weil er auch das Gewinnen als eine Form von Niederlage durchschaut hat und dann auch in den *winnern* die Versager erkennt. Das die Gesellschaft westlichen Typs in Gang haltende Gewinnstreben ist für ihn selbstverständlich nicht moralisch zu verurteilen, es ist als Handlungsmotiv lediglich ästhetisch verachtenswert. In seinem Spieler mit dem Allerweltsnamen Wörle hat Hein eine Figur geschaffen, wie das demokratische Zeitalter sie nicht mehr reproduziert, den aufgeklärten Aristokraten von ehedem, dessen Aufgeklärtheit inzwischen allerdings die Blessuren davongetragen hat, von denen die Dialektik der Aufklärung niemanden und nichts verschont. Als Schrumpfform der aristokratischen Illumination ist der faszinierende Zynismus des Spielers zurückgeblieben.

Wo ist nur, bei all dem Ausdenken von Spielkonstellationen, der »Chronist« geblieben, als der Hein sich erklärtermaßen versteht? Die diesmal durchgespielten Spiele könnten unter allen denkbaren Umständen inszeniert werden, sie haben so wenig ein Vaterland wie das Spiel des Kapitals. Aber gerade durch das ortlos Allgemeine schleicht sich behutsam das Besondere und Spezifische ein. Das Auftreten des Spielertyps als Akteur der Geschichte hat durchaus etwas mit der deutschen Gegenwart zu tun. Indem Heins Roman die Aufmerksamkeit von den Ereignissen, Orten und Figuren weglenkt, die im Zentrum der öffentlichen Beachtung stehen, regt er die Leserphantasie dazu an, den Vorgang der deutschen Vereinigung aus einem ganz ungewohnten, vielleicht aber viel realistischeren Blickwinkel zu betrachten. Die verbreitete Lesart, der zufolge »der Westen« den Sieg davongetragen hat, wird auf einmal viel zu grob. Die Einteilung in »Westen« und »Osten« erscheint dann wie ein geschicktes Täuschungsmanöver, das nur dazu dient, von den Zügen des seine Chancen ergreifenden und das Geschehen mitbestimmenden Spielers abzulenken. Der Spieler schwimmt so oder so immer oben. Ob er nun in der einen oder in der anderen ideologischen Uniform steckte, bevor die Einheitsuniform eingführt wurde, ist für ihn nur ein zu vernachlässigender Nebenumstand. Ihm gehört die Zukunft, auch wenn er unsichtbar im Hintergrund bleibt und auf der öffentlichen Bühne schaurige Melodramen von Aufstieg und Fall, von Schuld und Zerknirschung das Publikum in Atem halten.

Während Heins Spieler das Spiel der »unerläßlichen Tötung« zu einem glücklichen Ende bringt und sich in die Planung der nächsten Spielsteigerung vertieft, beendet draußen der zweite deutsche Staat glanzlos seine Existenz. Der Vorgang berührt ihn weiter nicht, bis die Öffnung der Grenzen ihm eines Tages den seit der thüringischen Jugend vergessenen Halbbruder ins Haus bringt: auf einmal öffnet sich ein Fenster zu der Welt von Heins *Tangospieler*, und die Verbindung zu dem Unternehmen Chronik der deutschen Verwicklungen ist sichtbar hergestellt. Der Halbbruder gehörte, wie in knappen Worten hinzugefügt wird, zu den Historikern des im *Tangospieler* beschriebenen Leipziger Seminars und hatte 1968 wegen Kritik am Einmarsch in Prag seine Stelle verloren. Später war er unter der Bedingung, daß er in die Partei eintritt und einen Gewerkschaftsposten übernimmt, in den Schuldienst aufgenommen worden. Dann kam die Vereinigung und der Halbbruder wurde sofort aus dem neuen Schuldienst entlassen, weil er nun als nichtverwendungsfähiger Funktionär des SED-Regimes galt. Der Autor läßt seinen Spieler den Fall mit diesen Worten kommentieren:

»Eine beachtliche Geschichte mit einer vorzüglichen Pointe, nicht wahr! Gewöhnlich wird man für Anwandlungen von Größe bestraft. Aber daß man sich für ein bißchen Courage gleich zweimal und zweimal gründlich den Hals bricht, ist schon eine außerordentliche Karambolage. Denn mit einer einzigen und eigentlich etwas lächerlichen Bemerkung, ruinierte er sich in dem einen Staat und auch noch gleich für den nächsten.«

Am Ende sieht es fast so aus, als habe der Chronist Christoph Hein die ganze aufwendige Spielergeschichte nur deshalb aufgeschrieben, um einen Rahmen zu schaffen, in dem dieser für die Chronik des neuen Deutschland unverzichtbare Satz die bestmögliche Wirkung entfalten kann. Aber es sieht nur so aus: im Buch gibt es keinen Unterschied zwischen Haupt- und Nebensachen, zwischen Rahmengeschichte und Kernsatz, weil es von einem Chronisten geschrieben wurde, der ein ausgezeichneter Schriftsteller ist.

Abgedruck in: Süddeutsche Zeitung, München, 31. März 1993.

No future at any time

Kleine Variation über einen Satz von Valéry

Paul Valéry in seinen *Cahiers:*

»Ich überlege mir: Es ist merkwürdig festzustellen, daß das Gewicht, der Einfluß, die Auswirkung (usw.) unseres *verflossenen* Lebens auf unser *gegenwärtiges* Leben die Zeit, die wir voraussichtlich noch zu leben haben, zum Maße hat. Die Menge an Zukunft, die uns bleibt, macht uns mehr oder weniger von der Vergangenheit frei. Was wäre schon an ihr gelegen, wenn wir ∞ [Zeichen für unendlich] Tage zur Verfügung hätten?

Und folglich – wer seine Vergangenheit leicht nimmt, verlängert sein Leben.«

Das ist ein sehr anregender Gedanke, der mir erklärt, warum ich mich immer wieder dabei ertappe, mit dem Gefühl der Ungeduld einem Gespräch zuzuhören oder beim Lesen gleich nach dem nächsten Absatz zu schielen. Es kommt mir vor, als sei in nicht sehr ferner Zukunft ein Termin gesetzt, bis zu dem das Wichtigste erledigt sein muß. Das heißt, die Endlichkeit der mir zur Verfügung stehenden Zeit ist zu einer Evidenz geworden. Vielleicht ist das ein Anzeichen dafür, weniger übersehbar noch als Haarausfall und Schlafschwierigkeiten, daß das Alter begonnen hat.

»Wer seine Vergangenheit leicht nimmt, verlängert sein Leben.« Valéry unterstellt, daß man die Wahl hat, seine Vergangenheit leichtzunehmen, oder daß sie vom individuellen Temperament abhängt. Der Fröhliche verlängert sein Leben, eben weil er gar nicht anders kann, als das, was hinter ihm liegt, auf die leichte Schulter zu nehmen. Sonst wäre er nicht fröhlich. Ich glaube aber nicht, daß es in unseren deutschen Breiten eine Frage des Temperaments ist, ob man seiner Vergangenheit ein großes oder ein kleines Gewicht beimißt, weil es keine persönliche Vergangenheit gibt, die nicht so oder so unter dem Einfluß der kollektiven Vergangenheit steht. Wer sein Leben verlängern will, muß sich anstrengen, das Gewicht der kollektiven Vergangenheit loszuwerden, und diese Anstrengung beschwert dann auch seine scheinbar nur persönliche Vergangenheit, so daß es nicht mehr im Belieben seines Bewußtseins steht, das Leben zu verlängern.

Die Logik von Valérys Satz endet unter den gegebenen Bedingungen in der Aporie. Wer sein Leben verlängern will, kann es gerade deshalb nicht, weil er es will. Das dynamische Verhältnis von Vergangenheit und Zukunft, das Valéry postuliert, hat einen Knacks bekommen. Keine Zukunft ist in der Lage, von der Vergangenheit freizumachen, so daß selbst die Aussicht auf eine unendliche Zukunft nichts Befreiendes hat. Auf die Zukunft setzen heißt nichts anderes als vor der Vergangenheit fliehen und eben dadurch den Einfluß und das Gewicht der Vergangenheit bestätigen. Eine Zukunft, die keine Befreiung versprechen kann, wird zur Fortsetzung der Gegenwart in einer mechanischen Abfolge leerer Zeiteinheiten. Gleichgültig, wie viele es sind, die machen uns von der Vergangenheit nicht frei.

Aus diesem Grund wirken die verzweifelt fröhlichen Anstrengungen vieler Zeitgenossen, sich durch gesunde Ernährung und Fitneßtraining auf ein halbwegs ewiges Leben vorzubereiten, paradox. So als ob die Kraft nicht ausreichte, sich eine Zukunft vorzustellen, werden alle Kräfte mobilisiert, um das Erleben der Zukunft biologisch sicherzustellen. Was die Phantasie nicht vermag, sollen die Körperzellen besorgen. Der Tod soll möglichst weit hinausgeschoben werden, damit niemand daran denken muß, daß die Gegenwart einem endlos in die Länge gezogen, mit Drogen und Elektronik aufrechterhaltenen und gemilderten Koma gleicht. Ob es mit Tod oder Rekonvaleszenz endet, ist gleichgültig. Diese Gleichgültigkeit raubt auch dem Tod, den wir in unserer Umgebung miterleben und den wir um so häufiger miterleben, je älter wir werden, die Bedeutung einer Herausforderung der Zukunft. In der leeren Zeit ist auch der Tod nur ein leeres Ereignis. Die Ungeduld, die mir einredet, es gäbe noch etwas Wichtiges zu tun, bevor es aus ist, klammert sich immer noch an die Vorstellung, die Vergangenheit lasse sich dadurch entmachten, daß man auf die Zukunft setzt.

Der Irrtum der Ungeduld hängt, glaube ich, mit dem Einfluß des Schreibens auf das Bewußtsein von der Zeit zusammen. George Orwell hat gegen Ende seines Lebens eine Erfahrung notiert, die vielen vertraut sein dürfte, denen das Schreiben zum pacemaker geworden ist: »Ich kann niemals das Gefühl, etwas geleistet zu haben, aus der Arbeit, die momentan im Werden begriffen ist, herausholen, weil sie immer langsamer vorangeht, als ich es will, & ich habe sowieso das Gefühl, daß ein Buch oder sogar ein Artikel erst dann existieren, wenn sie abgeschlossen sind. Aber sobald ein Buch abgeschlossen ist, beginne ich, sogar schon vom nächsten Tag an, mir Gedanken zu machen, weil das nächste noch nicht angefangen ist, & ich werde von der Angst verfolgt, daß es nie ein nächstes geben wird …«

Was Orwell seine »Neurose« nennt, läßt sich als eine Technik verstehen, die Drohung abzuwehren, die das Gewicht der Vergangenheit enthält. Alles Geschriebene hat die Bestimmung, sich sogleich in Vergangenheit zu verwandeln und dort die Masse dessen zu vermehren, was unveränderbar feststeht und auf die Zukunft drückt. Nur das Schreiben vermag die Gespenster der Vergangenheit in Schach zu halten und, solange es läuft, den von Vergangenheit besetzten Raum der Zukunft zu öffnen; schreibend läßt sich die Vergangenheit relativieren, indem ihr der Gegenwart zugewandter Rand in Bewegung gerät. Sobald aber das Schreiben im Geschriebenen erstarrt, fällt es dem Vergangenen zu, dessen Drohung sich erneuert.

Die Paradoxie des Schreibens erfahren Autoren zuweilen dann, wenn sie öffentlich aus einem veröffentlichten Buch vorlesen und auf einmal gezwungen sind, sich mit dem Gespenst aus der Vergangenheit, das ihnen aus dem gedruckten Text entgegengrinst, in der Gegenwart zu identifizieren.

Paul Valéry hat nach der Veröffentlichung von *Monsieur Teste* zwanzig Jahre lang geschwiegen, das heißt er schwieg öffentlich und arbeitete dabei an den erst posthum publizierten *Cahiers*. Im Zusammenhang mit seiner Überlegung zu Vergangenheit und Zukunft kann man in dem Schweigen den Versuch sehen, die Vergangenheit ganz leicht zu halten, damit die Vorstellung einer weiten Zukunft keinen Schaden nimmt. Danach versuchte er, seine Bücher dadurch vor dem Zugriff der Zeit, dem Abgleiten in die Vergangenheit zu retten, daß er ihnen die Gestalt klassischer Perfektion verlieh. Dieser Ausweg ist heute längst versperrt, nicht nur weil unsereins nicht Valéry heißt.

Die Vergangenheit hat ein Gewicht erreicht, das durch keinen individuellen Zukunftsentwurf vermindert werden kann. Seit Auschwitz ist jene rationale Logik aus den Fugen geraten, die Menschen in der Gewißheit handeln läßt, daß eine fernere Zukunft ihr Opfer oder ihre Selbstverleugnung rechtfertigen wird. Davonkommen ist eine Sache des Zufalls geworden. Die Hoffnung auf eine Nachwelt, die der einsamen, qualvollen Anstrengung in der Zukunft die verdiente Belohnung nachträgt, ist zersprungen. Es kommt mir so vor, als sei die gesamte Kultur von diesem Zukunftsschwindel erfaßt, der sie bei ihren Beständen Zuflucht suchen läßt. Gemessen an der Bedeutung, die sie ihrem *verflossenen* Leben einräumt, hat sie mit ihrer Zukunft schon abgeschlossen, sieht sie als leere Zeit, in der die Jahrestage und Jubiläen die Daten setzen. Was kann schon noch kommen: Die Ungeduld, die etwas zu versäumen glaubt, ist nichts als ein Relikt oder eben doch eine Alterserscheinung.

Abgedruckt in: Manuskripte, Graz, Nr. 100, 1988.

AtV **Dokument und Essay**

Band 56

Kahlschlag
Das 11. Plenum des ZK der SED 1965

Studien und Dokumente

Herausgegeben von Günter Agde

Originalausgabe

Mit 27 Fotos
400 Seiten
24,80 DM
ISBN 3-7466-0061-8

Die scharfe Abrechnung mit kritischen Künstlern auf dem 11. Plenum der SED 1965 beendete die tendenzielle Demokratisierung und innenpolitische Öffnung nach dem Bau der Mauer. Die äußere Bilanz: 12 verbotene Filme des DEFA-Jahrgangs 1965, Abbruch weiterer Projekte, Restriktionen im Fernsehen, in Literatur und bildender Kunst, Absetzung von Theaterinszenierungen, Auflösung von Beatgruppen. Die DDR wurde „ein sauberer Staat" (Erich Honecker).

AtV

Band 185

Der Krieg – ein Kulturphänomen?

Studien und Analysen

Herausgegeben von Peter Krasemann

Originalausgabe

233 Seiten
22,80 DM
ISBN 3-7466-0190-8

Neue Studien über Ursachen, Strukturen und Folgen von Kriegen zwischen Staaten, ethnischen und politischen Gruppen, über den Herrschaftsstreit zwischen den Kulturen und Geschlechtern sowie über Möglichkeiten, Konflikte gewaltfrei zu lösen.
Autoren sind:
Astrid Albrecht-Heide, Bernd Guggenberger, Karl Otto Hondrich, Peter Krasemann, Ekkehart Krippendorff, Wolf-Dieter Narr, Reinhard Olt, Christina Thürmer-Rohr, Fritz Vilmar, Ulrike C. Wasmuht.